KB235030

이 땅을 떠나간 모든 파독간호사들에게

이 책을 바칩니다.

이 도서의 국립중앙도서관 출판시도서목록(CIP)은 e-CIP홈페이지(http://www.nl.go.kr/ecip)와
국가자료공동목록시스템(http://www.nl.go.kr/kolisnet)에서 이용하실 수 있습니다.
(CIP제어번호: CIP2012003531)

# 라인강 나이팅게일

최 다니엘 숙 지음

이서원

# 또다른 삶을 찾아

격동의 현대사 속으로 사라져간 사람들이 있다.

이들 중에 대한민국의 간호사들이 있다. '라인강의 기적'을 이룩한 독일(구 서독)이 경제부흥으로 외국 간호인력이 절실히 요구되던 시기에 이 땅의 간호사들이 외화벌이를 위해 독일을 향해 떠났다. 조국은 가난했고 그들은 가족들의 생계를 걱정해야 했다.

1966년, 1월 31일에 제1진으로 출발한 128명의 간호사를 선두로 시작된 대규모의 간호사 파독(派獨). 그 물결에 휩쓸려 5년 뒤 나도 독일 땅을 밟았다.

꿈과 희망을 가슴에 안고 건너간 독일 땅.

하지만 고국을 떠나 산다는 것은 생각만큼 쉬운 일이 아니었다. 나를 기다리고 있었던 것은 낯선 언어와 문화, 잡역부 같은 험하고 고된 일, 그리고 외국인 노동자로서 받아야 했던 굴욕뿐이었다. 그래도 참아야 했다. 몸이 부서지고 마음이 부서져도 나는 참고 견딜 수밖에 없었다. 내 발목엔 '3년 고용계약'이라는 족쇄가 채워져 있었기 때문이다.

타국살이의 외로움과 서러움이 뼛속으로 스며들기 시작했고, 나는 결국 쓰러졌다. 그리고 정신병원의 침대위에 눕혀졌다. 끝없는 절망의 나락에서 내가 선택할 수 있는 길은 오직 하나. 다시 조국으로 돌아가는 일이었다.


철통같이 잠겨진 계약의 쇠사슬을 자르고 나는 귀국을 결심 했다. 그리고 마지막으로 유럽순회여행을 떠났다. 어릴 때부터 너무나 동경해오던 나라들. 오스트리아. 이태리, 프랑스, 스페인, 포르투갈……. 내 생애에 잊을 수 없는 여행이었다. 특히 나폴레옹이 갇혔던 엘바와 그의 고향 코르시카에서의 며칠은 아주 특별한 섬여행이었다. 마치 구름 위를 둥둥 떠다니는 듯하던 꿈같았던 그 여정에서 나는 알을 깨고 나온 병아리처럼 새로운 세계에 눈을 뜨게 되었고 나와 지구 사이에 산재한 무한한 가능성을 발견했다. 세상은 넓었고 나의 꿈은 컸다. 나는 그 넓은 세상의 파도 위에 내 꿈의 돛단배를 띄우고 싶었다.

나는 돌연 기수를 다시 독일로 돌렸다. 포기할 수 없었다.

'내 사전에 불가능이란 없다.'고 했던 나폴레옹처럼 1%의 가능성만 있다면 그길을 향해 도전해 볼 가치가 있다는 것을 여행을 통해 알게 되었다. 나는 오뚝이처럼 다시 일어났다.

다시 독일 땅에 주저앉은 나는 더 이상 Gast<sup>(손님)</sup>가 아니었다. 나는 정면으로 독일사회와 나의 삶에 도전했다. 본격적으로 독일어를 공부하고 독일인들을 사귀었다. 독일이 점점 낯설지 않게 되면서 나는 더 이상 잡역부 같은 노동에 시달리지 않아도 되었고, 외국인 노동자라고 멸시받지 않아도 되었다. 독일에서의 6년 3개월. 내 푸른 청춘의 날들이었다.


1977년 봄, 나는 독일에서 미국으로 건너갔다. 더 멀리 더 높게 날고 싶어서였다. 그곳에서 나는 비로소 자유를 만났다. 해마다 체류연장을 하지 않고도 머물 수 있는 자유. 간호사의 굴레에서 벗어날 수 있는 자유, 그런 자유였다.

그리고 그곳에서 기적같이, 참으로 기적같이, 나를 울린 첫사랑을 다시 만났다. 그를 잊기 위해 탈출하다시피 고국을 떠나왔건만, 아이로니컬하게도 그와 난 같은 땅, 같은 이국의 하늘 아래 살고 있었던 것이다.


독일을 떠난 이후, 나는 아직 다시 유럽을 가보지 못했다. 그때 내가 본 유럽이 지금은 얼마나 변했는지도 알 수가 없다. 이 책에

쓴 유럽여행기는 오로지 1970년대초, 내가 유럽을 여행하던 당시의 풍경과 상황일 뿐이다. 나는 언젠가는 내가 본 유럽의 풍경 그대로를 세상에 발표해야겠다는 생각으로 여행 중에 틈틈이 메모를 해두었고, 그 기록을 바탕으로 이 책이 쓰여졌다. 따라서 이 글을 쓰기 시작한 건 아주 오래되었음을 시인하지 않을 수 없다는 점에서 독자들의 이해를 구한다. 그러나 아무리 오래되어도 소중한 것은 그대로 소중하게 남아 나의 지금을 살게 하고 있다는 생각으로 주저 없이 이 책을 내게 되었다.

'민족중흥의 사명'을 가슴에 새기고 독일로 떠나야 했던 파독간호사들의 그 숱한 뒷얘기와 역사적 의미는 접어두고 이 책은 오로지 저자가 그곳에서 몸소 체험한 지극히 개인적인 이야기일 뿐이라는 점을 다시 한번 언급하고 싶다. 오랜 세월, 너무나 오랜 세월 가슴 속에 고이고이 묻어두었던 이야기들. 조금 늦은 감이 없지 않지만, 이제라도 고백성사를 하듯 훌훌 토해내고 나니 가슴이 후련하다.

보잘것없는 내 원고가 세상의 빛을 보게 해준 이서원의 고봉석 대표님께 진심 어린 감사를 드린다.

2012년 여름

# 차 례

# 1부
# 여기는 독일땅이었다

로렐라이언덕


옛날부터 전해오는 쓸쓸한 이 말이
가슴 속에 그립게도 끝없이 떠오른다.
구름 걷힌 하늘 아래 고요한 라인 강
저녁 빛이 찬란하다 로렐라이 언덕


저편 언덕 바위 위에 어여쁜 그 색시
황금 빛이 빛나는 옷 보기에도 황홀해
고운 머리 빗으면서 부르는 그 노래
마음 끄는 이상한 힘 노래에 흐른다.


오고 가는 뱃사공이 정신을 잃고서
그 색시만 바라보다 바위에 부딪혀서
배와 함께 뱃사공 이 설운혼 되었네.
아 이상타 마음 끄는 로렐라이 노래

## 다름슈타트에 도착하다.

1971년. 온 나라가 꽁꽁 얼어붙던 한겨울 밤.

김포국제공항에서 나는 아리따운 한복을 입고 난생 처음으로 비행기 트랩을 밟았다. 나는 파독간호사로 독일(구 서독)로 떠나는 것이었다. '인력수출이라는 민족중흥의 역사적 사명'이 아니더라도 생존에 급급했던 시대상황 속에서 나는 돈이 필요했고, 우리 가족의 생계도 도와야 했다. 그때 대한민국의 경제상황은 말이 아니었다.

그러나 돈을 벌기 위해서만 독일행을 선택한 것은 아니었다. 나는 그때 잃어버린 첫사랑의 아픔으로 매우 힘겨운 시간을 보내고 있었고, 그 아픔을 잊기 위해 아주 멀리 어디론가 떠나지 않으면 안 되었다.

　　낯설고 물 선 유럽 땅 한복판, 괴테와 헤세와 베토벤이 태어났고 라인강이 흐르고 있는 곳, 그리고 우리나라처럼 두 쪽으로 갈라진 분단국가(1971년 당시)라는 것 밖에는 아는 것이 없었던 머나먼 미지의 나라 독일을 향해 나는 이제 내가 태어나 자란 정든 고국산천을 떠나는 것이었다. 눈물바다가 된 공항에서 마치 전쟁터로 가는 자식을 떠나 보내듯 저고리옷소매가 다 젖도록 흐느껴 우시던 어머니와 어린 동생의 모습이 트랩을 오르는 내 등 뒤로 사라지고 있었다.

　　살아생전 다시는 볼 수 없을지도 모를 김포의 하늘을 떠난지 꼭 24시간 만에 비행기는 독일의 퀼른비행장에 도착했다. 트랩아래로 한복으로 단장한 화사한 모습의 동양 여인들이 사뿐사뿐 내려오고 있었다. 100명이 넘는 한국간호사들이었다. 어디선가 카메라 플래쉬 터뜨리는 소리가 요란했고 사람들의 웅성거리는 소리도 들려왔다. 공항엔 독일 전역에서 마중 나온 병원대표자들이 우리의 영문 이름이 적힌 플래카드를 들고 출구 앞에서 기다리고 있었다. 태어나 처음 보는 수많은 서양인들의 얼굴이었다.

　　나는 나의 이름이 적힌 커다란 플래카드를 들고 서 있던 한 중년여자 앞으로 갔다. 그녀는 나를 데리고 갈 다름슈타트 시립병원의 간호과장이었다.

　　"독일에 오신 것을 환영합니다. 슈베스터 쵸이.<sup>(최 간호사)</sup>"

그녀의 키가 너무 커서 갑자기 난쟁이가 된듯한 느낌으로 나는 허리를 구부려 그녀에게 인사를 했다.

"당케 쉐인(감사합니다)."

제2의 나의 삶이 이렇게 시작되고 있었다.


헤센주의 다름슈타트(Darmstadt) 시립병원으로 가게 된 한국간호사들은 나를 포함해 모두 세 명이었다. 우리는 간호과장이 운전하는 둥그스름한 딱정벌레차(Volkswagen)를 타고 다름슈타트를 향해 달렸다. 몇 시간 동안 아우토반을 달리는 내내 보이는 것이라곤 녹음방초 무성한 짙푸른 숲들뿐이었다.

저녁 무렵 우리는 다름슈타트에 도착했고 자동차는 어느 이 층 건물 앞에서 멈췄다. 잎들이 떨어져 앙상한 가지만이 남아있는 몇 그루의 이름 모를 나무들이 경호원처럼 입구를 지키며 서 있는 하얀 건물. 그곳이 우리가 살게 될 기숙사였다. 마치 수도원 같아 보였다. 학생기숙사이던 이곳엔 대부분 독일 간호학생들과 필리핀에서 온 간호사들이 거주하고 있었나. 한국 간호사들은 우리가 처음이었다.

나의 방은 이 층에 있었다. 2인용 방이었는데 한국에서 더 많은 간호사들이 올 때까지 당분간 나 혼자 쓰게 될 방이었다. 푸른 카핏이 깔린 깨끗하고 넓은 방엔 커다란 침대 두 개가 있었고 침대 머리맡엔 빨간 조명등이 놓여 있었다. 취사할 수 있는 작은 주방도 있었

독일 도착 후, 기숙사의 환영파티에서
(왼쪽의 한복차림이 저자)

다. 전기스토브며 냉장고 등 모든 것이 현대식으로 갖추어진 예쁜 주방. 역시 부자나라에 왔구나 하는 인상을 떨칠 수 없었다. 방 한 가운데로 나 있는 커다란 창문 사이로 다름슈타트의 거리가 내려다 보였다. 어둠이 깔리는 이국의 거리. 그 낯선 거리에 가로등이 하나 둘 켜지고 있었다. 우윳빛이었다.

바구니 한가득 담긴 샛노란 오렌지들이 창가의 테이블 위에서 선명하게 빛나고 있었다. 오렌지를 본 것이 그때가 처음이었다. 어렸을 적 외갓집에서 장티푸스에 걸렸을 때 외삼촌이 어디선가 구해 온 밀감과 비슷해 보였다. 그때 먹은 밀감이 어찌나 달고 상큼했는지 그 후 나는 밀감이 먹고 싶을 때마다 어디 좀 아팠으면 하고 바랐다. 몸이 아파야 그 맛난 밀감을 먹을 수 있었기 때문이다.

그 작은 밀감에 비하면 이 독일 오렌지는 어른 주먹만큼 커 보였다. 껍질도 꽤 두터워 보였다. 나는 그 오렌지 하나를 집어들고 두꺼운 껍질을 벗겨 과육의 한 점을 입 속에 넣어 보았다. 혀 속으로 스며드는 새콤달콤한 오렌지의 즙이 내 미각신경을 싸릿하게 자극했다. 어릴 적 먹은 그 꼬마 밀감만큼이나 맛이 좋았다. 오렌지 두 개를 먹고 나니 배가 불렀고 졸음이 왔다. 나는 마법에 걸린 동화 속의 공주처럼 그대로 스르륵 곤한 잠 속으로 빠져들었다.

독일에서의 첫 밤을 보내고 아침에 눈을 뜨니 하늘이 은회색이었다. 아직 시차적응이 안된 탓인지 정신이 약간 몽롱했다. 낯선 방 낯선 침대……. 완전히 딴 세상에 와있는 듯한 느낌이었다. 혹시 꿈은 아닐까 싶어 살을 꼬집어도 보았다. 따끔했다. 정말 내가 독일에 오긴 왔구나 하는 생각이 퍼뜩 들면서 바로 이틀 전에 떠나온 고국이 갑자기 천리만리 멀고 아득하게 느껴졌다.

새로운 세계에서 맞는 첫날 첫 아침, 나는 마치 새해 아침에 새 각오를 다지듯 나 자신에게 다짐하고 있었다. '그래! 이 땅에서 다시 태어나는 거야. 이제부터 다시 시작하는 거야. 지금부턴 현재와 미래만 생각하는 거야!' 창문을 열고 처음으로 맞는 독일의 아침 하늘을 나는 오래오래 바라보았다.


아침 일찍 어떤 한국인 여자가 우리 숙소를 찾아왔다. 이곳 시립병원에서 일하고 있는 간호사라고 했다. 독일에 온 지 하루밖에 지나지 않았는데 이곳에 먼저와 있는 한국인을 보니 너무 반가웠다. 그녀는 이곳 시립병원에서 일하고 있는 유일한 한국인간호사였다. 독일에 온 지 삼 년이 넘었다는 그녀의 이름은 쏘냐라고 했다. 원래 한국이름은 '순자'였는데 'Soonja'라는 영어스펠링에서 'o' 하나를 빼고 나니 독일 발음으로 Sonja(쏘냐)가 되었다며 웃었다. 쏘냐. 참 멋진 독일식 이름이다. 예쁜 독일 이름만큼이나 그녀는 외모도 대단히 세련되고 야무진 인상의 지성미 풍기는 여성이었다. 처음에 간호조무사로 독일에 왔다는 그녀는 이곳에서 정식간호교육을 받고 현재 수술실간호사로 근무하고 있었다. 그녀는 광부출신의 한국유학생과 결혼하여 남편의 학업 뒷바라지도 함께하고 있었다. 남편은 다름슈타트의 공과대학(Technische Hochschule)에서 박사과정을 공부하는 중이었다.

쏘냐씨와 함께 우리는 병원의 카페테리아에서 아침 식사를 했다. 브레첸(Broechen)이라는 독일빵과 삶은 달걀반숙이 나왔다. 달걀받침대에 놓인 달걀반숙은 나이프로 반을 잘라 숟갈로 떠먹고 브레첸빵도 반으로 자른 후 버터와 잼을 발라 커피와 함께 먹는 것이 이곳의 전형적인 아침식사인 것 같았다. 노랗게 구운 브레첸의 껍질은 비스켙처럼 아삭아삭 씹히는 맛이 좋았다. 솜처럼 하얗고 부드러운 브레첸의 속살에 딸기잼을 듬뿍 발라 입에 넣으니 고소하면서도 달콤한 맛이 혀 속으로 감미롭게 스며들었다. 하지만 브레첸을 두 개나 먹었는데도 배가 부르지 않고 어딘가 허전했다. 독일인들에겐 든든한 한 끼의 아침식사였지만 내겐 마치 간식으로 군것질을 하고 난 기분이었다. 얼큰한 국물이 있는 한국의 찌게 백반이 간절했지만, 지그시 눌러 참았다. 여기는 독일 땅이었다. 이제부터 난 독일음식에 내 입을 길들여야 한다고 다짐했다.

쏘냐씨의 안내로 우리는 다름슈타트의 이곳저곳을 둘러보았다. 인구 사만 명밖에 되지 않던 다름슈타트는 걸어서도 시내 한 바퀴를 돌 수 있는 우리나라의 읍 정도에 해당하는 작고 아담한 도시였다. 이곳에 있는 Technische Hochschule라는 공과대학엔 한국유학생들도 몇 명 있다고 쏘냐씨가 말해 주었다.

조용하기 이를 데 없는 거리엔 전차만이 유유히 다니고 있었고 이따금 지나가는 딱정벌레차와 울긋불긋한 색깔의 중형자동차들이 보이기도 했다. 시내 한가운데는 풍선처럼 볼록한 첨탑의 러시아 정교성당이 보였다. 전쟁의 와중에 이곳엔 한때 러시아인들이 살았다고 한다.

우리는 시청으로 갔다. 쏘냐씨가 직원들에게 우리를 소개하자 그들은 일제히 "Willkommen in Deutschland!(독일에 온 것을 환영합니다!)"라며 반갑게 맞아 주었다. 우리는 "당케 쉐인"하고 합창을 하였다. 분위기가 아주 가족적이었다.

한국으로 편지와 돈을 보내는 방법을 알아야 했던 우리는 우체국과 은행에도 가보았다. 이곳에서 편지를 부치면 한국까지는 약 2주일 정도 걸린다고 했다. 역시 가족적인 분위기의 우체국과 은행에서도 쏘냐씨가 우리를 소개했다. 한국에서 온 간호사들이라고……. 그들은 한결같이 독일에 온 것을 환영한다며 활짝 웃어주었다.

이곳에서 제일 크다는 카우포프(백화점)에 들어서니 멋스럽고 화려한 옷들은 보이지 않고 대부분 활동하기 편한 작업복이나 캐쥬얼

다름슈타트에서 친구와 함께 (왼쪽이 저자)

한 의상들이 가득했다. 사치와는 거리가 먼 국민들이라는 것을 듣긴 했지만 그래도 명색이 백화점인데 약간은 초라하다는 생각이 들었다. 하지만 가격은 엄청나게 비쌌다. 한국에서 단단히 준비해오길 잘했다는 생각이 들었다. 독일 옷들이 체구가 작은 우리들 사이즈에 맞지 않는다 하여 철철이 입을 옷을 가져왔었다.

　병원근무가 시작되려면 아직 일주일이 더 남아 있었다. 우린 같은 기숙사에 있는 필리핀간호사들과 인사를 나누기도 하고 식사 초대를 받기도 하며 휴식을 취했다. 내 옆방엔 '오로라'라는 필리핀 간호사가 살고 있었는데 깡마른 체구에 마치 아픈 사람처럼 성큼하게 들어간 커다란 두 눈이 이국적인 매력을 풍기는 여성이었다. 독일에 온 지 일 년이 넘었다는 그녀는 독일어보다 영어가 더 유창했다. 도착한 지 며칠 안 된 어느 날, 그녀는 내게 하얀 쌀밥에 해산물을 섞은 필리핀 요리를 만들어 주었는데 처음 먹어보는 음식이었는데도 한국음식과 비슷해서였는 지 맛이 아주 일품이었다. 그녀는 유연한 손놀림으로 밥과 반찬을 꾹꾹 눌러가며 음식을 손으로 먹었다. 젓가락 대신 손가락으로 식사를 하는 것이 그들의 풍습이라고 한다.
　기숙사 앞으로 전차가 다니고 있었다. 우린 그 전차를 타고 몇 번 외출을 했다. 전차에 타면 사람들의 시선이 일제히 우리에게 쏠리곤 했다. 마치 동물원의 원숭이 보듯 호기심 가득한 얼굴로 우리를 쳐다보던 그들의 모습에서 이곳에 동양인이 얼마나 귀한지를 실감했다. 거리를 걷고 있노라면 금발머리의 꼬마 녀석들이 '중국인이다! 중국인이다!'하고 신기한 듯 외치며 뒤에서 졸졸 따라오기도 했다. 한국에서도 아이들이 서양인을 처음 보았다면 그랬을 것이다.

처음 전차를 탔을 때 당황한 것은 전차 안에 검표원이 없다는 사실이었다. 그것도 모르고 기관사에게 전차표를 내밀었더니 본 척도 하지 않았다. 알고 보니 독일은 전차표 검열을 하지 않는 나라였다. 아무도 전차표를 체크하지 않기 때문에 이따금 터키 등지에서 온 외국인노동자들이 무임승차했다가 망신을 당하는 수가 종종 있다고 한다. 왜냐하면, 아주 이따금 관계기관에서 나온 검표원들이 불시에 검표를 하는 경우가 있기 때문이다. 이 불심검문에 걸리면 수십 배에 해당하는 벌금을 현장에서 물어내야 하고 불응하면 법적 조치까지 받는다고 한다. 검표원이 없는 전차. 이 나라 국민들의 정직성을 알 것 같았다.


며칠간의 오리엔테이션이 시작되었다. 병원의 행정과에서 나온 담당자가 통역을 맡은 쏘냐씨와 함께 우리에게 병원 오리엔테이션을 시켜주었다. 담당자는 오십 대쯤 되어 보이는 뚱뚱한 독일여자였다. 저렇게 나이 많은 여자도 일을 할 수 있다는 것이 한국에서 온 나의 눈엔 신기할 뿐이었다. 독일까지 오는 비행기 안에서도 나이가 꽤 들어보이는 독일 스튜어디스들을 보았다. 젊고 예쁜 한국 스튜어디스들과는 달리 그들은 젊지도 예쁘지도 않아 보였다. 그리고 호리호리하고 연약해 보이는 한국 스튜어디스들과는 대조적으로 그들은 한결같이 체격이 좋고 튼튼해보였다. 우리의 오리엔테이션 담당자도 나이에 걸맞게 아주 튼튼하고 강인해 보였다. 그녀는 독일어가 익숙치 않은 우리에게 마치 어린아이에게 말하듯 단어 하나하나를 천천히 또박또박 힘주어 말하곤 하였다.

이곳에서 제일 크다는 다름슈타트시립병원은 현대식 의료시설을 갖춘 전형적인 독일의 대형 종합병원이었다. 이름 모를 최신형 의료기구들과 환자케어에 필요한 온갖 의료용품들이 한국의 병원에 비하면 넘쳐나는 듯 풍부해 보였다. 이런 곳에서 일하게 된 나는 행운아라고 생각했다.

병동을 순회하다 보니 병상의 숫자가 엄청나고 환자들도 많았다. 환자들의 수에 비해 턱없이 부족한 의료진, 특히 간호인력의 부족으로 독일은 병원마다 어려움을 겪고 있었다. 그래서 병원 측에서는 앞으로도 더 많은 외국간호사를 수입(?)할 계획이라고 했다.

환자들은 주로 노인들이었다. 마치 양로원이나 노인 병원 같다는 느낌이 들 정도였다. 왜 이렇게 노인환자들이 많을까? 고령 인구가 많은 탓인가. 아니면 노인들의 의료복지가 잘되어 있어서인가. 한국에서 주로 젊은 환자들만 케어하다가 온 내게 이렇게 노인환자

당시 라인강의 유람선

들이 많은 병동이 조금은 생소했다.

사실 사회보장제도가 잘되어 있는 독일에서는 의료복지도 잘되어 있었다. 노인들뿐만 아니라 이 나라의 모든 국민들은 무료로 의료혜택을 받는다고 하였다. 길을 가다가 아프면 아무 병원에서라도 무료로 치료를 받을 수 있는 나라였다. 특히 노인들은 퇴직 후 죽을 때까지 받는 연금제도가 있어서 자식들에게 의존하지 않고 평생의 생계가 보장되는 나라였다. 우리나라 노인들처럼 뒷방 신세로 전락하는 것이 아니라 부부가 손잡고 세계를 여행하며 느긋하고 여유 있는 노후인생을 즐긴다는 것이었다. 물론 연금을 받기 위해서는 누구나 일정한 금액을 꾸준히 저축해야 하는데 우리가 독일에서 받을 월급 중의 일부도 꼬박꼬박 공제될 것이라 하였다. 노후의 안정을 위해서 젊어서부터 부지런히 준비하는 독일인들. 정말 실속있는 사람들이라는 생각이 들었다. 당장 현실의 생존에 급급한 우리나라에 비하면 이렇게 먼 노후의 계획까지 철저하게 준비하고 살아가는 독일의 사회구조와 환경이 부럽기도 하고 신기하기도 했다.

# 간호사란 이름의 잡역부

　며칠 간의 오리엔테이션이 끝나고 나는 한 내과병동에 배치되었다. 모두 독일인들이었고 외국인이라곤 나와 '엘비라'라는 필리핀에서 온 간호사 한 명뿐이었다. 나보다 일 년 먼저 왔다는 엘비라는 서른이 다 된 올드미스였지만 나이보다 한참은 앳돼 보이는 까무잡잡한 얼굴에 독일어가 제법 유창했다. 수간호사는 육십이 다 된 할머니였지만 체구가 강철같이 단단해 보이고 표정도 근엄한 전형적인 게르만족의 인상을 풍기고 있었다. 다른 서너 명의 독일간호사들도 모두 삼사십대 중년의 부인들이었다. 내가 이 병동에서 제일 어린 간호사였다. 한국에서 이십 대의 미혼 간호사들만 보다가 이렇게 나이 든 간호사들을 보니 조금 어색하기도 했지만, 여성들에게 공평한 나라라는 생각이 들었다.

　아침에 출근하면 제일 먼저 하는 일이 환자 배식이었다. 면회시간 외엔 보호사들을 허용하지 않는 독일병원에서는 환자들의 배식도 간호사들의 업무였다. 배식이 끝나면 간호사들은 함께 모여 아침식사를 한다. 삶은 달걀 한 개와 바삭바삭한 브레첸을 과일잼에 발라 비스켙처럼 아삭아삭 먹는 한 시간 동안의 이 아침 식사시간이 하루 근무 중 유일하게 쉬는 시간이었다. 식사를 하면서 독일간호사들은 무슨 얘기인지 쉴새 없이 지껄이곤 했다. 그들의 말투가 어찌나 빠른지 한마디도 알아들을 수 없었다. 여고시절 제 2외국어로 선택한 나의 독일어 실력은 아무짝에도 소용없었다.

엘비라 역시 그들의 속사포처럼 빠른 대화에 끼어들지는 못하지만 애교있는 그녀는 생글생글 웃어가며 그들과 분위기를 잘 맞추었다. 나는 꿰다 놓은 보릿자루처럼 우두커니 그들의 대화를 듣는척하고 있어야만 했다. 귀가 있어도 들리지 않고 입이 있어도 말을 못하는 답답함을 처음으로 경험해 보았다. 대화 중에 이따금 그들은 외계인 보듯 힐끔힐끔 나를 쳐다볼 때가 있었다. 그럴 때 나는 그들이 내 얘기를 하고 있다고 생각했다. 말을 못 알아들으니 내 흉을 보고 있는 것 같은 피해의식이 드는 건 어쩔 수 없었다.

식사가 끝나면 독일간호사들은 기다렸다는 듯 일을 하기 시작한다. 커다란 체구들이 뒤뚱거리면서도 잘도 움직였다. 일에 대한 그들의 열정은 대단했다. 마치 일하기 위해 태어난 사람들 같았다.

일은 처음부터 힘에 부쳤다. 여태껏 해 본 적이 없는 일이었다. 말이 간호사이지 노동판의 잡역부나 다름없는 힘한 육체노동이었다. 온종일 내가 하는 일은 간호보조사나 청소부가 하는 일이었다. 거동할 수 없는 환자들의 몸을 씻기고 대소변을 받아내는 일은 그래도 견딜만 했다. 간병인이나 보호자의 도움이 없는 독일에선 누군가 해야 할 일이었고 간호보조사라곤 한 명도 없는 이 병동에서 제일 어리고 독일어가 서툰 내가 해야 하는 건 어쩌면 당연한 일인지도 몰랐다. 언어소통이 어려운 지금의 처지에선 어쩔 수 없는 노릇이었다.

환자가 퇴원하면 집채만 한 커다란 침대를 닦아야 하는 것도 나의 일이었다. 하얀 유니폼에 빳빳한 간호사 모자를 쓴 채 그 육중한 병원용 침대 아래로 엉금엉금 기어들어가 침대 밑을 닦을 때면 자존심까지 깡그리 구겨지곤 했다. 이 먼 나라로 청소부 노릇이나 하자고 왔나 싶어 서글프고 서러웠다. 독일에 먼저 온 한국간호사들의 고생담을 소문으로 익히 들어 어느 정도 각오는 했지만 차마 이 정도인지는 몰랐다.

더 견딜 수 없었던 것은 환자들의 태도였다. 자국의 간호사들에겐 친절하고 공손하면서도 외국인인 내겐 무례했다. 가난한 나라에서 돈을 벌기 위해 온 Gast Arbeiter(외국인 노동자)쯤으로 취급하는 것 같았다. 사실 틀리지 않았다. 난 결국 외국인 노동자일 뿐이었으니까.

환자들은 몸종 다루듯 시시콜콜한 요구가 많았고 말을 못 알아들으면 마치 자폐아라도 대하는 듯 멸시적인 태도로 손짓 발짓을 해대며 소리를 지르기도 했다. 그뿐이 아니었다. 사지가 멀쩡한 젊은 남자환자들이 사타구니를 닦아달라고 요구하기도 하고 능글능글한 표정으로 성희롱에 가까운 행동을 할 때는 목구멍까지 구토증이 올라왔다. 그래도 참아야 했다. 참지 않고는 별도리가 없었다. 여기는 독일땅이었다. "당신은 손이 없습니까? 발이 없습니까?"하고 따지고 싶어도 나의 서툰 독일어는 오히려 그들의 웃음거리만 될 뿐이었다.

한국이라는 나라를 얕보는 사람들도 있었다. 아직도 사람들이 거리에서 굶어가고 있느냐, 전쟁고아들은 다 어디로 갔느냐 등등……. 그들이 아는 한국이라곤 한국전쟁과 가난뿐이었다. 심지어 내가 신고 있던 하얀 가죽구두를 보고 너희 나라에서도 그런 신발을 만드느냐고 비아냥거리기도 했다. 약소국의 설움이란 이런 것이었다.


엘비라는 다른 독일간호사들처럼 투약이나 주사 같은 일반 간호업무만 담당하고 있었다. 자그맣고 날씬한 몸매에 투약쟁반을 들고 당당한 스텝으로 복도 여기저기를 걸어 다니는 그녀가 근사하고 부러워 보였다. 같은 간호사이면서도 나는 보조원과 다름없는 아니, 그보다 못한 청소부 같은 일을 해야 했던 것이다.

한번은 침대 밑에서 철 쇠붙이 사이의 먼지를 닦다가 울컥 서러움이 북받쳐 올라 침대 다리를 부둥켜안고 울음을 터트린 적이 있었다. 이 광경을 본 병동의 수간호사가 노발대발하였다. 근무 중에 울고 있다니! 그녀는 엄하게 나를 질책했다. 인정이라곤 눈곱만치도 없어 보이는 그녀는 내 행동을 도저히 이해할 수 없다는 태도였다. 그 후 나는 눈물이 날 때마다 화장실로 뛰어갔다. 그러나 그것마저 허용되지 않았다. 그 수간호사는 화장실 앞에까지 쫓아와서 빨리 나오라고 소리를 질러 대었던 것이다. 그리곤 또다시 "Schneller! Schneller!(빨리빨리!)"를 외치며 빨리빨리 일하라고 나를 들볶아대는 것이었다. 눈물조차 마음껏 흘릴 수 없는 서러움을 꾸역꾸역 삼켜가며 나는 견디어야 했다.

기숙사에 돌아오면 참았던 눈물이 북받쳐올라 엉엉 소리 내 울곤 했다. 울고 나면 시원했지만, 다음 날도 또 그 다음 날도 병동에 나갈 생각을 하면 우울했다. 피도 눈물도 없는 매정한 사람들과 3년을 함께 보낼 생각을 하니 참으로 아득하고 절망스러웠다.

당시 서독의 병원들은 늘어나는 환자에 비해 턱없이 부족한 간호사 기근으로 허덕이고 있었다. 필리핀과 한국에서 간호사들이 계속 오고는 있었지만, 일손은 여전히 달렸다. 이 시립병원도 상황은 비슷했다. 두 사람의 몫을 한 명의 간호사가 해내야 했다. 병동엔 간호보조원도 없었고, 아르바이트생 한 명이 있을 뿐이었다. 상황이 그렇다 보니 간호사들의 동작도 빨라야 했다. 특히 보조원들이나 아르바이트생들이 하는 허드렛일을 담당했던 나로선 누구보다도 빨리빨리 움직여야 했다.

나는 매일 고된 노동에 시달렸다. 산더미 같은 분량의 일도 일

이었지만 뚱뚱하기 짝이 없는 환자들을 이리저리 옮겨 뉘여야 할 때
는 내 작은 체구로는 여간 어려운 일이 아니었다. 매일 아침 거구의
환자들을 검사실이나 수술실로 보내기 위해 운반용 이동침대에 옮
겨야 할 때는 내 체력의 한계를 느꼈다. 덩치가 산만큼 큰 독일간호
사들은 나이가 지긋한데도 혼자서 환자들을 번쩍번쩍 잘도 들어 옮
겼다. 퇴근하고 기숙사에 돌아오면 몸은 파김치처럼 늘어졌다. 그
래도 참고 견디어야 했다. 철통처럼 잠겨진 3년이라는 계약의 쇠사
슬을 파괴할 능력이 내겐 없었다.


　　다행스럽게도 우리 한국간호사들에게는 매일 오후 두 시간씩
독일어 수업이 주어졌다. 주로 임상에서 사용하는 독일어 회화였는
데 이때가 하루 중 제일 기다려지는 시간이었다. 독일어 수업은 근
무의 스트레스에서 벗어날 수 있는 잠시의 탈출구이기도 했지만 말
못하는 서러움이 어떤 것인지 순간마다 절감하고 있던 우리들에겐
절대적으로 소중한 시간이었다. '아는 것이 힘'이라고 독일어는 군
인이 둘러멘 총대나 다름없었다. 총대 없이 생존의 전쟁터에서 살
아남을 수 없다는 절박함이 나를 더욱 독일어에 매달리게 했다. 나
는 열심히 독일어 수업을 들었다.
　　공립고교의 교사였던 나이 지긋한 할머니 독일어 선생은 우람
한 체구만큼 목소리도 우렁차고 성격도 시원시원했다. 말할 때마

다 마치 연극대사를 외는 것처럼 입을 크게 벌리고 풍부한 표정으로 또박또박 말을 하는 그녀 때문에 독일어 시간은 늘 재미있고 유쾌했다. 우리는 그녀에게 병동에서 받는 멸시와 설움을 서툰 독일어로 털어놓기도 했다. 그럴 때마다 목이 메었고 목이 메이면 우린 서로 부둥켜안고 흐느껴 울기도 해서 교실이 울음바다가 될때도 있었다. 독일어 선생의 눈에도 흥건한 눈물이 고이곤 했다. 그녀가 과연 우리의 설움을 알까. 하지만 기계처럼 무뚝뚝하고 불친절한 독일 간호사들보다는 눈시울이라도 붉힐줄아는 그 독일어 선생이 훨씬 인간적이었다.

아쉽게도 독일어 교육은 6개월 후에 끝나고 말았다.


육체노동의 한계를 느낀 나는 수간호사에게 밤번 근무로 교체해 줄 것을 요청했다. 밤 근무는 낮 근무처럼 힘을 써야 하는 일이 별로 없을 거라고 생각했기 때문이었다. 내 밤번 요청은 쉽게 받아들여졌다. 가정이 있는 대부분 독일간호사들이 밤 근무를 꺼리는 탓에 밤번 간호사는 늘 부족한 상황이었기 때문이었다.

밤 근무가 시작되었다. 다행히 환자를 여기저기 검사실이나 수술실로 운반할 일도 없었고 밤에는 퇴원하는 환자들도 없으니 낮근무에 비해 대체로 조용했다. 환자이동이 없으니 힘을 쓰거나 퇴원한 환자의 침대를 닦는 등의 육체적 잡일이 없어 처음엔 견딜만하다고 생각했다. 그런데 밤 근무도 고되긴 마찬가지였다. 임종을 앞둔 노인들이 많은 병동이라 한시도 쉬지 않고 병실을 들락거려야 했고 배설물로 뒤범벅되는 그들의 몸을 하룻밤에도 수십 차례씩 씻고 닦아내야 했다. 또 하룻밤이 멀다하고 죽어나가는 환자들의 시체 앞에서 꼼꼼하게 사체처리를 하는 것도 간호사의 일이었다. 비위가 약한 내가 간호학생 시절 사체해부 실습시간에 심한 구토증을 일으킨 것을 제외하곤 나는 지금껏 한 번도 사후처치를 해본 경험이 없었다.

의사가 사망을 선고하면 간호사는 곧 사후처치에 들어간다. 환자의 몸에 부착된 모든 튜브와 의료장기를 떼어내고 온몸을 깨끗이 씻은 다음 하얀 시트를 덮어 시체실로 보내게 된다. 시체를 닦고 만지는 일이 으스스하고 공포스러웠지만 선택의 여지가 없었다. 마스크 속에 깊이 얼굴을 파묻고 나는 시체를 주물렀다. 사후처치가 끝나면 환자를 시체실로 옮겨야 했는데 이때가 더 고역이었다. 두 명의 간호사가 침대카 위로 시체를 들어 옮기는 일 역시 너무나 힘에 부쳤다. 죽은 자의 몸은 산 자보다 더 무거웠다. 나는 독일간호사의 그 황소 같은 힘을 따라갈 수 없었고 독일간호사는 그런 나를 늘 못마땅해하였다.

얼마 동안 밤일을 하다 보니 내 몸에서 시체 냄새가 나는 것 같았다. 구역질 때문에 식사를 못하고 며칠씩 견디어야 하는 나날이 계속되었다. 근무 시간이 오면 도살장으로 끌려가는 심정이 되곤

했다. 죽기보다 더 싫은 일터로 가야 하는 밤이 싫고 무서웠다. 그
래도 일을 해야 했다. 다른 뾰족한 방법이 없었다. 여기는 독일 땅
이었다.

## 정신병원에 누워

독일에 온 지 일 년이 못되어 나는 드디어 쓰러지고 말았다. 갑자기 호흡곤란을 일으켜 응급실로 실려간 것이다. 엑스레이와 심전도를 포함하여 이것저것 검사를 받았다. 그러나 결과는 정상이었다. 아무런 이상이 나타나지 않았다. 얼마 후 나는 신경정신과가 있는 에버슈타트 시립병원 분원으로 옮겨졌다.

에버슈타트 정신신경과병원. 사실 난 내가 왜 그곳에 누워있어야 하는지 잘 몰랐다. 아무도 나에게 병명을 가르쳐주지 않았다. 담당의사도 담당 간호사도……. 그들은 단지 내게 절대 안정이 필요하다는 말만 했고, 하루에도 몇 번씩 이름도 모르는 알약 몇 개씩을 삼키게 했다. 신경안정제인 모양이었다. 나는 약에 취해 낮이나 밤이나 잠만 잤다. 아마도 내 병은 정신적인 충격에 기인한 일종의 스트레스성 장애인 것 같았다. 이것저것 검사를 받아보아도 이상이 발견되지 않았다. 의사들은 일단 문화충격에서 온 심인성 증후군으로 진단을 내리고 절대 안정을 처방했다.

어떤 경우에도 정신만은 놓지 말아야 한다는 강박관념 같은 것이 깊은 잠 속에서도 나를 흔들어 깨웠다. 신경안정제라는 이름의 화학물질은 나의 신경 곳곳을 마비시키며 나의 몸을 옴짝달싹 못하게 하였지만, 나의 근원적인 의식까지 마비시킬 수는 없었다. 나의 온전한 정신마저 그 화학물질 속으로 빼앗길 수 없다는 생각에서 나는 내 의식의 줄을 팽팽히 움켜잡고 있었다.

몹쓸 병에라도 걸린 환자취급을 받으며 나의 요양생활은 계속되었다. 이따금 잠에서 깨어 눈을 뜨면 병실 창 밖으로 한 조각의 하늘이 보이곤 했다. 네 개의 각으로 막힌 독방의 병실에서 그 한 조각의 하늘은 구원과도 같았다. 그건 나를 바깥 세계로 연결해주는 유일한 마음의 통로였다. 그 조각하늘을 바라보며 나는 새가 되는 꿈을 꾸기도 했다. 사각형의 병실에서 몸은 천 길 만 길 추락하고 있었지만, 마음만은 하늘 멀리 저 멀리로 새처럼 날아가고 있었다.

호흡곤란이 멎었다는 것은 좋은 징조였다. 사람이 숨을 쉰다는 것이 이처럼 중요한 줄은 몰랐다. 컨디션이 나아지자 나는 병원 뜰을 산책하기 시작했다. 저 멀리로 숲 속에 쌓인 에버슈타드의 마을이 보였다. 수인 같은 환자복을 벗어던지고 마을로 달려가고 싶었지만, 병원 밖을 나가는 것은 허용되지 않았다.

병원은 늘 침묵 속에 쌓여 있었다. 미친 환자들의 아우성 한마디 들릴 법도 한데 이 정신병원은 늘 죽음처럼 조용했다. 이대로 영영 세상으로부터 격리되는 것은 아닐까 두렵기도 했다.

　어느 날 하늘을 가르고 지나가는 비행기 소리가 아련하게 귓가에 들려오면서 향수가 스멀스멀 밀려왔다. 두고 온 고향산천과 가족들의 얼굴이 그리워지기 시작했다. 나는 더 이상 새가 되어 날아가는 꿈을 꿀 수 없었다. 나는 식음을 전폐하고 밤에는 불면증에 시달렸다.

　나는 정말 정신병자가 되어가고 있었다.

# 프라우 아넬리제(Frau Anneliese)와의 만남

이국땅에서 나는 정신병환자로 전락하고 싶지 않았다. 그러나 이대로 가다간 정신병자가 되는 것은 시간문제일 것 같았다. 나는 병원에서 나가야겠다고 생각했다. 그것이 내가 아직 미치기 전에 (?) 해야 할 일이었다. 나는 담당의사에게 퇴원을 요구했다. 그러나 의사는 좀 더 안정이 필요하다며 내 요구를 받아들이지 않았다.

나는 의사가 처방해준 수면제를 거부하고 밤이면 말똥말똥한 정신으로 병동복도를 배회하거나 당직을 하고 있는 간호사실을 힐끔거렸다. 사람이 그리웠고 말동무가 그리웠다. 이런 나의 행동을 수상쩍게 생각한 밤번 간호사가 나의 상태가 좋지 않다고 의사에게 보고했고 그들은 아예 나를 중증 환자취급을 하기 시작했다. 의사는 더 강한 수면제를 처방했고 나는 밤인지 낮인지 모를 혼수상태 속에서 허우적거리기 시작했다. 나는 투약되는 수면제 알약을 삼키는척 하다가 휴시에 뱉어 침대 옆 서랍 속에 쑤셔 넣었다. 그러 어느 날 간호사 한 명이 우연히 내 침상을 정리하다가 서랍 속에서 수면제를 발견하곤 수간호사에게 보고하였다. 이 사건으로 병동에선 내가 '자살의도가 있는 요주의 환자'로 지목을 받게 되었고 간호사들은 30분이 멀다 하고 내 방을 드나들며 감시를 시작했다.

나는 병원에서 탈출하는 방법을 생각하기 시작했다. 어떻게 해야 이곳에서 빠져나갈 수 있을까. 아무리 생각해봐도 방법은 하나뿐이었다. 깊은 밤 당직간호사가 졸고 있을 때 무작정 병원을 나와 히치하이킹으로 다름슈타트의 기숙사로 돌아가는 방법이었다.

자정이 넘은 깊은 밤 나는 사복으로 갈아입고 탈옥수처럼 살금살금 병실을 빠져나와 다름슈타트로 가는 찻길을 향해 뛰었다. 찻길에 이르자 나는 지나가는 자동차를 기다렸다. 그러나 야심한 시각의 시골길엔 지나가는 차가 없었다. 초조했다. 한참이 지났을 때 이윽고 헤드라이트의 불빛이 환한 자동차 한 대가 오고 있었다. 나는 오른쪽 엄지손가락을 내밀었다. 그러나 자동차는 본 척도 않고 그대로 지나가 버렸다. 한참의 시간이 또 흐르자 두 번째 자동차가 헤드라이트를 밝히며 달려오고 있었다. 이번엔 트럭이었다. 나는 또다시 엄지손가락을 내밀었다. 하지만 운전사는 나를 보지 못했는지 요란한 소음만 내며 그냥 지나갔다. 난 찻길 한복판으로 걸어가 길을 막고 다시 자동차를 기다렸다. 나는 점점 대담해지고 있었다. 하지만 다시 정신병원으로 돌아가기는 죽어도 싫었다.

병원을 탈출한 지 한 시간쯤 지났을 때 하얀 자동차 한 대가 사이렌을 울리며 내 쪽으로 달려오고 있었다. 앰블란스였다. 앰블런스는 사이렌 소리를 멈추며 내 앞에 와 섰다. 앰블런스 안에서 험악한 표정의 남자가 뛰어내렸다. 에버슈타트 병원의 직원이었다. 그는 범인을 체포하듯 거칠게 나를 앰블런스 안으로 밀어넣었다.

　그 야밤도주사건 이후 나는 2인용 병실로 옮겨지게 되었다. 탈출이나 자살 충동이 있는 환자에게 독방은 위험하다는 판단에서인 것 같았다. 나는 새 병실에 옮겨졌고 그곳에서 프라우 아넬리제<sup>(아넬리제부인)</sup>와 병실 룸메이트가 된 것이다. 콧잔등에 죽은 깨가 송송 난 그녀는 쌍둥이 아들 둘을 출산하고 산후우울증으로 고생하고 있었다. 떡두꺼비 같은 아들을 둘씩이나 낳고도 이유 없이 슬프고 눈물이 흐른다는 거였다. 그녀는 호르몬의 변화 때문이라고 했다. 산후우울증. 세상엔 참 벼라별 병도 많다는 생각이 들었다. 그녀는 하루에도 몇 번씩 어린아이처럼 훌쩍거리고 울다가 저녁에 남편이 꽃을 사 들고 병문안을 오면 어린아이처럼 방실거리며 웃곤 했다. 근처 농장에서 과수원을 한다는 그녀의 남편은 병원에 올 때마다 한 아름의 꽃다발 말고도 광주리 가득 담긴 과일바구니를 들고 와서 병실에 놓고 가곤 했다. 하지만 프라우 아넬리제가 그 과일바구니 속의 과일을 먹는 모습을 나는 한 번도 보지 못했다. 그녀는 그냥 꽃이나 수채화를 감상하듯 바라보기만 했다.

　바구니 속의 과일을 볼 때마다 군침이 돌곤 했다. 어릴 때부터 과일이라면 사족을 못 쓰던 난 어느 날 아넬리제부인 몰래 바구니 속 과일 몇 개를 살짝 집어 까먹고 말았다. 내가 고백할 틈도 없이 용케도 눈치를 챈 그녀는 그 후 남편이 과일바구니를 가져오면 냉큼 내 침상 옆에 밀어놓곤 했다. 나는 사양할 여유도 없이 그 맛난 독일사과며 오렌지들을 마구 먹어대었고 바구니는 며칠이 못 가서 동이 나곤 했다.

프라우 아넬리제는 곧 퇴원했고 나는 다시 혼자가 되었다. 낯선 이국에서 이름도 모르는 병으로 누워있는 이 작은 동양여자가 외롭고 안쓰러워 보였던지 그녀는 퇴원 후에도 자주 나의 병실을 찾아와 주었다. 올 때마다 싱싱하고 맛 좋은 오렌지며 사과가 가득 담긴 과일바구니를 내 병실에 두고 가곤 했다. 국적도 인종도 다른 파란 눈의 이 여성에게서 처음으로 나는 핏줄 같은 뜨거운 정을 느꼈다. 당신이 꼭 내 친언니 같다고 어느 날 그녀에게 말했더니 그녀가 살그머니 내 어깨를 껴안아 주었다.

아넬리제부인이 떠나고 다시 독방살이를 하게 된 내게 우울증이 찾아왔다. 이국의 정신병원에서 아픈 곳도 없이 멀쩡한 정신으로 시간을 죽이고 있는 하루하루가 견딜 수 없도록 답답하고 외로웠다. 감옥살이하는 죄수와 다를 바 없는 생활이었다. 병원에서는 오랫동안 나를 이곳에 입원시킬 작정인 것 같았다. 어느 날 나는 아넬리제부인의 가슴에 얼굴을 묻고 어린아이처럼 펑펑 울며 나의 답답함과 외로움을 하소연했다. 담당의사와 면담을 마치고 나온 그녀는 나의 외출이 허용되었다며 나를 차에 태우고 어디론가 달리기 시작했다. 에버슈타트병원에서 탈출을 시도하다 앰블런스에 실려온 후 처음 해보는 외출이었다. 아넬리제부인은 나를 마을로 데리고 갔다. 다름슈타트에서 그리 멀지 않은 에버슈타트는 전형적인 독일의 시골마을이었는데 숲과 정적에 싸여 한적하고 평화롭기 그지없었다. 숲 속에선 온갖 새소리가 들려왔고 넓은 초원엔 양 떼들이 노닐고 있었다. 아름다운 이국의 시골풍경이었다.

마을에서 조금 더 떨어진 아늑하고 호젓한 숲 속에 그녀의 집이 있었다. 넓은 단층의 시골집 에서 갓난아기들의 울음소리가 합창처럼 들려왔다. 얼마 전에 낳은 쌍둥이 아기들이었다. 아기들의 기저귀를 갈고 있던 그녀의 남편이 나를 반겨 주었다.

아넬리제는 나를 위해 감자샐러드와 슈니첼(Schnittzel)이라는 독일 스테이크와 굴라쉬(Goulasch)라는 수프를 만들어 주었다. 쇠고기와 야채가 듬뿍 들어간 이 진한 굴라쉬수프는 원래 헝가리 음식이라는데 얼큰하고 매콤한 맛이 나의 입에 딱 맞았다. 병원으로 돌아가기 위해 그녀의 집을 나와 마을 어귀에 다다르니 어두워진 거리에 하나 둘 불빛이 여물어가고 있었다. 불 밝힌 마을의 집들을 바라보노라니 또다시 싸아한 향수가 가슴을 스치고 지나갔다.

## 고국에서 날아온 비보

어느 날 다름슈타트에서 한국간호사들이 문병을 왔다. 동병상련의 아픔이었을까? 그들은 자폐아처럼 표정없는 얼굴로 병상에 누워있는 내 손을 잡고 한참을 훌쩍거리다 갔다. 병실에서 그들이 가져온 항공봉투를 열었다. 그동안 다름슈타트에서 주인의 부재로 쌓여있던 편지들이었다. 오랫동안 소식이 없는 나를 가족들은 부자나라에서 풍요를 누리며 편안히 살고 있을 것이라 믿고 있는 것 같았다. 다행이라고 생각했다. 사실 그들의 기대는 틀리지 않았다. 나는 물질적인 풍요는 누리고 있었으니까. 두 달 넘게 무위도식하며 침대에 누워 있는데도 또박또박 많은 액수의 월급이 지급되었다. 병원비도 숙식도 무료였으니 쌓이는 것은 독일 마르크뿐이었다.

그런데 편지 속에 어두운 소식이 있었다. 위암 말기로 임종을 앞두고 있다는 외할머니의 소식이었다. 외할머니는 현대의학으로는 더 이상 손을 쓸 수 없는 상태라고 했다. 내가 부자나라에 와 있으니 혹시 좋은 약이 있으면 좀 보내달라는 간곡한 사연도 있었다. 뜻밖의 비보에 마음이 어두워졌다.

미운 정 고운 정 다 든 내 외할머니. 평생 구루무(크림)한번 발라

보지 못하고 마소처럼 억척스럽게 일만 하고 살아오신 외할머니의 주름진 얼굴이 떠올랐다. 여자는 시집이나 가서 아들이나 쑥쑥 잘 낳는 게 제일이라며 시집 갈 나이에 먼 나라로 돈벌이 가는 외손녀가 못마땅하다는 듯 나의 서독행을 별로 달가워하지 않으시던 할머니가 한 톨의 밥알도 삼키지 못하고 고통을 받고 계시다니. 한때는 여자라는 이유로 외손녀인 나를 서럽게 경멸하고 구박하시던 외할머니였지만 막상 위독하다는 소식을 듣고 나니 울컥 눈물이 솟구쳤다. 편지를 가슴에 앉고 외할머니와 함께했던 유년시절의 외갓집 기억들을 떠올려 보았다.

그러니까 1947년의 일이다. 강릉 시내에서 한참 떨어진 한 두메산골 외갓집에서 외할머니는 딸 다섯 중 셋째 딸인 내 어머니의 출산을 기다리고 있었다. 감농사 밤농사를 비롯하여 온갖 농사를 다 하던 외갓집에 내가 태어나던 해는 유난히 풍작이어서 외갓집 곳간마다 추수 곡식으로 가득했다고 한다. 그래서 남자가 태어나면 복을 받아 큰 인불이 될 싱소라며 외할머니는 힌껏 기대에 부풀어 있었다고 한다.

그런데 나는 애초부터 세상 밖으로 나오지 않으려 했는지 유난히 길고 모진 산통 끝에 태어났다고 한다. 워낙 두메산골이라 의원은커녕 산파조차 없던 그 외딴 마을에서 어머니가 거의 반죽음에 이르렀을 때에야 슬그머니 세상 밖으로 고개를 내민 것이 나였다니 나는 출생부터 이미 반항아(?)기질이 있었나 보다. 그런데 하필이면 왜 계집아이 어서 온 집안을 초상난 집처럼 쑥대밭을 만들었을까? 외할머니는 내 몸에 고추가 없는 것을 발견하자 윗목에 산더미처럼 쌓인 붉은 고추 더미를 부둥켜안고 서럽게 우셨다고 한다. '아들이라면 이 많은 고추를 다 내다 걸어도 아깝지 않을 터인데…….' 하시며 붉은 고추 대신 검정 숯덩이를 새끼줄에 꿰어 문간에 매달아야 했던 불쌍한 우리 외할머니. 딸만 내리 여섯을 낳았기에 (한 명은 어릴 때 사망) 첫 손주만이라도 아들이기를 바랐는데 염치없게도 나까지 손녀로 태어났으니 그 실망이 오죽했을까! 그렇게 나는 처음부터 집안의 불 효녀(?)로 태어났다. 딸이라는 이름만 아니었더라면, 손이 귀했던 우리 집안에서 나의 탄생은 꽤 근사한 축복의 순간이었을 텐데…….

도대체 고추가 뭐길래…….


어릴 적 나의 출생에 얽힌 얘기를 들을 때마다 나는 기분이 묘했다. 어쩔 수 없이 받아들여야 하는 숙명이라고 생각하면서도 여자로 태어난 내가 싫고 저주스러웠다. 여자로서의 나의 열등의식은 아마도 이때부터 시작되었을 것이다.

예민하던 사춘기의 나의 일기장 속에 나는 이런 글을 쓴 적이 있다. '세상이란 곳이 어떻게 생겼고, 또 그 속에서 어떤 일들이 기다리고 있을지 아무것도 알지 못하는 상황 속에서 나는 이 세상 밖으로 나왔다. 아무도 나의 의사를 묻지 않았다. 아니 아무도 자신의 출생 여부를 물음 당하고 세상에 오는 자는 없다. 나를 딸로 태어나게 해달라고 주문한 적도 없다. 그런데도 나는 고추 없는 죄인(?)이 되어 이 세상에 나온 것이다. '

고추가 없어 나의 탄생에 그렇게 실망하던 외할머니였지만 그래도 손녀라고 외할머니는 나를 보러 자주 우리 집에 오셨고 초등학교에 들어가면서는 자주 나를 외갓집에 불러들이셨다. 외갓집은 강원도 명주군 학산 이라는 산골 마을에 있었다. 지금은 버스로 삼십 분도 안 걸리는 거리지만 50년대 당시엔 찻길이 나지 않아 내가 살던 바닷가마을 송정에서 걸어서 서너 시간 정도 걸렸다.

반공일(토요일)만 되면 할머니는 이 손녀딸을 목이 빠지게 기다리곤 하셨다. 그래서 학교가 일찍 파하는 토요일이면 난 어머니가 챙겨 주시던 보퉁이 하나를 등에 메고 남대천 둑을 걸어 부지런히 외갓집으로 향하곤 했다. 강릉 시내를 벗어나 모산 이라는 동네가 나오면 거의 반은 온 셈이었다. 그 동네 어귀에 다다르면 모산 초등학교가 보이고 그 앞에 조그만 구멍가게가 있었다. 그 구멍가게 앞엔 늘 넓은 평상 하나가 놓여 있었는데, 난 그 위에 올라앉아 보퉁이를 풀고 어머니가 넣어준 찐 감자며 삶은 달걀을 까먹으며 한 시간쯤 쉬어가곤 했다. 이따금 어머니가 찔러준 용돈으로 사이다 한 병을 사서 마실 때도 있었다. 외가에 도착할 때까지 더 이상 가게도 없고 인가가 없기 때문에 이 구멍가게가 유일한 쉼터였고 이곳에서 속을 든든히 채운 후에 다시 길을 떠나야 했다. 허기가 지면 안 된다고 어머니는 늘 보퉁이가 두둑하게 먹을 것을 싸 주셨다.

　모산을 지나면 왕고개 라는 산이 나온다. 그 왕고개 를 넘으면 외갓집 마을이다. 산길은 멀었지만, 호기심 많던 나에겐 흥미로운 자연학습의 체험장이었다. 구불구불한 고개를 넘을 때마다 나는 온갖 이름 모를 꽃들과 새 그리고 가끔 날짐승들을 만나곤 했다. 내가 제일 많이 만나던 친구들은 주로 다람쥐들이었는데 그중에서 나의 시선을 끌었던 것이 꼬리에 샛노란 점이 박힌 어여쁜 다람쥐들이었다. 이 다람쥐들은 철봉에서 묘기를 부리는 체조선수처럼 유연하고 재빠른 동작으로 나뭇가지 사이를 잘도 오르락거리는 재주꾼들이었다. 나는 그 앙증맞고 귀여운 모습에 반해 넋을 잃곤 했다.

　그러던 어느 날 나는 그 다람쥐 한 마리를 갖고 싶은 충동에 사로잡혔다. 나는 기회를 노렸다. 재빨리 달려가 낚아채면 내 손아귀에 확 잡힐 것 같았다. 나는 조심조심 다람쥐 곁으로 다가가 와락 한 놈을 덮쳤다. 그러나 내 손에 닿은 건 마른 나무껍질뿐 다람쥐는 금세 날렵한 몸놀림으로 사뿐히 내 손을 비껴간다. 다시 한번 시도한다. 이번에도 놓친다. 다시 또 시도. 또 놓친다. 잡힐 듯 잡힐 듯하면서도 잡히지 않는 다람쥐가 나의 애간장을 태웠다. 다람쥐가 나를 놀리는 것 같았다. 고것들의 계교에 한껏 약이 오른 나는 시간 가는 줄도 모르고 다람쥐들과 쫓고 쫓기는 숨바꼭질을 계속해 나갔다.

그날 이후 나는 다람쥐 잡을 생각에 외갓집에 가는 날이 몹시 기다려졌다. 어느 날이었다. 그날도 내 손을 피해 요리조리 뛰어다니는 다람쥐들과 술래잡기를 하느라 해가 떨어지는 줄도 모르고 있었다. 산속은 어느새 어둠에 싸였고, 해가 떨어져 사방이 깜깜해지면 호랑이가 먹을 것을 구하러 내려온다는 외할머니의 얘기가 떠올랐다. 그때 어디선가 부스럭거리는 소리가 들려왔다. 나는 호랑이라고 생각했다. 갑자기 등골이 오싹해지면서 나는 도망치기 시작했다. 호랑이가 내 뒷덜미를 덥석 물것 같은 무서움에 힐끗힐끗 뒤를 돌아보았지만 보이는 것은 칠흑 같은 어둠뿐이었다. 산속의 밤이 그렇게 새까만 색깔이라는 것도 그때 처음 알았다. 도무지 아무런 형체도 보이지 않았다.

드디어 산속을 빠져나왔을 때 나의 온몸은 식은땀 더운 땀으로 뒤범벅이 돼 있었다. 멀리 외갓집 마을 어귀 논둑 길에서 나의 이름을 부르는 외할머니의 목소리가 들려왔다. 한눈팔지 말고 어둑어둑해지기 전에 오라는 외할머니의 충고에도 불구하고 이렇듯 해를 꼴깍 넘기고 저물어 도착할 때면 외할머니는 으레 논둑 길까지 나와서서 나를 기다리곤 하셨다. 그리고 "숙아, 숙아~"하고 내 이름을 부르곤 하셨다.

　방학이 오면 나는 외갓집에 가서 지내며 농사일을 도와야 했다. 외갓집은 감농사뿐만 아니라 소. 돼지, 닭, 토끼 등을 기르고 있어서 마치 가축농장처럼 시끌벅적했다. 새벽 첫닭 울음소리가 외갓집의 자명종 소리였고, 그 소리에 잠을 깨는 외할머니는 곤한 잠에 빠진 나를 깨워 일을 시키시곤 했다. 나는 떠지지 않는 눈을 비벼가며 아직 동이 트기도 전인 어둑어둑한 뒷산에 올라가 솔방울과 잔솔가지들을 긁어와야 했다. 그리곤 소 여물 아궁이에 불을 지피느라 매운 연기에 찔끔찔끔 눈물을 흘려가며 잔솔가지 속으로 불씨를 넣어 활활 타오르게 했다. 그리고 타오르는 불길 속으로 솔방울이며 나무 부스러기들을 마구 쑤셔 넣으면 아궁이 속은 순식간에 불바다가 돼버린다. 콩깍지를 썰어 소 여물을 만들고, 끓인 소 여물을 여물통에 부어 소들에게 아침을 먹이는 일은 할머니가 아침에 일어나 제일 먼저 하는 일이었다. 할머니는 사람보다 소를 더 귀하게 여길 만큼 소들을 아꼈다. 그래서 커다란 두 눈을 천진스럽게 끔뻑거리며 우적우적 여물을 씹어먹는 소들의 식사가 끝나야 할머니는 식구들의 아침을 준비하곤 했다.

　아침 식사가 끝나면 사랑방에서는 외할아버지의 낭랑한 글 읽는 소리가 들려오기 시작한다. 외할아버지는 새벽부터 잠자리에 들 때까지 글을 읽으신다. 외할아버지는 그렇게 평생 글만 읽으며 한 평생을 사셨다. 한 번도 돈을 벌어 본 적도 농사일을 거들어 본 적도 없었다. 가정경제는 외할아버지보다 두 살 위시던 외할머니의 몫이었다. 타고난 천성이 부지런한 할머니는 억척스럽게 일을 하며 유일한 아들인 막내 외삼촌을 대학까지 보내셨다. 언문도 깨우치지 못한 일자무식의 할머니는 할아버지의 글 읽는 소리가 좋아 평생을 투정한 번 하지 않고 집안의 가장 노릇을 하셨다. 어쩌다 할아버지가 빗자루를 들고 마당이라도 쓰실라치면 할머니는 펄쩍 뛰며 빗자루를 빼앗고는 어서 가서 글이나 읽으라고 다그치곤 하셨다. 할아버지의 글 읽는 소리가 들려야 집안에 화기(和氣)가 돌았고 할머니는 더욱 신이 나서 일을 하시는 것이었다. 할아버지의 글 읽는 소리는 할머니의 삶에 힘과 에너지를 불어넣는 기(氣)의 원천이었다.

가을 농번기가 되면 외갓집은 더욱 바빠진다. 감농사를 많이 하던 외갓집에선 곶감을 만들기 위해 그 많은 감을 따서 껍질을 벗기고 말려야 한다. 시집간 이모들이 와서 며칠씩 묵으며 이 가을걷이를 돕는 일이 연례행사처럼 되었다. 손녀인 나도 이맘때면 이모들과 합류하여 바쁜 일손을 돕곤 하였디. 가을 하늘 아래 바알갛게 익은 그 색깔 고운 감들을 따서 멍석 위에 쏟아놓고 야바위꾼이 손재주 부리듯 유연한 손놀림으로 싹싹 감을 깎으며 몇 날 며칠을 보내던 외갓집에서의 가을 감걷이 행사는 어린 나에겐 아주 특별한 기억으로 남아 있다. 멍석 위에 쌓인 산더미 같은 감들을 깎아 긴 줄에 치렁치렁하게 꿰어 마당 가득 매달아 놓으면 그 모습은 마치 오월의 꽃밭처럼 환했다. 감들의 속살 사이로 영롱한 가을 햇살이 스며들고 그 따끈따끈한 햇살 속에서 그렇게 한동안 일광욕을 즐기고 나면 감들은 말랑말랑한 곶감으로 변신한다. 할머니는 그 곶감을 팔아 외아들 공부를 시키고 그 많은 딸들을 시집 보내셨다.

쌀 한 톨도 버리지 못하는 할머니 때문에 감농사철엔 나와 이모들은 시장에 내다 팔 수 없는 파지 감이나 터진 홍시로 거의 끼니를 때우곤 했다. 속이 터진 홍시들은 꿀처럼 달고 맛있어 너무 많이 먹다가 변비로 혼쭐이 난적도 여러 번 있었다. 감 껍질은 따로 말렸다가 겨우내 간식으로 먹곤 했는데 분이 뽀얗게 난 감 껍질을 먹는 겨울이 나는 그렇게 행복할 수가 없었다.

새벽에 일어나면서 할머니가 하는 일이 또 하나 있었다. 암탉들이 낳은 달걀을 거둬들여 오는 일이었다. 할머니는 할아버지와 외삼촌 밥상에 오를 달걀 몇 개를 빼곤 시장에 나가 그 달걀을 파셨다. 나는 그 달걀이 먹고 싶을 때가 많았다. 그래서 한번은 할머니보다 먼저 일어나 몰래 달걀 몇 개를 집어오다가 들켜 혼난 적도 있었다. 할머니는 또 엿을 만들어 파시기도 했다. 가마에 엿을 고는 날, 밤을 새워 불을 때는 아궁이 일은 늘 내 의무였다. 커다란 가마솥 가득 묽고 누릿누릿한 조청(묽은 엿)이 거뭇거뭇한 빛의 된 엿으로 변할 무렵이면 여명이 밝아오곤 했다. 나는 엿이 고아지는 과정이 신기하고 재미있었다. 군침이 돌기도 했다. 그럴 때면 목을 빼 들고 가마솥을 들여다보며 할머니 눈치를 살피기도 했다. 그럴 때마다 할머니는 콧물 떨어진다며 내 머리를 쥐어박곤 하셨다. 밤새도록 아궁이대장 노릇하느라 수고했으니 옜다, 맛이나 보라며 한 숟가락 떠줄 법도 하건만 우리 할머니는 한 번도 맛보기조차 허용하지 않으셨다. 엿을 팔아 생계를 이어가야 했던 억척스러운 할머니에게 엿은 금조각처럼 소중하였으리라.

생각해보면 할머니는 한 번도 제대로 식사를 하신 적이 없었다. 항상 식구들이 먹다 남긴 밥과 반찬을 거두어 드시거나 이 미운 손녀딸이 태운 새까만 누룽지를 물에 말아 드시는 게 전부였다. 외할머니의 여성 경시사상은 식사 때면 더 확연해진다. 외갓집에선 끼니때마다 네 개의 밥상이 차려 지곤 했는데 첫째밥상은 할아버지의 독상이고 두 번째 밥상은 외삼촌과 진우아저씨(외갓집엔 어릴 때부터 가족처럼 함께 사는 착한 머슴 아저씨가 계셨다.)가 겸상하는 남자들의 밥상, 세 번째는 나와 이모들이 먹는 아녀자들의 밥상, 마지막으로 할머니와 식모 언니가 방바닥에 쭈그리고 앉아 먹는 방바닥 밥상(?) 등이었다. 남자들의 밥상엔 늘 생선이나 달걀과 같은 고급 반찬이 놓여 있었다. 아녀자들의 밥상에도 이따금 생선이 등장한다. (주로 생선 머리나 생선 꼬리에 불과하지만.) 하지만, 늘 푸성귀와 시래깃국 같은 풀 반찬이 전부였다. 할머니와 식모 언니는 손으로 김치를 북북 찢어 깡보리 누룽지 밥을 물에 말아 먹는 것이 전부였다.

철이 들면서 나는 여자를 비하하고 속박하는 우리나라 인습에 관해 강한 혐오감을 느끼기 시작했다. 남존여비사상이 아무리 전통이고 인습이라 해도 어딘가 잘못되었다는 생각이 들었다. '여자가 하면 재수 없다.'라는 식의 말을 들을 때마다 억울하고 부아가 치밀어 올랐다. 나는 여자를 천시하는 외할머니에게 자주 대들기도 했다. 외할머니는 그런 나를 엄하게 꾸짖으셨다. 철저한 인습의 노예로 살아가시던 나의 외할머니였다. 그런 인습의 노예로 평생을 살아온 외할머니의 삶과 죽음을 생각하고 있던 그날은 매우 우울했다.

## 계약파기

　병실 창 밖으로 하얀 구름이 정처 없이 떠가고 있던 하늘을 바라보던 적막한 어느 오후 나는 한국으로 돌아가야겠다고 생각했다. 외할머니의 슬픈 소식도 충격이었지만 그보다는 더 이상 독일에서 살고 싶은 의욕이 없었다. 게다가 문화충격과 힘겨운 간호사 일에 견디지 못해 정신병자가 되거나 자살을 하는 한국간호사들의 소식도 종종 들려왔고 아무리 생각해도 이 나라에서 간호사로 일하며 버틸 자신이 없었다. 나는 한국으로 돌아가겠다고 정식으로 병원 측에 통보를 했고 또다시 퇴원을 요구했다. 한국으로 돌아가겠다는 나의 단호한 결심에 수긍이 되었는지 그들은 더 이상 만류하지 않았다. 나의 병이 독일병원에서의 힘든 육체노동과 문화충격에서 온 것으로 알고 있던 그들은 내가 내 고국으로 다시 돌아가는 길이 최선일지도 모른다고 믿고 있는 것 같았다.

　나는 다시 나름슈타트로 돌아왔다. 꼭 석 달만 이었다. 기숙사에 들어서니 현관 앞에 그새 훌쩍 커버린 미루나무가 가지마다 싱그러운 연초록 이파리를 피우며 환히 웃고 있었다. 벌써 봄이었다. 정신병원에 누워 환자 노릇을 하는 동안 어느새 봄이 와 있었던 것이다. 나는 울렁거리는 가슴으로 이 층 계단을 향해 뛰어 올라갔다. 그리곤 방문을 힘껏 열어젖혔다. 석 달 동안 닫혀 있던 방이었다. 창문도 활짝 열었다. 그리고 반갑게 달려드는 바람 한 자락을 와락 껴안았다. 봄바람. 아아, 너무도 달콤한 봄바람이었다.

나는 3년 동안 일하기로 한 고용계약을 깨고 빚진 비행기 삯을 병원에 지급했다. 난 이제 자유의 몸이 된 것이다.


한국으로 귀국하기 전에 유럽순회 여행을 떠나기로 했다. 어쩌면 영원히 다시 올 수 없을지도 모르는 유럽땅을 처음이자 마지막으로 한번 보고 싶었다.

# 2부
# 유럽, 그 황홀한 길 위에서

1972년 사월의 어느 봄날,

나는 대한민국 여권과 세계지도가 든 배낭 하나를 둘러메고

유럽 일주의 대장정에 나섰다.

먹고 사는 일에 바빴던 내게 이런 행운이 오리라곤 꿈에도 생각하지 못했었다.

특권층의 전유물로만 생각하던 해외순회 여행,

그것이 한 무명 인간에 불과한 내게도 가능하다는 것이 꿈만 같았다.

파독간호사로 독일이란 나라에 오지 않았더라면

이 여행은 상상도 할 수 없었을 것이다.

## 꿈의 다뉴브!

첫 목적지인 뷔엔나행 밤 열차를 타기 위해 프랑크푸르트 기차역에 갔더니 아넬리제 부인이 나를 배웅하기 위해 미리 나와 있었다. 그녀는 마치 군인가는 아들을 보내는 어머니처럼 눈시울을 붉히며 몇 번이고 몸조심하라는 당부와 함께 나를 껴안아 주었다. 낯선 이국땅에서 홀로 장도에 오르는 작고 어린 동양여성의 무모한 모험이 그녀는 저으기 불안한 모양이었다. 나는 그녀의 우정에 감사했다.

한밤중에 열차가 출발한다. 호텔 로비처럼 깨끗하고 아늑한 열차 안엔 승객들이 별로 없다. 텅 빈 4인용 콤파트먼트를 나 혼자 다

차지하고 앉는다. 그리고 지도를 펼치고 다시 한번 여행루트를 점검한다. 오스트리아, 이탈리아, 프랑스, 스페인, 포르투칼……. 아, 생각만 해도 가슴이 뛴다. 의사소통의 불편을 생각하여 배낭 포켓에 찔러 넣었던 소형영어사전을 꺼내 들 척이며 여행에 필요할 단어들을 찾아 익히기도 한다.

열차 안의 밤이 깊어가고 있다. 규칙적으로 들려오는 기차 바퀴 소리만이 깊은 밤의 정적을 깨고 있다. 칙칙폭폭 칙칙폭폭-. 시트에 머리를 젖히고 눈을 감아본다. 잠을 청해보지만, 쉬이 올 것 같지 않다. 악몽 같았던 독일병원에서의 지난 시간들이 주마등처럼 밀려온다. 하지만 모든 것은 끝났다. 이 여행이 끝나면 나는 다시 고국으로 돌아가야 하고 지긋지긋했던 독일간호사 생활에서도 해방되는 것이다. 당장의 안도감은 느껴지지만 그래도 마음 한구석은 여전히 무겁기만 하다. 희망과 꿈을 안고 제2의 삶을 찾아온 독일에서 결국 나는 아무런 목적도 달성하지 못하고 돌아가는 것이다. 돈을 번 것도, 사랑의 환부가 치유된 것도 아닌 쓸쓸한 귀국. 모든 것 다 이루고 금의환향하는 귀국이라면 얼마나 좋을까.

'Guten Morgen, Fräulein!(좋은 아침입니다. 아가씨!)'

검표원이 깨우는 바람에 눈을 뜨니 기차는 벌써 뷔엔나역에 도착해 있다. 시계를 보니 아침 6시. 그런데 이상한 일이다. 분명히 독일국경을 넘어왔는데도 아직 독일에 그대로 있는듯한 느낌이 든다. 사람들의 생김생김도 같고 언어도 같다. 오스트리아에서도 독일어를 쓰고 있다. 나라가 다르면서 서로 같은 언어를 쓴다는 것. 단일민족 국가에서 온 나로선 참 신기하게 느껴진다. 만일 우리의 이웃 나라 일본이나 중국에 갔을 때 같은 한국어를 쓰고 있다면 기분이 어떨까? 외국에 온 느낌이 들까?

기차역에서 소시지로 간단한 아침 요기를 하고 유스호스텔을 찾는다. 이른 아침 이어서 아직 문이 잠긴 호스텔 앞엔 때 묻은 배낭을 짊어진 젊은이들이 피곤한 얼굴로 앉아 있다. 그들도 나처럼 어디에선가 밤차로 온 모양이다. 배낭족들에게 밤차는 돈도 절약되고 시간도 벌 수 있다.

호스텔에 체크인을 하고 곧바로 밖으로 나와 다뉴브강(독일어로 도나우)으로 향한다. 뷔엔나에 오면 제일 먼저 달려가고 싶은 곳이었다. 나는 요한 슈트라우스의 '아름다운 푸른 다뉴브'를 들으며 여고시절을 보냈다. 그 아름다운 왈츠곡을 들을 때마다 뷔엔나라는 도시를 막연히 상상해보며 그리워했었다. 꿈의 다뉴브! 아, 나는 지금 그곳으로 가고 있는 것이다.

드디어 다뉴브강에 도착한다. 얼핏 보면 그냥 흘러가는 도심의 평범한 강물에 불과해 보이지만 다뉴브라는 그 이름 때문에 내 심장이 뛰고 있는 것이다. 흐린 날씨 탓인지 아니면 맑고 푸르게 보이는 예술가의 눈과 영혼 때문인지 강물은 푸르다기보단 차라리 잿빛이었지만 그래도 아름답게만 보이는 것은 내게 각인된 아름다운 푸른 다뉴브의 이미지 때문일 것이다.

갈대숲이 보이는 강변을 따라 하염없이 걸어본다. 흐르는 강물 위로 왈츠의 선율이 흐르고 나의 여고시절 추억이 흐른다. 한줄기 강바람이 뺨을 스치며 지나가고 바람에 흔들리는 갈대들이 왈츠를 추고 있다. 나도 모르게 '아름다운 푸른 다뉴브'의 멜로디가 허밍으로 흘러나온다.

요한 슈트라우스 2세가 작곡한 '아름다운 푸른 도나우(An der schönen blauen Donau)'는 1866년 옛 프로이센과의 전쟁에서 참패한 오스트리아 국민에게 큰 용기와 희망을 주었다고 하는데 이 곡은 슈트라우스가 다음과 같은 칼베크의 시에 감명을 받아 작곡했다고 한다.

나는 괴로움에 허덕이는 그대를 보았노라.
나는 젊고 향기로운 그대를 보았노라.
마치 금광의 황금처럼 도나우강 위에
아름답고 푸른 도나우강 위에 진실이 되살아나는 것을.

다음 날 아침 요한 슈트라우스의 동상이 있다는 시립공원에 갔다. 공원 안에 들어서자마자 만발한 꽃들 속에서 온갖 새들이 합창하듯 지저귀고 있다. 뷔엔나의 봄은 공원에서부터 오는가 보다. 새들의 합창을 들으며 요한 슈트라우스의 동상 앞으로 간다. 아, 바이올린을 연주하고 있는 멋진 자세의 요한 슈트라우스. 그 위대한 작곡가의 황금 동상 앞에서 잠시 넋이 나간 채 우두커니 서 있었다.

어디선가 바이올린 소리가 들려온다. 흐느끼듯 들려오는 뷔엔나공원의 바이올린 소리. 나도 모르게 그 소리가 들리는 곳으로 발길을 옮긴다. 타조가 엉금엉금 걷고 있는 공원의 한복판이다. 헝클어진 긴 머리. 텁수룩한 수염의 히피 같은 모습의 청년이 감정에 깊이 몰입된 듯 지그시 눈을 감고 비단실을 뽑아내듯 정성 들여 바이올린의 현을 긋고 있다. 연주가 끝나자 사람들이 앞을 다투어 그의 발치에 있는 검은 바이올린 케이스 안으로 동전을 집어던진다. 나도 동전 한 닢을 꺼내 그 속에 던졌다. 음악의 도시에서 음악으로 시작하는 뷔엔나의 아침이 한 잔의 모닝커피처럼 상큼하다.

합스부르크왕조 600년의 역사를 간직한 쉔브룬궁전(Schönbrunn)앞엔 단체관광을 온듯한 일본여행자들이 단정한 모습으로 안내자의 말을 경청하고 있다. 가이드는 오스트리아인으로 보이는 서양여자인데 일본어로 설명을 하고 있다. 같은 동양인인 난 한마디도 모르는 일본어를 파란눈의 그녀가 저렇게 유창하게 하다니!

쉔부른 궁전에서

　'아름다운 샘'이라는 뜻의 이 쉔브룬궁전은 아름다운 정원과 더불어 한때 찬란했던 합스부르크왕가의 화려했던 흔적이 남아 있는 곳이다. 바로크 양식의 건축에 1,441개나 되는 방. 그중에서도 사방이 거울로 둘러싸인 '거울의 방'이 있다. 이 '거울의 방'에서 여섯 살의 어린 모차르트가 마리아 테레지아여제 앞에서 피아노를 쳤다고 한다.

　쉔브룬을 방문하고 돌아오는 길에 시내의 한 영화관 앞에서 발길이 멈춰진다. 감명 깊게 읽었던 Erich Segel의 소설 'Love Story'가 영화로 상영 중이었기 때문이다. 가문과 지위. 빈부의 격차를 초월한 청순한 사랑이야기가 나에게 감동을 준 작품이었기에 선뜻 지나치기가 망설여졌다. 볼가 말가 생각하며 서성거리고 있는 내 앞으로 한 오스트리아 청년이 다가온다. 그리곤 함께 영화를 보겠느냐고 묻는다. 내가 우물쭈물하자 그는 말없이 영화표 두 장을 사서 나에게 한 장을 건네었다. 엉겁결에 나는 이 낯 모르는 뷔엔나 청년과 그 영화를 함께 보게 되었다.

　스그린 속에서 Love Story의 주제음악이 흐르고 있었다.


*Where do I begin to tell the story of*

*How great a love can be*

*(어디서부터 이야기를 시작해야 할까요?*

사랑이 얼마나 위대한가를)

(중략)

아름다운 주제음악과 더불어 영화는 원작 못지않은 감동을 주었다. 백혈병으로 죽어가는 사랑하는 여인 제니 앞에서 아무것도 해줄 것이 없어서 그냥 태연한 척해야 하는 불쌍한 올리버. 죽은 제니를 두고 허탈한 모습으로 병실복도를 말없이 터벅터벅 걸어 나오던 올리버의 그 마지막 장면. 나는 어느새 울고 있었고, 울고 있던 내게 그 오스트리아 청년은 하얀 손수건을 내밀었다.

영화관을 나왔을 때 거리엔 벌써 어둠이 내리고 있었고 우린 고개를 떨군 채 말없이 어디론가 걷고 있었다. 한참을 걷던 그는 신호등이 있는 길목에서 독일어로 Wiedersehen(안녕)을 했다. 그리고 땅거미 지는 어느 거리 속으로 사라졌다.

이름도 모르는 그 오스트리아 청년. 그리고 나를 울린 영화 러브스토리를 생각하며 나는 뷔엔나의 밤거리를 혼자 걷는다. 명멸하는 도시의 야경 속으로 불현듯 흘러간 내 첫사랑의 그림자가 러브스토리의 여운과 함께 휘청거리며 다가오고 있다.

그는 지금쯤 어디에 살고 있을까?
아직 해군에 있을까?

웨딩마치를 울린지 일 년이 넘었으니

아기도 하나쯤은 있을 테지.

누굴 닮았을까?

그를 닮았을까?


그를 볼 수만 있다면 바람이 되어도 구름이 되어도 좋으리라

고. 그의 체온을 느낄수만 있다면 그가 밟고 지나가는 길섶의 흙이

되어도, 어느 후미진 풀숲의 이슬이 되어도 좋으리라고 생각했는데.

그의 목소리를 들을수만 있다면 불 꺼진 그의 창가에서 귀뚤귀

뚤 울어대는 귀뚜라미가 되어도 좋으리라고 생각했는데. 이 세상 그

무엇이 되어도 좋으리라고 생각했는데.

그를 볼 수만 있다면……

# 밀라노에서 만난 이탈리아 청년

　나의 긴 이탈리아 여행은 밀라노에서부터 시작되고 있다. 밀라노의 호스텔에 들어서면서 우선 그 현대식 건물에 조금 놀란다. 이렇게 고급스러운 빌딩의 호스텔은 처음 보기 때문이다. 체크인을 하고 휴게실인듯한 넓은 홀에 들어서니 시끌시끌한 소음 속에서 세계 각국에서 온듯한 젊은이들이 제각기 자기 할 일을 하느라 여념이 없다. 때 묻은 지도를 펼쳐 놓고 지도가 뚫어지라 들여다보고 있는 사람. 누군가에게 보낼 편지나 그림카드를 쓰고 있는 사람. 쾅쾅거리는 뮤직박스 옆에서 신나게 몸을 흔들고 있는 사람. 또 며칠은 굶은 것처럼 허겁지겁 음식을 먹고 있는 사람 등 각양각색이다.

　침대 위에 배낭을 내려놓고 제일 먼저 찾아간 곳은  라 스칼라 (La Scala)극장이다. 베르디의 '오베르트', 푸치니의 '나비부인'을 비롯한 수많은 명작 오페라들이 초연된 이 세계적인 오페라극장. 어디 베르디와 푸치니뿐이었는가. 스테파노, 파파로티, 도밍고 그리고 프리마돈나 마리아 칼라스가 이 극장의 무대에서 관객들의 넋을 빼앗지 않았는가. 아아, 푸치니의 나비부인! 초초상의 그 슬프고도 아름다운 아리아가 울려 퍼지던 그 유명한 스칼라극장이 바로 내 앞에 있었다.

구 밀라노의 한산한 거리

극장 내부에 입장만 할 수 있다면 밀라노에 머무는 동안 어떤 공연이건 상관없이 나는 라 스칼라좌의 관객이 되기로 마음먹고 있었다. 아. 그런데 이게 웬일인가. 이번 주의 프로그램을 알아보니 다음 주까진 아무런 공연이 없다는 것이 아닌가! 라 스칼라에도 공연이 없는 날이 있단 말인가. 오는 날이 장날이라더니…….

다음날, 레오나르도 다빈치의 그림 '최후의 만찬'이 있는 Santa Maria Delle Grazie 성당으로 갔더니 이곳도 문이 닫혀있다. 무슨 데모인가가 있어서 며칠째 닫혀있다고 한다. 가는 곳마다 헛걸음이다. 하필이면 이때 데모를 할 게 뭐람! 닫혀진 성당 문을 한참 바라보다가 할 수 없이 뒤돌아서 시내중심가의 이 거리 저 거리를 걷는다. 화려한 쇼핑가가 즐비한 밀리노의 거리. 예술의 도시인 줄 알았더니 패션의 도시이기도 하다는 것을 실감한다.

Santa Maria Delle Grazie성당이 오늘에서야 문을 열었다. 밀라노에 와서 저 유명한 '최후의 만찬'을 못 보고 떠나게 될까 봐 여간 조마조마하지 않았다. 나처럼 멀리서 온듯한 외국관광객들이 아침 일찍부터 줄을 서 있다. 그들도 이 성당의 문이 열릴 때까지 나만큼이나 애타게 기다렸을 것이다. 드디어 문이 열리는 성당. 마치 천국의 문이 열리는 것 같다.

도미니꼬 수도원의 식당 벽 한쪽을 다 차지한 레오나르도 다빈치의 그 대형벽화 앞에 경건한 마음으로 선다. 아아, 최후의 만찬!
책에서만 보던 그 유명한 벽화가 긴 세월의 무게에도 아랑곳없이 온
벽을 가득 채우고 있다. 경외감이 느껴진다. 후세사람들이 중간에
다시 색을 입혔다는데도 워낙 오래되어서인지 그림의 빛과 색이 바
래고 낡아 보이긴 했지만 그래도 오리지널이라는 사실이 내 가슴을
뛰게 한다.

"너희 중에 한 사람이 나를 배반할 것이다. 라는 예수의 말이 떨
어진 후 식탁에서 벌어진 열두 제자의 반응을 그린 것입니다." 키가
그리 크지 않은 아담한 체구의 한 이탈리아 청년이 관람객들에게 이
탈리아 액센트가 섞인 영어로 열심히 그림을 설명하고 있다. 안내원
인 모양이다. 나도 그의 말에 귀를 기울인다.

"레오나르도 다 빈치의 '최후의 만찬'은 1495년에서 1497년
에 걸쳐 완성한 르네상스전성기의 가장 뛰어난 걸작으로 평가받고
있는 작품입니다. 그림을 들여다보세요. 화면 속에 세 개의 창문이
보이지요? 이것은 그리스도의 '삼위일체'를 상징하는 거라고 할 수
있습니다. 또 열두 제자가 네 개의 무리를 이루고 있지요? 그건 '네
복음서'의 상징으로 해석할 수 있습니다. '최후의 만찬'은 수학적 구
조이면서 정확한 형식미와 더불어 다빈치의 독창성을 잘 나타내 주
는 그림입니다."

설명이 다 끝나고 관람객들이 흩어져가자 안내원이 내 앞으로

다가와 일본인이냐고 묻는다. 이런 질문은 여행 내내 듣고 있어 새로울 것도 없지만 그래도 서운할 때가 있다. 민족주의에 길들여진 탓일까? 나는 잠시 그를 빤히 쳐다보다가 한국이라는 나라를 아느냐고 반문한다. 들어본 적이 있다며 그가 고개를 끄덕인다. 적어도 그가 지구 상에 한국이라는 나라가 존재하고 있다는 사실을 알고 있다는 것이 다행이다. 한국전쟁이 아니었으면 코리아의 존재 자체도 모를 무식한(?) 외국인들도 많을 것이다. 동양인만 보면 그들은 으레 일본인이나 중국인으로 치부해버린다. 오천 년 역사를 자랑하는 우리나라가 왜 일본이나 중국처럼 세계에 잘 알려지지 않은 걸까? 국력 때문이겠지. 언제쯤이면 '당신은 한국인입니까?'하고 서슴없이 묻는 날이 올까?

그 안내원에게 왜 중국인이냐고 묻지 않고 하필이면 일본인이냐고 묻느냐니까 동양관광객의 대부분은 일본인들이기 때문이란다. 역시 부와 빈의 차이이다. 돈 많은 일본인들이 가난한 중국인들보다 세계를 둘러볼 수 있는 여유가 있기 때문이겠지. 그는 밀라노대학에서 영문학을 전공하는 아르바이트생이었다. 이름은 마리오. 붙임성이 좋은 전형적인 이탈리아인이다. 그는 이곳에서 일주일에 며칠씩 관광안내원으로 일한다고 했다. 여행을 여자만큼 좋아하고 언젠가 일본과 중국을 포함한 아시아를 여행하는 것이 꿈이라는 그는 내게 친절했다. 동양여성이기 때문이다. 가는 곳마다 유럽남자들은 동양여자인 내게 친절하다. 희소가치 때문일까? 아니면 동양 여성에 대한 막연한 호기심 때문일까?

　그는 올드 밀라노(구 밀라노)를 보여주고 싶다며 다음날 콩알처럼 작은 자기 자가용을 몰고 호스텔로 나를 데리러 왔다. 그렇게 작은 꼬마차는 처음 본다고 했더니 이탈리아에서 제일 싼 차라며 자랑을 한다. 그는 그 꼬마 자가용에 나를 태우곤 어디론가 쏜살같이 달린다. 한참을 가다 보니 여기저기 부서진 건물들과 다닥다닥 붙은 낡은 판자촌 같은 동네가 나타난다. 그곳이 구 밀라노 거리. 신 밀라노의 화려한 모습과는 매우 대조적이었지만, 관광객도 없고 조용하고 호젓한 것이 어딘지 사람 사는 냄새가 나는 것 같아 마음에 들었다. 이곳이 마리오의 고향이란다. 그는 이 빈촌에서 태어나 자랐다고 했다.

　마을 한복판엔 조그만 냇물이 흐르고 있었고 냇가에선 아이들이 물놀이를 하며 놀고 있었다. 마리오도 어릴 적 이 냇가에서 고기도 잡고 물놀이도 했을 테지. 가난하긴 해도 정겨움이 흐르는 동네 풍경이다. 문득 개울가에서 기재를 잡으며 놀던 유년시절의 내 모습이 떠오른다. 거울처럼 맑은 개울 속의 돌멩이를 살짝 들어 올려 그 속에 숨어있던 가재들을 잡아 빨갛게 구워먹으면 랍스터처럼 맛이 좋았다. 사람 사는 모습은 한국이나 이탈리아나 어쩌면 이리 비슷할까?

마리오는 골목길의 한 낡은 집으로 나를 데리고 갔다. 그의 조부가 살고있는 집이었다. 마리오의 부모는 그와 함께 신밀라노에 살고 있지만, 그의 조부는 아직도 구 밀라노의 고향집에서 수십 년째 떠나지 않고 있었다. 칠십 대의 건장해 보이는 마리오의 할아버지는 손자가 데려온 이 낯선 동양여성을 위해 치즈가 잔뜩 들어간 샌드위치와 샐러드로 점심을 대접해 주었다. 나는 아직 서양음식에 익숙해 있지 않았고 꼬린내나는 치즈도 별로 좋아하지 않았지만 할아버지의 호의를 생각하여 한 조각도 남기지 않고 다 먹었다. 마리오의 할아버지는 그런 내가 흐뭇한 지 이탈리아에서 최고로 맛좋은 치즈라며 계속 엄지손가락을 치켜들었다.

다음날 마리오는 이탈리아 최고의 고딕건축물이며 세계에서 네 번째로 큰 대성당이라는 밀라노의 두오모대성당으로 나를 데려가준다. 1386년과 1577년 사이에 지어졌다는 이 대성당 안에는 온갖 대리석상들과 금빛의 마돈나상이 보관되어 있는데 밀라노인들은 이 마돈나상을 'the little Madonna<sup>(작은 마돈나)</sup>'라 부르며 밀라노의 상징으로 여긴다고 한다. 천주교 신도인 마리오는 가슴에 성호를 그으며 성당 안에서 열심히 기도를 올리고 있다. 성당을 나오며 마리오에게 무슨 기도를 했느냐고 짓궂게 물었더니 나의 이탈리아여행이 부디 안전하고 즐거운 것이 되기를 기도했다는 것이다. 그라찌에(고마워). 나의 서툰 이탈리아 말이 귀엽다는 듯 그가 빙긋 웃는다.


　베로나로 가는 기차 시간이 다가오자 나는 손을 뻗어 마리오에게 악수를 청했다. 그와 후일 다시 만날 것을 약속하고 주소도 교환한다.
　"I hope to see you again.(다시 만나길 바래.)"
　짧은 만남이 아쉬운 듯 그가 나의 손을 꼭 잡았다.
　"아리베데르치, 마리오!(안녕, 마리오!)"
　훗날 그는 일주일간 독일에 다녀갔고, 내가 가이드를 해주었다.

## 떠나면 곧 그리워질 것 같은 도시 베로나

로미오와 줄리엣의 애틋한 사랑이야기가 있는 베로나(Verona). 금지된 사랑이기에 더욱 애달프고 가슴 뭉클해지는 셰익스피어 걸작의 무대를 찾아 줄리엣의 집(Casa di Giulietta)으로 제일 먼저 가본다. 어느 적 이야기인데 아직도 줄리엣의 이 층 방 창가에 로미오가 밀회를 위하여 사용한 밧줄이 매달려 있다. 물론 모형이긴 하지만, 그들이 속삭이던 뜨거운 사랑의 대화가 여전히 들려오는 것만 같다.

"어떻게 이곳에 오셨나요? 높은 담벼락을 오르기 힘들었을 텐데, 그리고 우리 가족들이 알면 이곳은 그대의 죽음의 장소가 될지도 모르는데……." 줄리엣의 방 창문 아래 서 있던 로미오를 향해 불타는 가슴으로 줄리엣은 이렇게 속삭인다. 그러자 로미오가 말한다.

"사랑의 날개를 타고 담을 올라왔다오. 이까짓 돌담이 어찌 나의 사랑을 막을 수 있으리오, 사랑이 나를 그대에게 안내했다오. 그대를 만나게 한 것도, 지혜를 알려준 것도 사랑이오. 그대 가족 누구도 내 사랑을 막지 못할 것이오!"

저 밧줄을 타고 들어가 줄리엣과 사랑의 맹세를 하던 몬타규가의 아들 로미오. 그리고 가장무도회에서 한눈에 로미오를 사랑에 빠지게 한 카퓨렛 가의 외동딸 줄리엣. 철천지원수였던 몬타규와 카퓨렛 가문의 오랜 반목도 불사하고 그들은 죽음도 초월한 사랑을 한다. 사랑 앞에 무엇이 두려우랴!

줄리엣의 동상 옆에서 사람들이 사진을 찍느라 바쁘다. 나도 덩달아 한 장을 찰깍 찍는다. 로미오와 줄리엣의 비극적인 러브스토리 때문일까? 콜로세움 앞에서 한눈에 내려다보이는 베로나 시가지가 어딘지 애수적이다. 한여름 밤이면 이 콜로세움에서 오페라축제가 열린다는 아름다운 베로나. 사랑과 오페라가 있는 이 도시를 떠나면 이내 그리워질 것 같다.

'줄리엣의 집'에 걸려있는 모형의 로미오와 줄리엣

## 칸초네와 에스프레소에 취한 베네치아

베로나에서 열차를 타고 베니스에 도착하니 밤이 깊어 있었다. 시내중심가의 호스텔은 이미 문이 닫혀 있었고, 중심가에서 조금 떨어진 곳에 간신히 잠자리를 구했다. 수녀원을 개조해서 만든 여성전용 호스텔인데 칸막이 있는 방이 아니라 탁 트인 긴 복도 같은 곳에 수십 개의 침대가 일렬종대로 길게 늘어져 있는 모습이 꼭 무슨 피난민수용소 같다. 여행자들이 각자의 침대 위에 누워 배낭을 꼭 끌어안고 자고 있는 모습이 퍽 재미있다. 아직도 어딘가에 수녀원 분위기가 남아있는 듯한 이 호스텔을 보니 오드리 헵번 주연의 영화 '파계(The Nun's Story)'가 생각난다.

연인과의 사랑이 결실을 보지 못하자 수녀의 길을 택한 벨기에의 젊은 여성 가브리엘. 그녀는 종신서원을 하고 루크수녀가 되지만 그곳에서 요구하는 무조건적인 순종에 회의를 느끼게 된다. 철저한 순종과 규율을 따르기에 그녀는 너무 이성적이었고 자유혼을 지닌 여성이었기 때문이다. 그녀의 마음은 조금씩 흔들리기 시작하였고, 이윽고 전쟁과 함께 찾아온 아버지의 사망소식을 듣고 그녀는 결국 수녀복을 벗는다. 영화의 마지막 장면에 바바리코트를 걸치고 수녀원을 나와 조용히 어느 거리로 사라지던 그녀의 뒷모습이 오래오래

여운으로 남던 수녀원생활에 관한 명화였다.

아침 일찍 산마르코 광장으로 가다가 광장 입구에서 엄청나게 많은 비둘기떼를 만난다. 비둘기들은 사람이 지나가도 도망갈 생각도 않는다. 손으로 만지고 움켜쥐어도 반항조차 하지 않는다. 이렇게 사람들을 무서워하지 않는 비둘기들이 있다니! 무서워하긴커녕 오히려 재롱까지 부리며 사람들의 어깨 위에 올라앉는다. 이탈리아 비둘기라서일까? 요것들은 붙임성 좋은 이탈리아인들을 꼭 빼닮았다. 먹이를 주면 좋아라고 온몸으로 달려들어 마구 아양을 떠는 비둘기들과 시간 가는 줄 모르고 한참을 놀았다.


이탈리안 칸초네가 연주되고 있는 산마르코 광장에 벌써 관광객들이 모여들고 있다. 등의자에 기대어 이탈리아 커피 한 잔을 주문한다. 소주잔만한 작은 커피잔에 새까만 이탈리아식 에스프레소가 소주처럼 쓰면서도 톡 쏘는 맛이 여간 짜릿하지 않다. 어찌나 진한 커피였던지 마시자마자 머리가 띵할 정도다. 그래도 왠지 뒷맛은 좋다. 그 에스프레소의 여운을 즐기며 광장에서 흘러나오는 칸초네를 감상하노라니 정말 내가 베니스에 왔구나 하는 실감이 난다. 칸초네를 듣고 있노라니 이탈리아인들의 여유 있는 마음과 낙천성이 느껴진다. 일밖에 모르는 독일인들과는 다르게 느긋한 태도로 흥겹게 노래를 부르며 살아가는 이탈리아인들은 진정 인생을 즐길 줄 아는 것 같다. 칸초네의 밝은 음률에 취하고 짜릿한 에스프레소에 취하고, 그리고 낭만의 도시 베네치아에 와 있다는 행복감에 취해 온종일 산마르코 광장을 서성거린다.

석양 무렵에 바닷가 쪽으로 발길을 옮긴다. 모든 것들이 물 위의 세상을 달리고 있다. 수상곤돌라, 수상택시, 수상버스. 물 위의 대중교통수단이다. 시커먼 곤돌라들이 선착장에서 석양의 해를 받으며 손님을 기다리고 있다. 그런데 왜 모두 으스스한 검은색인가. 낭만적인 이탈리아인들답게 좀 밝고 환한 색이었다면 좋았을 것을. 어쨌든 곤돌라는 베네치아의 상징이다. 좁은 운하와 운하 사이를 날렵하게 미끄러져 가는 검고 날씬한 곤돌라. 용케도 한쪽으로만 노를 젓는 곤돌라 사공이 금빛 노을 속에서 금발의 연인들을 태우고 운하 저쪽으로 멀어져 간다. 이탈리아 가곡 한 곡조를 뽑으며…….

베니스에 오니 베니스의 상인 안토니오와 친구 바사니오와의 우정을 소재로 한 셰익스피어의 희극 '베니스의 상인'이 생각난다. 베니스에서 벌어지는 이 희극은 우정뿐 아니라 인육(人肉) 재판, 그리고 사랑과 증오를 다루었다. 잔악하고 몰인정한 유대인 고리대금업자 샤일록, 살 한 파운드는 주되 피를 흘려서는 안 된다고 선언하는 베니스법정의 재판관 포샤. 그리하여 결국 재판에 패소하고 전 재산을 몰수당하는 샤일록……. 그러나 지금의 베니스는 '베니스의 상인'과는 너무 다른 분위기다.

해마다 조금씩 수면 아래로 가라앉는다는 베네치아. 이 신비한 물의 도시에 언젠가 종말이 올까? 상상만 해도 아찔한 일이다. 하지만 사람들은 그런 것에 아랑곳없어 보인다. '내일 지구의 종말이 온다 해도 나는 오늘 한그루의 사과나무를 심겠다'던 스피노자의 말처럼 설사 내일 이 도시에 종말이 온다 해도 지금은 오직 뜨겁게 살아 숨 쉬고 있을 뿐인 오늘의 베니스를 사랑하며 모두들 즐기고 있을 뿐이다.


수상버스를 타고 유리공예로 유명한 무라노(Murano)섬의 유리공장을 방문. 유리 하나로 온갖 물체를 정교하게 빚어내는 세공장면을 재미있게 관찰한다. 점성이 높은 유리 반죽을 1천 200도가 넘는 고온에서 가열, 긴 대롱을 통해 입으로 불어 눈 깜짝할 새 화려하고 선명한 색조의 온갖 아름다운 형상들이 만들어진다. 모두가 수작업으로 만들어진다는 이곳의 유리공예품들이 장인의 손끝에서 너무도 경이롭게 빚어지고 있다.

유리공예가 처음으로 무라노 섬에 전해진 것은 지금부터 약 1천 년 전인 982년경이라고 한다. 이곳이 유리공예의 산실이 된 데는 두 가지 이유가 있었다는데, 첫째는 강바닥에서 나오는 자갈과 습지의 평원에서 얻을 수 있는 소다회를 재료로 써야 했는데 그 조달이 용이하였기 때문이고 둘째는 당시 왕실에서 무라노 유리공예의 기밀이 다른 곳으로 누출되는 것을 원치 않았기 때문에 장인들을 외딴 섬에 모아두어야 했기 때문이라고 한다. 한번 이 섬 안으로 들어온 장인은 절대로 섬 밖으로 나갈 수 없었으므로 탈출을 시도하다 목숨을 잃은 사람들도 부지기수라 하니 장인들에게 무라노섬은 유배지나 다름없었으리라. 정교하고 아름다운 무라노 유리의 비밀은 결국 이 작은 섬에서 유리공예를 위해 평생을 바친 장인들의 희생 없이는 불가능한 것이었다.

무라노유리의 역사와 장인들의 희생을 생각하며 기념품으로 유리 비둘기 한 마리를 산다. 마술사가 묘기를 부리듯 유연하고 민첩한 손놀림으로 순식간에 빚어진 한 마리 비둘기. 평화의 상징이라는 이 비둘기처럼 이제부터 더 넓고 먼 세계로 평화롭게 날아가 보리라.

베니스의 곤돌라

# 푸치니의 흔적을 찾아

오후 6시에 루카(Lucca)에 닿는다. 세면실까지 달린 호스텔 방이 어찌나 호젓하고 깨끗한지 웬만한 호텔 수준이다. 그러나 손님이라곤 나 혼자뿐이다. 세계적인 음악가 푸치니가 태어난 도시가 왜 이리 쓸쓸하고 찾아오는 사람이 없을까 싶어 호스텔 관리인에게 물으니 비수기엔 늘 이렇게 조용하단다. 그의 말로는 푸치니의 생가는 이곳에서 조금 떨어진 비아리지오(Viarrigio)근처에 있다고 한다.

아침 일찍 푸치니호수가 있는 토레 델 라고 푸치니(Torre del Lago Puccini)를 찾는다. 낭만파 오페라작곡가 푸치니가 생애 대부분을 보내며 낚시와 사냥을 즐겼다는 마사치우콜리(Massaciuccoli) 호수. 파문 한 점 없이 잔잔한 호수 위로 물오리의 헤엄치는 소리만 간간이 들려 올뿐 사위가 고요와 적막 속에 잠겨있다. 이곳이 푸치니의 낚시터요 사냥터였다는 사실이 조금 의아스러울 정도로 호수가 맑고 정적이다. 낚시와 사냥처럼 동적인 분위기와는 거리가 먼듯한 이 고요한 호숫가에서 푸치니는 무슨 상념에 잠겼을까. 아무리 둘러봐도 보이는 것이라곤 물과 물오리들의 노니는 모습뿐 그가 예술적 영감을 얻을법한 그 무엇도 보이지 않는데……

아, 한가지가 있다. 예술가들에게 절대적으로 필요한 것. 호숫

푸치니 호숫가에서 (푸치니는 배경에 보이는 정자에서 오페라 '나비부인'을
구상했다고 한다.)

가에 흐르는 이 소리 없는 고독, 침묵, 바로 그런 것들이다.

누군가 위대한 창작은 철저한 고독 속에서 가능하다고 했다. 그렇다면 그는 이 외로운 호숫가에서 낚시와 사냥으로 창조자의 고독을 즐겼던 걸까? 그에게 이 호수는 빈 오선지 같은 존재였으리라. 언제든 영감이 떠오르면 써 내려갈 수 있는 하얀 오선지…….

예술가들이 머물렀던 곳, 또 그들이 사랑했던 장소를 찾는 것은 이렇게 값지고 감명 깊은 시간으로 다가온다. 예술가들의 삶이란 어찌 보면 불멸인지도 모른다. 사람은 가도 그들의 예술은 영원하니 그들이 남긴 한 점의 흔적조차 이토록 고귀하고 소중하게 느껴지는 것이다.

호수의 수면 위를 바라보며 하염없이 푸치니의 세계에 빠져 있는데 저만치 호수 한복판에 정자 하나가 보인다. 어젯밤 호스텔관리인이 말해주던 그 정자이다. 정자의 모습이 아주 동양적이어서 내가 이탈리아의 어느 곳에 와 있다는 느낌이 통 들지 않는다. 푸치니는 저 정자에 앉아 오페라 '나비부인(Madam Butterfly)'을 구상했다고 한다. '나비부인'의 2막에 나오는 그 아름다운 아리아 '어느 게인 날(Un bel di, vedremo)'이 아련히 들려오는 듯하다.


*사랑하는 그대와 이별하기 전 뭐라고 했던가요. 오! 나비부인 귀여운 내 사랑 그대가 나를 기다리니 꼭 돌아오겠소. 어느 맑게 갠 날*

저쪽 먼바다에 연기를 뿜으며 배 한 척이 다가오고 늠름한 내 사랑 돌아오리라……

    미군장교 핑카튼을 사랑한 나가사키 게이샤 출신의 나비부인 초초상. 둘은 결혼을 하지만 핑카튼은 다시 돌아온다며 그녀를 홀로 남겨 두고 미국의 고향으로 돌아간다. 그러나 3년이 다 지나도록 핑카튼은 돌아오지 않는다. 그를 잊고 새 출발하라는 주위의 권유에도 아랑곳없이 나비부인은 굳은 절개를 지키며 아들과 함께 그를 기다린다. 어느 날 드디어 핑카튼이 배를 타고 나가사키로 돌아온다. 하지만 그토록 기다리던 남편 핑카튼은 새 부인 케이트를 데리고 나타난다. 절망한 나비부인은 아들을 케이트에게 맡기고 단도로 자결한다. 아아 나비부인! 그 아름답고도 슬픈 초초상의 순정!

    푸치니의 음악엔 동양적인 색채가 있다. 일본여인의 순애보를 그린 '나비부인' 말고도 그가 미완성으로 남기고 간 유작 '트란도트' 도 중국을 배경으로 하고 있다.

    푸치니 생가에 갔더니 관리인은 12명 이상의 관람객이 모여야 문을 열 수 있다며 기다리란다. 그러나 한 시간을 넘게 기다려도 4명밖에 되지 않는다. 여행비수기엔 찾아드는 여행객이 드물다곤 해도 세계적인 음악가의 고향에 비수기와 성수기가 따로 있는가. 할 수 없이 다시 루카로 돌아온다.

호스텔에 돌아오니 방에 새로 들어온 룸메이트가 한 명 있다. 까무잡잡한 피부의 작은 동양여성인데 일본계 미국인이란다. 적적하던 터에 같은 동양인이라 금방 친해진다. 벌써 6개월째 유럽여행 중인 그녀는 다음 주면 고향인 캘리포니아주의 샌디에이고로 돌아간다고 한다. 반년 가까이 배낭여행을 하느라 하얗던 피부가 오레오쿠키처럼 타버렸다며 웃는 그녀의 얼굴은 피로해 보이긴 해도 많은 것을 얻은듯한 충만감에 가득 차 있다. 그녀 곁엔 반년 가까이 지고 다녔을 때 묻은 배낭이 통통히 살이 쪄있다. 여행의 맛과 멋을 진정으로 알고 즐기는 여성 같아 내심 부럽다. 그녀와 함께 부엌에서 채소와 고기를 곁들인 볶음밥을 만들어 맛있게 먹는다. 식사가 끝나자 그녀가 배낭에서 뭔가를 꺼낸다. 플룻이다. 여행 내내 향수를 달래준 여정의 동반자라며 그녀가 플룻을 불기 시작한다. 흐느끼듯 애잔하게 흘러 퍼지는 플룻의 선율이 고요한 호스텔의 적막을 깬다. 참 아름다운 밤이다.

## 아르노 강변의 연인들

꽃과 예술의 도시 플로렌스(Florence). 이름 그대로 꽃들이 지천이어서 오자마자 꽃향기에 취해버린다. 빨간 장미향기의 유혹에 끌려 한 장미밭을 서성거리다 나도 모르게 가시에 찔렸는데 손가락 깊이 박힌 그 가시를 빼느라 한참 울상을 해야 했다. 하마터면 독일시인 릴케처럼 가시에 찔려 저 세상에 갈뻔했다.

아르노(Arno)강 기슭에 살포시 자리 잡은 이 르네상스의 요람지에서 고전예술의 향기에도 흠뻑 취해버린다. 13~15세기에 이르는 예술작품들이 즐비한 이곳에서 미켈란젤로, 지오토. 보티첼리의 숨결을 느끼며 중세기로 돌아가는 착각에 빠진다.

아르노강이 보인다. 석양에 물들어가는 베키오다리 위에서 토스카나의 연인들이 사랑을 속삭이고 있다. 단테와 베아트리체처럼……. 700여 년 전 단테는 이 아르노강에서 그의 연인 베아트리체를 처음 만났다고 한다. 베아트리체와 사랑에 빠지면서 수없이 많은 걸작을 썼다는 단테. 사랑, 그 위대함이여!

강 건너 저 멀리 포도밭과 올리브 숲들이 보인다. 수확철이 오면 저 포도밭도 분주해지겠지.

끼안띠의 보랏빛 포도주가 마시고 싶다.

## 산타루치아 항구엔 무슨 사연이?

　'나폴리를 보고 죽어라'던 누군가의 말을 떠올리며 남쪽항구 나폴리만에 닿는다. 어릴 적부터 너무나 동경하던 나폴리. 저 유명한 이 지방민요 '산타루치아'가 태어난 곳. 그 '산타루치아'를 속으로 흥얼거리며 산타루치아 항구로 제일 먼저 달려가 본다. 그런데 이게 웬일인가? 세계 3대의 아름다운 항구로 손꼽힌다는 이곳엔 지저분한 물, 코를 찌르는 비린내, 그리고 시끌벅적한 소음만 있을 뿐이다. 이곳이 그 아름답다는 산타루치아 항구란 말인가? 이런 곳에서 어떻게 그 아름다운 음악이 탄생할 수 있었을까?

　하지만 보이는 것만이 전부가 아닐 것이다. 이 지방 사람들의 삶 속에 오랜 세월 공존해온 이 산타루치아 항구엔 그들만이 아는 온갖 사연이 묻혀 있을 것이다. 사랑, 이별, 기다림……. 이런 삶의 애환들을 노래하며 그들은 마음을 달랬을 것이다. 그들의 낭만적이고 낙천적인 천성이 노래를 부르지 않고는 견딜 수 없었을 것이다. 뜨거운 피를 가진 이 바닷가사람들은 저 나폴리바다를 향해 목이 터져라 산타루치아를 부르지 않고는 견딜 수 없었을 것이다.

## 다시 돌아오리 아름다운 쏘렌토로!

조각처럼 깎아지른 절벽. 붓으로 그어놓은 듯한 그림 같은 긴 해안선의 쏘렌토 반도에 닿는다. 크고 번잡한 나폴리와는 달리 아담하고 예쁜 쏘렌토에 첫눈에 반해버린다. 금빛 태양. 무성한 오렌지와 레몬밭 들. 이탈리아 남부의 정취가 물씬 풍기는 아름다운 풍경이다.

이탈리아 남부음식을 맛보려고 식당을 찾아 두리번거리다가 가정집같이 아늑해 보이는 한 작은 음식점으로 들어갔다. 영어가 통하지 않아 손짓 발짓과 나의 짧은 이탈리아어를 총동원하여 이 지방의 토속음식이 먹고 싶다고 설명을 하자 주인인듯한 후덕한 인상의 대머리 남자가 알아들었다는 듯 'Si, si, bene, signorita⁽네네, 좋아요, 아가씨⁾' 하며 고개를 위아래로 끄덕이더니 얼른 주방으로 들어간다. 그리고 부리나케 스파게티 한 접시를 내온다. 스파게티를 주문한 것이 아닌데……. 혹시 이 지방만의 독특한 별미 스파게티인가 해서 그냥 먹기로 했다. 그런데 이건 파스타에 토마토 쏘쓰만 넣어 비빈 아주 심플한 스파게티이다. 해물이나 다진 고기 같은 건더기라곤 없는, 마치 굵은 우동가락에 고추장을 비벼놓은 것처럼 단순한 국수에 불과하다. 양도 몇 젓갈밖에 안 되는 맛보기수준이다.

스파게티를 먹고 나서 다른 음식을 더 주문하려고 주인에게 메뉴판을 달라고 했더니 잠깐 기다리라며 주방에 다시 들어간 주인이 이번엔 뭔가가 가득 담긴 커다란 쟁반 하나를 들고 나온다. 고기와 야채와 감자요리가 듬뿍 담긴 쟁반이다. 아. 오늘의 주메뉴가 이것이었구나. 그러니까 조금 전의 스파게티는 전식으로 먹는 에피타이저(appetizer)쯤 되는 모양이었다.

나는 그 쟁반의 음식을 아주 맛나게 다 먹어버렸다. 고기는 연하고 부드러워 입안에서 녹는듯했고 독특한 향이 풍기는 야채요리는 상큼하게 내 미각을 돋우었다. 주인은 내게 포도주도 권했지만 사양했다. 술을 마시면 졸음이 오는 체질인데다 낮술은 마셔본 적이 없기 때문이다. 이곳에선 점심 식사를 하면서도 포도주를 마시는 모양이었다.

식사를 마치고 나는 엄지손가락을 치켜들며 최고! 라는 신호를 보낸다. 주인은 그런 나를 흐뭇한 얼굴로 바라보다가 아직 더 먹을 것이 남아있다는 시늉을 하더니 이번엔 커다란 과일바구니를 들고 온다. 샛노란 오렌지가 가득 든 바구니였다. 이 지방에서 재배되는 오렌지라며 주인은 껍질까지 까서 내게 권한다. 남쪽의 좋은 기후 때문인지 오렌지색깔이 유난히 곱고 선명하다. 새콤달콤한 맛도 일품이다. 배가 부르지만 않았다면 바구니 속의 오렌지들을 다 먹었을 것이다. 이탈리아인들은 보통 한 끼 식사를 이렇게 많이 먹는 모

아름다운 쏘렌토의 모습

양이다. 그런데도 이탈리아인들이 날씬한 이유가 뭘까. 아무리 봐도 이곳엔 독일처럼 살찐 사람들이 없다. 기름기가 적은 음식과 몸에 좋은 과일을 많이 먹어서일까? 아니면 인생을 여유 있고 즐겁게 사는 이들의 낙천적 기질 때문일까?

오랜만에 잔칫상 같은 푸짐하고 맛난 음식으로 포식을 하고 행복한 포만감에 취해 계산대 앞으로 갔다. 좋은 음식과 친절한 접대에 아낌없이 돈을 지불할 생각이었던 난 배낭에서 이탈리아 돈 리라를 서슴없이 꺼내 주인에게 건넨다. 그런데 이게 웬일? 주인이 손사래를 치며 거절을 한다. 한국에서 온 손님은 처음이라며 돈을 받지 않겠다는 것이다. 이럴 수가! 진수성찬을 차려주고도 돈을 받지 않겠다니! 너무나 뜻밖이다. 그것이 이 고장 풍습인지 아니면 남부사람들의 순수한 친절인지 잘 알 수는 없었지만, 아무튼 나는 생각지도 않은 이 뜻밖의 환대에 어안이 벙벙했다. '그라찌에'(감사합니다)를 연발하며 식당을 나왔지만, 아무리 생각해봐도 그 이탈리아인 주인은 마음씨 좋고 인심 넉넉한 남쪽사람임이 틀림없었다.

쏘렌토는 진정 내게 말하고 있었다. '다시 돌아오라 쏘렌토로!'라고.

## 호롱불 아래 춤추던 시실리의 밤

이탈리아반도의 맨 끝. 지중해에서 제일 큰 섬 시실리(sicilia)에 닿는다. 섬의 수도인 팔레르모(Palermo)에 오니 거리 분위기가 이탈리아 본토와는 사뭇 다른 것 같다. 작지 않은 도시인데도 어딘지 그들만의 독특한 시골풍이 느껴진다. 그리스유적이며 르네상스 미술품보다는 시실리섬 문화와 풍습이 더 알고 싶었던 나는 여기저기 골목을 돌아다니며 염탐꾼처럼 도시의 구석구석을 탐색한다. 섬이라서일까? 옷차림도 수수하고 로마나 밀라노에서 보던 것처럼 손을 잡고 거리를 활보하는 젊은 남녀들도 잘 보이지 않는다. 보수적인 분위기가 역력하다. 개방의 물결이 아직 이 섬까진 스며들지 않았나 보다.

여행하면서 나는 새로운 사람들과 새로운 풍습을 만나는 것이 좋다. 돈과 시간이 있다면 얼마 동안만이라도 현지인들과 함께 살아보고 싶은 욕심마저 없지 않다. 외국인이라면 나와는 아주 동떨어진 세계에 살고 있는 사람들이라고 믿어왔던 나의 배타적이던 사고가 여행을 하면서 조금씩 바뀌기 시작한다. 그들도 나와 별반 다르지 않은 인간일 뿐이었다. 물론 언어도 풍습도 다른 그들에게서 이질감을 느낄 때도 많다. 하지만 그런 이질감이 있기에 내가 그들에게서 느끼는 동질감이 더욱 반갑고 인간다운 것으로 다가오는 것이었다. 표면적인 차이가 있을지언정 결국 우리는 인간이라는 하나의 공통분모 속에서 비슷한 세상살이를 하고 있다는 것을 여행 내내 목격하곤 한다. 여행은 나의 위대한 스승이 되어가고 있다.

관광객들이 많이 찾는다는 어느 식당가에 발길이 다다른다. 식당가에 마피아의 이름을 딴 간판들이 즐비하다. 마피아로 악명 높은 섬, 새삼 내가 마피아의 고향에 와 있다는 사실을 실감한다. 이제 그 마피아들은 시실리에서 찾아보기 어렵게 되었다지만 그래도 시실리 마피아 하면 무시무시한 생각부터 떠오른다. 배신자를 향해서는 한 방울의 피도 남김 없이 참혹한 복수를 한다는 마피아의 세계…….

한때 활발한 활동을 하던 시실리 마피아들은 19세기 말 시실리 이민자들의 물결에 휩쓸려 미국 동부로 활동무대를 옮겼다고 한다. 그래서 미국 동부에서 시실리인을 만나면 "혹시 마피아 아니세요?" 하고 조크를 던지기도 한다는 얘기를 들었다. 이제 시실리의 트레이드 마크가 돼버린 마피아의 이름이 식당가에서 손님들을 부르며 이곳 관광산업의 한몫까지 하고 있다 생각하니 세상은 참 요지경이리는 생각이 든다.

식사를 마치고 나오다가 독일여성 사비네(Sabine)를 만났다. 그녀는 독일 뮌헨의 슈바빙에서 왔다며 자신을 소개했다. 슈바빙……. 문득 한국 최초의 독일 여자 유학생이었던 전혜린이 생각난다. 슈바빙은 그녀가 정열을 불태우던 곳이 아닌가. 한 노천카페에 앉아 사비네에게서 슈바빙 얘기를 듣는다. 그녀도 전혜린만큼이나 슈바빙을 사랑하고 있었다. 살면 살수록 중독이 되는 아주 묘한 곳이 슈바빙이라 했다. 한마디로 예술과 낭만이 있는 곳. 그 거리엔 무명화가들이 많고 가난한 대학생들이 많단다. 그녀도 슈바빙 거리의 무명화가라고 했다. 그녀에게서 슈바빙 얘기를 들으며 한번 가보고 싶다는 생각이 절실해진다. 전혜린이 자주 드나들었다는 술집에도 가보고 싶고 그녀가 즐겨 마시던 슈바빙의 맥주도 마시고 싶다.

사비네는 팔레르모에서 조금 떨어진 한 외딴 섬에 머무르며 그림을 그리고 있었다. 얼마 동안 그곳에 머물 예정이냐고 물었더니 자기도 모른단다. 자신은 예정에 상관없이 감정이 이끄는 대로 머물다 떠나는 보헤미안기질이란다. 계획 따윈 정해놓지 않고 여행을 하고 계획에도 없는 곳으로 여행을 떠난다고 한다. 그림을 그리다 문득 어디론가 떠나고 싶은 충동이 일면 그녀는 주저 없이 배낭을 메고 그 낯선 곳으로 달려가곤 한다는 것이다. 발길 가는 대로 어디론가 떠났다가 마음에 드는 곳이 있으면 그곳에 머물러 그림을 그리다가 어느 날 후조처럼 훌쩍 다시 돌아간다는 이 자유로운 영혼의 여인. 자유란 예술가에게 이처럼 소중한 것인가.

그녀가 머물고 있다는 이름 모를 섬마을로 가기 위해 우리는 작은 통통배를 탔다. 나도 그녀처럼 자유로운 영혼이 되고 싶었다. 한참을 지나자 작은 섬마을이 나타난다. 그녀는 그곳의 한 낡은 민가를 통째로 빌려 머물고 있었다. 폐가나 다름없어 보이는 그 집엔 전 깃불도 없었고 사람이 산 흔적도 없어 보였다. 그 민가에 여장을 풀고 나도 며칠 동안 그 섬에서 지내기로 했다.

이 마을은 문명과는 거리가 먼듯해 보였다. 전기가 들어오지 않아 밤이면 램프를 켜야 한다. 그런데 어느 날 저녁 램프를 켜지 않았는데도 온 마을이 대낮같이 훤해지던 밤이 있었다. 에트나의 활화산이 분출을 시작한 것이다. 화산분출을 본 건 그때가 처음이다. 누군가 '화산이 터진다!'라고 외치는 소리가 들려오기에 마을 사람들을 따라 바닷가로 달려갔더니 정말 영화의 한 장면처럼 진홍빛의 불꽃이 마구 솟구치며 뿜어 나오는 것이었다. 이 마을 사람들은 화산이 터질 때마다 우르르 바닷가에 몰려들어 이 어마어마한 광경을 지켜보곤 하는 것이다.

섬마을에도 청춘이 있고 낭만이 있다. 마을광장한복판에 호롱불을 켜놓고 젊은이들이 노래를 부르며 춤을 추는 밤. 디스코파티가 열리는것이다. 이마을의 젊은이들도 도시젊은이 들 못지않게 춤추고 노는 것을 좋아한다. 디스코가 열리는밤이면 나도 사비네도 그들과 어울려 희미한 호롱불아래서 온몸을 흔들며 밤새도록 춤을 춘다.

일주일이 지나 내가 섬마을을 떠나게 되었을 때 마을사람들이 먹을것을 싸들고 뱃머리까지 달려와 배웅을 해 주었다. 잊을수 없는 사람들. 챠오 시칠리아!

## 아. 영원히 갇히고 싶은 엘바섬!

리구리아해를 향해있는 코딱지만한 작은 섬 엘바(Elba). 마치 물고기 한 마리가 떠 있는듯한 이 작은 섬을 마음에 두고 있었던 것은 섬 여행을 좋아하는 나의 취향 말고도 이 섬이 역사를 움직인 저 유명한 나폴레옹의 유배지라는 사실 때문이었다.

프랑스령인 코르시카섬에서 태어난 나폴레옹은 코르시카에서 불과 50km밖에 떨어지지 않은 이탈리아령인 이 엘바섬에 유배되었다. 얼마나 황폐했으면 그의 귀양지가 되었을까. 문명의 손길이 닿지 않은 원시적 그대로의 황폐함을 아직도 간직하고 있을지 모른다는 한줄기 희망을 안고 설레는 마음으로 오후 4시에 피옴비노(Piombino)에서 배를 탔다. 엘바섬까지 20km밖에 안 되는 짧은 뱃길이다.

엘바섬의 수도 Portoferraio항구에 도착하니 역시 나폴레옹이 귀양살이를 한 섬 다운 분위기가 확 풍긴다. 육지에서 불과 20km밖에 떨어지지 않은 섬인데도 무인도 같은 격리감이 느껴진다. 인적도 없고 소음도 없다. 조용하다 못해 쓸쓸하기까지 하다. 포구에서 만난 한 현지인에게 손짓발짓으로 왜 이렇게 사람들이 없느냐고 물으니 그 역시 손짓 발짓에 이탈리아 말을 섞어 7, 8월이면 많은 사람들이 몰려올 거라는 시늉을 한다. 한마디로 지금은 휴가 철이 아니라는 것이다. 나중에 들으니 이 섬은 여름 성수기가 되면 이탈리아며 프랑스 등, 유럽지역에서 꽤 많은 관광객들이 방문한다 고 한다. 워낙 때 묻지 않은 조용한 섬이고 보니 여름 한 철 휴양지 로 보내기에 더없이 좋은 곳이기 때문이란다. 물론 나폴레옹의 유배 지라는 높은 지명도가 한몫 하는 탓도 있겠지만……

항구근처에 있는 민박처럼 작은 규모의 여인숙에 여장을 푼다. 비수기라 방들이 모두 텅텅 비어있다. 그러고 보니 사람들로 북적일 여름에 찾아오지 않은 것이 오히려 다행이라는 생각이 든다. 숙소를 정하기도 쉽고 나 혼자 이 섬을 통째로 차지하는듯한 느낌도 든다.(알고 보니 5, 6월이 여행하기 제일 좋은 계절이었다.)

석양이 지고 있는 고즈넉한 항구에 뱃고동소리가 울린다. 같은 이탈리아 땅인데도 아주 멀리 와 있는듯한 고적함이 온몸으로 스며 드는 건 여기가 섬이기 때문인가. 그냥 섬도 아니고 나폴레옹이 귀 양살이를 하던 섬이다. 이런 고적함과 적막함이 없다면 나폴레옹의 귀양지도 되지 않았을 것이다. 지녁을 먹고 철썩거리는 섬 비다의 파도소리를 자장가삼아 일찍 잠이 든다.

아침에 일어나니 어제와는 다르게 느껴지는 아늑하고 포근한 항구의 분위기가 멀리서 온 나그네를 따뜻하게 감싸주는 것 같다. 비수기인데도 다행히 관광객을 위한 섬투어가 있다. 이탈리아인 노부부 한쌍과 나를 합쳐 세명밖에 되지 않는데도 관광버스는 시간에 맞춰 섬순회를 시작한다. 버스에 올라 가이드노릇까지 하는 운전사로부터 엘바섬에 관한 이야기를 듣는다.

이탈리아 중부 토스카나 자치주에 속해있는 이 엘바섬은 이탈리아에서는 시실리와 사르디니아섬 다음으로 세 번째로 큰 지중해의 섬이다. 엘바섬의 북쪽은 리구리아해를 향하고 있으며 동쪽은 피옴비노 채널, 남쪽은 티레니아해상을 향해있고 프랑스령인 코르시카섬에서는 50km밖에 떨어져 있지 않은 곳이다. 산악의 지형으로 이루어진 엘바섬엔 최고봉이 해발고도 1,018m(3,340ft)인 가판네산(Monte Capanne)이 있다. 섬의 동쪽은 약 400년 전에 형성된 가장 오래된 지역이고 중심지도시인 포르토 페라이오가 있는 센트럴지역은 넓이 4km밖에 되지 않는다. 또 산악지대인 monte Calamita 지역은 한때 엘바섬의 경제를 지탱시켜주던 철광석산지로 유명한 곳이었지만 2차 세계대전 이후 자원이 정체되어 엘바의 철강업은 쇠퇴하였다고 한다. (대신 지금은 관광업과 포도주생산이 발달해있다.)


그림 같은 녹색의 계곡을 지나 어디론가 한참을 달리던 버스가 어느 성 앞에서 멈춘다. 나폴레옹이 살던 집이란다. 텅 빈 고성에는 침묵만이 흐르고 있다. 나폴레옹의 체취가 묻어 있는 곳이어서인지 흐르고 있는 침묵, 스쳐 가는 잎사귀 하나도 대수롭게 보이지 않는다.

　나폴레옹은 1814년 5월 3일에 엘바섬의 Portoferraio에 도착하여 600명의 해군을 거느리고 섬을 통치하며 유배생활을 시작하였다. 그는 명목상으로 엘바섬의 군주였지만 실질적으로 섬은 영국해군에 의해 통치되고 있었다.

　나폴레옹이 이곳에서 유배생활을 하던 당시 섬은 어지간히도 낙후되어 있었던지 그는 여러 가지 경제적 사회적 개혁을 시도하며 섬을 현대화하기 위해 무던히도 애썼다고 한다. 오로지 야망에만 불타던 나폴레옹은 문명의 때가 묻지 않은 자연 그대로의 이 아름다운 풍광이 눈에 들어올 리가 없었을 것이다.


　돌아오는 길에는 외로운 섬바다만이 침묵 속에 잠겨있다. 인적 없는 백사장. 자장가처럼 소곤소곤하면서도 규칙적으로 들려오는 파도소리. 주인 없는 텅 빈 집에 찾아든 길손이 된 것 같은 느낌이다. 아니 경건한 성지를 찾아온 순례자가 된 것 같은 느낌이 들기도 한다. 하얀 물거품을 도하며 조용히 밀려오는 파도만이 이 섬이 살아 숨 쉬고 있음을 말해주는 듯하다. 해변에서 버스가 잠시 멈추자 신발을 벗고 바닷물 속으로 성큼성큼 걸어 들어가 본다. 그런데 이게 웬일인가. 차고 시원할 줄 알았던 바닷물이 마치 방금 불에 데운 온수처럼 따뜻하기만 하다.

이름 모를 호젓한 비치에서 누웠다. 고즈넉한 섬바닷가 은빛의 해변엔 오월의 눈 부신 태양이 무색하게 인적이라곤 없다. 이 바다의 주인인 양 나 혼자 비치를 다 차지하고 온종일 수영을 하고 선탠을 한다. 오월의 바닷물이 이렇게 따뜻하다니! 수심도 깊지 않아 바다 한가운데를 한참 걸어가도 허리께밖에 차지 않는다. 제법 멀리 들어가야 내 키를 훌쩍 넘는 깊은 곳에 닿을 수 있다. 그곳에서부터 나는 평영도 하고 배영도 하지만 멀리 헤엄쳐 가지는 않는다. 장미에도 가시가 있듯 이국의 아름다운 바다엔 이따금 상어떼가 출몰한다는 얘기를 어디선가 들은 적이 있기 때문이다.

오늘은 숲 속을 산책하며 하루를 보낸다. 섬인데도 우거진 숲들이 많다. 이름 모를 야생화와 새들의 지저귐 소리를 들으며 속세에서 멀리 떠나온 수도자 같은 기분으로 온종일 숲 속을 배회했다. 오직 평화와 안식만이 흐르는 여기 이 아름다운 섬을 누가 유배지라고 했는가! 누가 뭐래도 여기는 지상의 낙원이다. 때 묻지 않은 순백의 처녀 섬이다. 이 순결한 섬에 나폴레옹은 귀양을 왔었다. 그리고 9달 21일을 살았다. 얼마나 행운아인가! 9달 21일간의 엘바에서의 귀양살이. 나폴레옹에겐 지옥이었을지 모르나 내 눈에는 세상에 둘도 없을 아름다운 천국이다.

아무튼, 그는 엘바섬에서 300일을 보내고 다음 해인 1815년

2월 26일에 이곳을 탈출했다. 고독과 지루함 때문이었는지 그의 불같은 야망 때문이었는지 그는 이 '지상의 낙원'을 버리고 떠났다. 탈출 100일 후 그는 워털루(Waterloo)전쟁에 패하고 이곳보다 더 격리되고 황폐한 대서양의 외로운 섬 세인트 헬레나로 유배된다. 그리고 그곳에서 귀양살이를 하다가 6년 뒤 죽음을 맞이했다.

내일이면 나도 나폴레옹처럼 엘바를 탈출(?)해야 한다. 마지막 밤을 그냥 보내기가 아쉬워 항구의 어느 술집에서 엘바산 포도주 한 잔을 기울인다. 그러자 마시자마자 머리가 핑 돌더니 금방 취기가 오른다. 알고 보니 이 섬의 포도주는 도수가 매우 강하다고 한다. 이 강한 포도주가 몸에 좋다고 알려져 섬사람들은 이 포도주를 보약처럼 즐겨 마신다고 한다. 엘바섬 사람들이 강하고 건강한 이유가 이 포도주 때문이라고 믿었던 나폴레옹마저도 엘바섬을 탈출할 때 섬의 포도주를 가지고 갔다고 하니 진작 알았더라면 한잔 더 마셔도 될걸 그랬나 보다.

포르토페라이오항구의 뱃미리에서 막상 엘바를 떠나려 하니 발길이 무겁다. 나폴레옹은 300일이나 이 섬에서 살았는데 난 겨우 3일밖에 머물지 못했다. 이대로 그냥 유배될 수는 없을까?

아, 영원히 갇히고 싶은 환상의 섬 엘바!

# 레몬향기 흐르는 망통

남프랑스의 망통(Menton)으로 왔다. 너무나 평화로운 지중해의 바닷가 마을. 유스호스텔 앞마당에서 처음 보는 레몬 나무들이 나를 반긴다. 주렁주렁 매달린 레몬들이 탱글탱글하게 여물어 지중해의 햇살 속에서 금빛으로 반짝이고 있다. 바라만 보고 있어도 시큼한 맛이 느껴지는 것 같다.

망통에선 매년 2월이면 레몬축제가 열린다고 한다. 1934년부터 시작되었다는 이 레몬축제는 남프랑스의 레몬산지로서 자부심이 강한 이 지역 사람들의 레몬사랑을 잘 나타내주고 있는 마을의 커다란 행사라고 한다.

신맛이 유난히 강하다는 이 마을의 레몬맛과 지중해에서 나는 싱싱한 해산물을 맛보기 위해 해물요리를 전문으로 하는 근처의 식당을 찾았다. 신김치 신능금 등 신것이라면 사족을 못 쓸 정도로 좋아하는 나였지만 생선 위에 몇 점 놓인 레몬조각을 씹다가 혼이 다 빠져버리는 것 같았다. 두 눈이 절로 감기고 혀가 마비될 정도로 톡 쏘는 지독히도 신맛이었다.

망통에서의 첫 아침. 일찍 일어나 해안 산책을 하고 돌아오니

구수한 커피향기가 호스텔에 가득하다. 아침식사를 하기 위해 식당
으로 들어선다.


　　봉주르! (Bonjour!)

　　구텐 모르겐! (Guten Morgen!)

　　굿모닝! (Good Morning!)


　세계 각국에서 온 여행자들이 제각기 자기네 언어로 서로 인사
를 나누기에 바쁘다. 동양인은 나 혼자뿐이고 독일과 북유럽에서 온
젊은이들이 대부분이다. 야구방망이같이 생긴 길쭉한 프렌치 바게
트 빵으로 아침 식사를 하며 독일의 아헨 공과대학생이라는 한 독일
청년을 만난다. 이름이 페터(Peter)라고 한다. 내가 다름슈타트에서
온 크랑켄슈베스터(간호사)라고 했더니 자기도 다름슈타트 공과대학
에서 한 학기 동안 공부한 적이 있단다. 독일에선 자기가 원하는 대
학에서 마음대로 한 학기씩 공부를 하고 돌아올 수 있다고 한다. 이
런 것을 두고 학문의 자유라고 하는 걸까? 빨리 졸업을 해야 한다는
조급함이 없다는 그는 한 학기를 쉬고 이탈리아와 남프랑스를 느긋
하게 여행 중이었다. 대학생 신분으로 이렇게 자유롭게 여행을 하
며 인생의 지평선을 넓혀가는 그의 모습이 한국과는 대조적이다. 여
행을 많이 하는 탓일까. 독일인들의 사고는 늘 내가 따라갈 수 없는

앞선 거리에 있다.

페터와 독일어로 대화를 나누고 있노라니 프랑스에 와있다는 실감이 전혀 않는다. 독일여행자들이 많은 탓인지 유럽에서는 어디를 가나 독일어가 통한다. 덴마크나 스웨덴, 노르웨이에서 온 북유럽여행자들도 독일어를 하는 사람이 많다. 그들은 자신들의 모국어 외에도 영어, 독어, 프랑스어까지 몇 개국 언어에 능통하다. 같은 라틴어에 뿌리를 두고 있기 때문에 쉽게 배우는 것일까? 아니면 그 나라의 외국어교육 환경이 좋은 탓일까? 외국어 하나를 습득하고 나면 그다음 외국어를 공부하기가 훨씬 수월하다는 이론도 있다. 아무튼, 이중 삼중의 언어를 유창하게 구사하는 여행자들을 보면 정말 부러움이 앞선다. 여행을 하다 보니 언어에 대한 관심이 부쩍 많아지고 언어가 여행의 무기라는 생각을 떨칠 수가 없다.

마을을 둘러보다 보니 집집마다 레몬나무들이다. 레몬이 이렇게 잘 자라는 건 사시사철 따뜻한 기후 때문이리라. 샛노란 레몬나무 그늘을 지나 해안에 이르니 애견을 끌고 산책 나온 노인들의 모습이 참으로 행복해 보인다. 바다와 레몬향기와 안식이 있는 이 작은 지중해의 마을은 이곳에서 평화롭게 여생을 보내고 있는 노인들뿐 아니라 젊은 나도 한번 살아보고 싶을 만큼 정겹게만 보인다.

오후에 노르웨이에서 온 여자 배낭족들과 수영을 하기 위해 해

변으로 나간다. 실오라기 몇 개를 이어놓은 듯한 그녀들의 비키니
수영복차림이 아슬아슬해 보이지만 그들은 전혀 개의치 않는다. 늘
주위를 의식하고 살아가는 나와는 너무 다른 세상의 여자들이다. 하
긴 보석처럼 찬란하게 빛나고 있는 지중해의 태양 아래에서 모든 것
벗어던지고 싶은 욕망이 누구에겐들 없으랴. 우린 누가 먼저랄 것
도 없이 백사장을 가로질러 지중해의 바다 속으로 풍덩 뛰어들었다.

망통의 해변

# 몬테카를로에서 딴 돈과 잃은 돈

지중해의 귀부인답게 우아하면서도 부티가 물씬 풍기는 모나코에 오니 정말 소국이면서도 품위가 느껴지는 나라이다. 바티칸 다음으로 세계에서 두 번째로 작은 모나코 공국은 왕년의 할리우드의 여배우 그레이스 켈리 때문에 더욱 호기심이 가던 나라이다. 1956년 모나코국왕 레이니에 3세와 결혼하여 모나코의 왕비가 된 그레이스 켈리의 동화 같은 이야기가 있는 곳.

그녀의 외모와 명성만큼이나 외관상으로 화려해 보일 것 같았던 나의 상상과는 달리 그저 평범해 보이는 모나코 궁전을 바라보며 영화보다 더 영화 같은 이 미국여배우의 러브 스토리를 떠올려본다.

알프레드 히치콕 감독의 '다이얼 M을 돌려라.'(Dial M for Murder, 1954)와 1954년 시골처녀의 감동적인 출세를 그린 영화 '갈채'(Country Girl)로 오스카 여우주연상을 수상한 그레이스 켈리가 모나코의 레이니에 3세(Rainier III)를 처음 만난 것은 1954년 '파리마치' 지에 실릴 사진을 모나코 왕실 정원에서 찍을 때였다고 한다. 뒤늦게 촬영팀을 맞은 레이니에는 우아함과 기품, 그리고 지성미를 겸비한 그녀에게서 눈길을 떼지 못했다고 한다. 하지만 왕자라는 신분 때문에 쉽사리 다가가지 못하던 그는 다음 해 우연히 칸영화제에 온 그녀를 다시 만나게 되는데……. 한 사진기자가 켈리에게 모나코 왕자 레이니에와의 사진촬영을 요청한 일이 계기가 되었다고 한다.

모나코의 왕자가 자신에게 관심이 있었던 줄도 몰랐던 켈리는 모나코의 아름다움에만 반하여 촬영을 허락했다. 그녀가 모나코 왕궁에 도착하자 레이니에왕자가 직접 나와 그녀를 맞이하며 궁전 곳곳을 안내해 주었다고 한다. 그 후 이들의 러브레터는 대서양이 멀다하고 오고 가기 시작했고 결국 레이니에의 끈질긴 구애 끝에 켈리는 인기여배우의 화려함을 포기하고 왕비가 되는 길을 선택한다. 그리고 1956년 4월 18일 세계의 주목 속에 레이니에와 결혼식을 올렸다.


아름다운 쪽빛의 바다와 해안 절경을 둘러본 뒤 몬테카를로 (Monte Carlo)의 한 카지노에 들어선다. 휘황찬란한 불빛 아래 왁자지껄한 실내분위기가 남루한 차림의 배낭족에겐 어울리지 않지만 여기까지 와서 카지노를 구경하지 않고 갈 수도 없고, 이왕 카지노에 왔으니 그냥 나갈 수도 없다. 모나코까지 와서 갬블링을 하지 않고 가는 것은 독일에 와서 독일맥주를 마시지 않고 가는 것이나 다름없다. 따든지 잃든지 기념으로 한번 해보는 거다. 호주머니 사정을 생각해서 입구의 구석자리에 있는 슬롯머신으로 간다. 그리고 장난삼아 동전 몇 닢을 넣고 손잡이를 당겨본다. "드르-륵" 그러자 기

다렸다는 듯 별안간 기계가 요란한 마찰음을 내며 슬롯머신 아래로
동전들이 우르르 쏟아져 나온다. '야아'하고 놀라 즐거운 비명을 지
를 새도 없이 돈은 닭이 달걀을 낳듯 마구 쏟아져 나온다. 그러다 어
느 순간 멈춰버린다. 순식간에 눈앞에 산더미처럼 쌓인 동전무더기
들. 세어보니 백 프랑 가까이 된다. 우와! 이게 웬 횡재인가! 이건
돈 먹는 머신이 아니라 돈 나오는 머신인 모양이다. 돈따기가 이렇
게 쉬울 줄이야…….

　따는 김에 조금 더 따볼까? 이번에는 백 프랑이 아니라 천 프랑
도 딸수 있을 것 같아 쌓여있는 동전을 꾸역꾸역 집어넣으며 계속
손잡이를 당긴다. 기계는 한동안 아무 반응이 없다. 고장 난 건가.
아님 더 이상 남은 것이 없는 텅 빈 머신인가. 팔이 아프도록 손잡이
를 당기고 있노라니 어느새 딴 돈이 다 날아가 버린다. 호주머니에
서 남은 동전을 뒤져 다 쓸어 넣어도 돈을 삼킨 기계는 더 이상 말이
없다. 다 털렸다! 이게 놀음이라는 거구나!

　자리를 털고 일어나려 해도 또다시 동전의 후두둑 거리던 소리
가 귓전에 들려 엉덩이가 움직여지지 않는다. 남은 여행비에 손을
대고 싶은 유혹이 잠시 내 덜미를 잡지만 그대로 일어선다. 자칫하
면 빈털터리가 되어 남은 여행도 못하고 유럽의 거리에서 미아 신세
로 전락할지도 모르겠다. 그런 불운이 생기기 전에 냉큼 이곳을 빠
져 나가야겠다.

## 니스해변에서 울던 여자

　모나코에서 15km쯤 떨어진 세계 최대휴양도시라는 니스(Nice) 역에 도착하니 벌써 어둑어둑한 저녁 무렵이다. 피자 한 조각으로 허기를 때우고 서둘러 유스호스텔에 도착한다. 듣던 바대로 만원이다. 대부분 히치 하이커 들이다. 남루한 옷차림이지만 자유와 젊음과 꿈에 취한 그들은 즐겁고 행복해 보인다. 다행히 빈 침대가 하나 있어 오늘 밤 잠자리는 걱정 안 해도 되었다. 니스호스텔은 도시 전경이 한눈에 내려다보이는 언덕 위에 있어 시내 조망을 하기에 그만이다. 독일에서 온 배낭족 두 명과 밤거리구경을 나선다. 술에 취했는지 지중해의 낭만에 취했는지 거리에 비틀거리는 취객들이 많이 보인다. 조용한 어촌분위기의 망통과는 다르게 흥청망청 즐기는 환락의 도시 같은 분위기다. 네온사인의 바닷속에 흥청거리는 니스의 밤이 깊어가고 있다.

　늦은 아침 곤한 잠에서 깨어나니 하늘엔 어느새 태양이 열기를 뿜으며 이글거리고 있다. 이곳의 태양은 부시다 못해 시릴 정도이다. 서둘러 수영복을 입고 해변으로 달려가니 백사장이 벌써 초만원. 휴가를 즐기기 위해 세계 각국에서 모여든 사람들이 천태만상의 모습으로 북적거린다. 지중해의 찬란한 태양 아래 모델처럼 긴

니스 해변에서

다리의 금발미녀들이 아슬아슬한 비키니차림으로 백사장 여기저기를 패션쇼를 하듯 활보하기도 하고 모래사장 한가운데에 길쭉하게 누워 선탠을 즐기기도 한다. 어떤 여자들은 아예 수영복 브래지어까지 벗은 채로 모래사장에 배를 깔고 십자가로 누워 지중해의 태양을 만끽하느라 여념이 없다.

원색의 바다. 말 그대로 에메랄드 빛이다. 너무 맑고 투명하여 바라만 보고 있어도 눈에 물이 들 것 같은 이 아름다운 지중해를 사랑했던 샤갈, 마티스 같은 화가가 떠오른다. 예술가의 눈으로는 몇 배나 더 아름다웠을 이곳. 그들이 그림을 그리지 않고는 견딜 수 없었을 이 지중해의 모습을 나는 다만 찰칵거리는 카메라 속에 담을 뿐이다.

백사장 위를 걷다가 수영복을 입은 채 엉엉 울고 있는 한 젊은 여성을 보았다. 아이처럼 엉엉 소리내어 우는 그녀의 모습이 너무 가여워 가까이 다가갔다. 미국에서 왔다는 그녀는 수영을 하고 나와보니 벗어놓은 옷이며 여권이 들어있는 지갑 모두가 없어졌다는 것이나. 그녀도 나와 같은 배낭족이었다. 얼마나 황당한 일인가! 오도 가도 못하게 된 그녀가 너무 딱해 보인다. 나도 소지품을 두고 혼자 물속에 들어갔더라면 똑같은 일을 당했을 것이다. 신분증과 돈지갑 같은 귀중품은 늘 몸과 함께 붙어 다녀야 하는 것이 솔로 배낭족의 일상이다. 물속에까지 소지품을 갖고 들어갈 수는 없지 않은가?

게다가 이 아름다운 지중해 바닷가에서 그런 일이 일어나리라 누가 예상이나 했을까? 아름다운 장미꽃에도 가시가 있듯이 이 사랑스러운 지중해의 휴양지에도 범죄가 숨어 있는 것 같아 갑자기 무서워진다. 한참 후 우리는 지나가는 사람에게 도움을 청했다. 다행히 영어를 하는 한 프랑스청년이 다가와 경찰서로 안내해주겠다며 그녀를 데리고 어디론가 사라진다. 부디 이 순진한 미국아가씨가 무사히 집으로 돌아갈 수 있기를 마음속으로 간절히 바랐다.

## 코르시카의 삐꼴로

지중해 북부 사르데냐섬 북쪽 보니파시오 해협 사이에 잎사귀 모양을 한 섬하나가 떠있다. 프랑스의 지성, 모파상과 알퐁스 도데가 사랑했던 프랑스령의 코르시카(Corsica)섬이다.

'거친 들판의 사자'라는 그의 이름만큼이나 용감무쌍했던 나폴레옹의 고향이기에 더욱 보고 싶던 섬 코르시카로 가기 위해 마르세이유로 왔다. 코르시카로 가는 밤배를 타려면 아직 몇 시간을 더 기다려야 한다.

항구가 아주 지저분하다. 시간을 죽이기 위해 항구 근처를 어슬렁거리다 보니 영화관이 눈에 뜨인다. 영화나 보면서 시간을 보낼 생각으로 극장 안으로 들어간다. 영어자막도 독일어 자막도 없는 프랑스 영화다. 프랑스어를 모르니 그림 만으로만 내용을 끼어 맞추며 열심히 보고 있는데 스토리는 별로 없고 야한 장면만 나오기 시작한다. 나중엔 숫제 포르노를 방불케 하는 요상한 그림들만 화면에 가득하여 더 이상 볼 수가 없다. 영화관을 나오니 어두운 항구엔 뱃사람들로 보이는 술취한 남자들이 "졸리, 트레 졸리(예뻐요, 매우 예뻐요)" 하며 수작을 걸어온다.

코르시카로 가는 9시 밤 배가 만원이다. 배에 탄 사람들보다는 선박에 가득한 짐들이 더 많다. 대부분이 가난한 코르시카섬 사람들로 보이는 이들은 마르세이유에서 섬까지 물건을 나르는 장사꾼들인 모양이다.

코르시카에 닿으려면 하룻밤 꼬박 걸린다기에 뱃멀미를 걱정했는데 멀미보다 더 고생한 것이 추위였다. 이럴 줄도 모르고 따뜻한 내복 한 벌 없이 떠나온 것을 후회했다. 3개월간 떠돌아다니자면 배낭이 가벼워야 하므로 최소한 필요한 것들만 챙겨왔었다. 게다가 봄과 초여름에 걸친 여행이었기에 가벼운 봄 여름용 옷 몇 벌뿐이었다. 예상하지 못한 추위와의 싸움이었다. 초여름인데도 한밤중의 지중해 바닷바람은 쌀쌀하기 그지없었다. 바람막이도 의자도 없는 낡고 작은 화물선 같은 배 위에서 승객들은 모두 바닥에 둘러앉아 몸을 웅크린 채 졸고 있었다. 나는 배낭을 뒤져 몸을 가릴 수 있는 것은 모조리 끄집어내었다. 있는 옷을 다 꺼내 입고 타월, 손수건 심지어 양말까지도 모두 펴서 몸에 덮었다. 하지만 새벽이 가까워져 오자 피곤과 겹쳐 온몸이 사시나무처럼 덜덜 떨려왔다. 나는 이를 악물고 추위를 참느라 그 옛날, 이 바다를 지나갔을 나폴레옹을 떠올렸다. '나폴레옹! 나는 지금 당신의 고향으로 가고 있습니다. 이까짓 추위쯤 용감했던 당신에게 비하면 아무것도 아닐 테지요!'

이른 아침에 배가 코르시카의 칼비항구에 닿자 눈부신 환한 아침 햇살이 간밤의 피로를 말끔하게 씻어 준다. 추위도 간데 온데 없이 사라지고 없다. 항구 근처에 여장을 풀고 간단히 아침 요기를 한 뒤 시내를 둘러본다. 칼비는 도시 전체가 성채로 이루어져 있는 해안도시이다. 한때 번창하던 어업의 중심지였던 칼비는 제노바와 프랑스의 각축이 치열했을 때 끝까지 프랑스에 대항했던 곳이다. 이런 그들의 강한 민족주의는 아직도 남아있는 듯 이곳 사람들은 자신들은 프랑스인이 아니고 코르시카인이라고 말한다고 한다.

저녁 식사를 하려고 코르시카 원주민이 경영한다는 어느 작은 식당에 들어가니 주인 할아버지가 알아들을 수 없는 말로 뭐라고 묻는다. 아마도 어느 나라에서 왔느냐고 묻는 것 같은데 영어도 불어도 아니고 거의 이탈리아 말처럼 들린다. 알고 보니 코르시카어였다. 이곳에선 불어보다 코르시카방언을 더 많이 쓴다고 한다.

다음날은 관광버스(비수기에도 관광버스는 있었다.)를 타고 나폴레옹 생가가 있다는 곳으로 간다. 이 섬에서 나폴레옹의 흔적부터 찾아보는 것은 아주 당연한 일이다. 프랑스 황제의 자리까지 오른 나폴레옹이 코르시카 아작시오의 한 시골뜨기 섬소년이었다는 사실을 생각하며 그의 생가에 노착하니 고등학생들로 보이는 이딜리아 수학여행단 일행이 와있었다. 몇 명 되지 않는 일반관람객들도 모두 이탈리아인들이라 안내는 이탈리아어로만 진행되고 있었다. 할 수 없이 그들과 함께 이탈리아어로 안내원의 설명을 듣고 있는데 수학여행단의 인솔교사인 듯한 중년 남자가 이탈리아어를 못 알아듣는 나를 보더니 내 옆으로 다가와 서툰 영어로 통역을 해준다.

나폴레옹은 1769년 8월 15일 코르시카섬의 아작시오에서 가난한 이탈리아 지주 집안에서 태어났다고 한다. 8명의 아이들 중 둘째 아들이었던 나폴레옹은 어릴 때부터 책을 좋아했다는데 특히 로마의 전기작가 플루타르코스가 쓴 '플루타르코스 영웅전(원제명: 대비열전)'을 즐겨 읽었다고 하니 일찍부터 그는 고대 영웅들의 삶을 관철하며 야심을 키우지 않았나 싶다.

그런데 이탈리아 출신의 나폴레옹이 어떻게 프랑스인이 되었을까. 안내책자엔 다음과 같은 코르시카의 소개와 굴곡진 역사가 적혀 있었다.

길이 183km, 넓이 83km, 그리고 해안선의 길이가 1,000km가 되는 코르시카는 원래 화산폭발로 형성된 섬이다. 산악지대인 이 섬은 섬 전체의 2/3가 산이고 20%가 삼림으로 이루어져 있어 얼핏 보면 거칠고 남성적인 이미지를 풍기는 섬이다.

코르시카는 11세기에서 13세기까지 이탈리아 피사의 지배를 받다가 그 후 제노아공화국의 지배를 받게 된다. 계속되는 외세의 지배로부터 독립을 원하던 코르시카인들은 1729년부터 끊임없는 투쟁을 하다가 1755년 드디어 Paoli의 지도아래 코르시카공화국이란 이름으로 민주주의 정부를 수립한다. 하지만 그들의 독립은 길지 않았다. 1764년 Genoa가 코르시카섬을 프랑스에게 매각하자 1768년 프랑스는 섬을 점령한다. 나폴레옹은 코르시카가 프랑스에 점령되던 다음 해에 태어났고 코르시카는 현재까지 프랑스령으로 남아있다.

나폴레옹의 생가엔 그가 쓰던 방과 침대 및 가구가 그대로 놓여 있었는데 그의 침대가 유난히 작은 것이 나의 시선을 끌었다. 어린 나폴레옹이 쓰던 침대인가 보다고 생각하며 이탈리아 교사에게 물으니 그는 대뜸 손가락으로 자신의 가슴을 가리키며 '삐꼴로, 삐꼴로' 하며 외친다. 나폴레옹의 키가 자기처럼 작았다는 뜻이다. 아, 나폴레옹이 땅딸보였지. 그러고 보니 그 이탈리아 교사도 서양인치고 키가 꽤 땅딸막하다. 나폴레옹의 신장이 155cm밖에 안 되었다는 설도 있고 168cm였다는 얘기도 있어 어느 쪽이 정확한지 알 길이 없으나 아무튼 서양남자의 키가 170cm가 안 되었으니 작긴 작았나 보다.

관람이 끝나고 그 삐꼴로선생은(수학여행단의 인솔교사) 친절하게도 나를 그들의 전세버스에 농승시켜 함께 섬일주 관광을 하세 해주었다. 그들은 이탈리아의 리보르노(Livorno)에서 온 한 남자고등학교 수학여행단이었다. 아름다운 해안선을 따라 버스는 다음 목적지인 바스티아항구를 향해 달리고 있고, 맨 앞자리의 전망 좋은 곳에 앉아 나는 열심히 카메라의 셔터를 누르기에 바쁘다.

학생들은 창 밖의 풍경엔 아랑곳없이 손뼉을 치며 큰소리로 노래를 불러댄다. 떠나왔다는 자체만으로 즐거운 듯 보이는 그들을 보며 새삼 나의 학창시절을 떠올린다. 고등학교 졸업여행으로 우리는 해인사에 갔었는데 버스안에서 어찌나 고래고래 소리를 지르며 노래를 불렀는지 도착하던 다음날 모두들 목이 쉬어 버렸다. 그래도 즐거웠다. 해인사 팔만대장경을 구경하는것보다 더 신나고 즐거웠던건 정든 친구들과 학창시절의 마지막을 장식하는 졸업여행이라는 그 특별한 의미 때문이었으리라.

잉크를 쏟아놓은 듯 너무도 투명한 파란 바다가 차창 밖으로 끝도없이 지나가고 있다. 아직 여름휴가철이 아니라 조용하고 고적한 이 영웅의 섬이 온통 텅 비어있다.

생떽쥐베리가 최후의 비행길에 올랐다는 바스티아(Bastia)항구에서 수학여행단 일행과 함께 코르시카의 마지막밤을 보낸다. 인솔교사 삐꼴로선생과 함께 마신 바스티아산 백포도주에 거나하게 취한 밤이었다.

이탈리아 수학여행단 인솔교사 및 학생대표들과 함께

## 알퐁스 도데의 별 이야기가 있는 곳

코르시카에서 다시 마르세이유로 돌아와 님(Nimmes)으로 왔다. 프랑스의 문호 알퐁스 도데(Alphonse Daudet)가 태어난 곳. 그는 이 프로방스를 사랑했다. 내가 읽은 알퐁스 도데의 작품 중에 '마지막 수업' '아를의 여인' 그리고 '별'이라는 단편소설이 있다. 이 중에서 나는 특히 '별'을 좋아한다. 소설의 내용은 이렇다.

마을에서 멀리 떨어진 뤼브롱산의 목장에서 홀로 양 떼를 치는 양치기 소년이 몇 주일씩 양 떼와 사냥개만 상대하며 혼자 지내다가 보름마다 한 번씩 양식을 가져다주는 농장식구들에게 마을소식을 전해 듣는 것이 가장 큰 즐거움이다. 하지만 양치기 소년이 제일 궁금해하는 관심사는 아름다운 주인집 딸 스테파네트에 대한 소식이다. 어느 날 뜻밖에 스테파네트가 양식을 싣고 목장에 나타난다. 그리고 공교롭게도 그날 점심나절에 내린 소나기로 강물이 불어나 스테파네트는 마을로 돌아갈 수 없게 된다. 무수한 별들이 빛나는 밤하늘을 바라보며 양치기 소년은 스테파네트에게 별에 관한 아름다운 이야기를 들려준다. 이야기를 듣고 있던 스테파네트는 양치기 소년의 어깨에 머리를 기대고 잠이 든다. 양치기 소년은 밤하늘의 그

무수한 별들 중에서 가장 가냘프고 빛나는 별이 길을 잃고 자신에게 기대어 쉬는 모습을 지켜보며 온밤을 지새운다.

프로방스의 목가적인 생활을 배경으로 한 순박한 목동의 젊은 날의 청순한 사랑을 한 폭의 수채화처럼 그린 이 이야기는 별과 인간의 낭만적인 서정을 담고 있는 소설이기에 더욱 아름답게 느껴지는 작품이다.

유스호스텔이 시내외곽의 호젓한 산기슭에 있어서 마치 산장에 숨어들어온 느낌이 든다. 외진 곳에 있는 탓인지 호스텔엔 별로 사람도 없다. 텅 비다시피한 여자들의 방에 배낭을 내려놓고 주방으로 간다. 누군가 오므라이스를 만들고 있다. 'Hello' 하고 영어로 인사를 하니 '봉쥬르'하며 프랑스어로 대답한다. 분명히 남자 얼굴인데 치렁치렁한 긴 머리가 얼핏 보면 여자 같기도 하고 히피 같기도 하다. 그는 또 프랑스어로 뭐라고 나에게 물어오는데 한마디도 알아들을 수 없다. 내가 'Could you speak in English?(영어로 말해 주실래요?)'라고 했더니 또 프랑스어로 뭐라고 대답한다. 프랑스인들이 세계공용어인 영어를 무시하고 자신의 언어인 프랑스어에 대단한 자부심을 갖고 있다는 말은 괜한 소리가 아닌 것 같다.

'Sorry, I don't speak French.(전 불어를 몰라요)'

내가 혼잣말처럼 지껄이며 밖으로 나가려고 하자 드디어 그가 영어로 말을 바꾼다.

'Do you want to try what I cooked?

자기가 요리한 음식을 좀 먹어보겠느냐는 거다. 배가 많이 고팠던 차에 나는 냉큼 'Thank you.'하고 그가 내미는 포크와 숟가락을 받아 든다. 오랜만에 먹어보는 수프와 오므라이스이다. 그는 파리에서 미술을 공부하는 학생으로 남프랑스의 태양을 찾아 휴가를 왔다고 했다. 그에게서 이곳의 프로방스를 사랑했던 화가들의 애기를 듣는다.

고흐, 마티스, 샤갈, 세잔…….

## 고흐가 사랑한 프로방스

오늘은 아를(Arles)에 왔다. 네덜란드의 후기인상주의 화가 고흐(Vincent van Gogh)가 사랑했다는 도시. 님의 호스텔에서 만난 파리의 미술학도에게서 고흐의 얘기를 듣고 나니 이 도시가 더 흥미롭게 느껴진다. 고흐는 아를의 활기차고 강렬한 색채에 매료되어 이곳에 와서 작품활동을 하지만 고갱과의 만남과 불화 그리고 자신의 귀를 자르는 등의 정신질환으로 극심한 고통을 받았다고 한다. 하지만 그는 아를의 밤 풍경을 좋아했고 별이 빛나는 밤하늘을 좋아했다. 그래서 그의 그림 중엔 '별이 빛나는 밤', '아를의 별이 빛나는 밤' 등 별에 관한 그림이 많다. '아를의 포럼광장의 카페테라스(Café Terrace at Night)'에서도 별이 반짝이는 파란 밤하늘이 보인다.

그가 생레미(Saint Remi)의 정신병원에 입원해 있을 때 그렸다는 '별이 빛나는 밤'을 생각하며 아를의 밤하늘을 바라본다. 정말로 별이 총총하나. 별을 좋아했던 그는 '별을 보는 것은 언제나 나를 꿈꾸게 한다.'라고 말했다. 또 '왜 하늘의 빛나는 점들에는 프랑스지도의 검은 점처럼 닿을 수 없을까? 타라스콩이나 루앙에 가려면 기차를 타듯이 우리는 별에 다다르기 위해 죽는다.'라고도 말했다. 그에게 별나라로 가는 기차는 죽음이었을지도 모른다. 꿈과 동경으로 설레게 하던 별에 다다르기 위해 죽음을 택했을까? 그는 37세의 나이에 권총 자살로 생을 마감했다.

그는 별에 닿았을까?


아를(Arles)에서 고대 로마원형극장을 둘러보다가 독일인 노부부를 만났다. 독일 멘덴(Menden)에서 개업의로 일하고 있다는 소아과 의사부부였는데 내가 독일에 살고 있다니까 몹시 반가워한다. 우리는 잠시 남프랑스의 아름다움에 대해 이야기를 나눈다. 그들은 은퇴하면 이곳의 프로방스에 와 살고 싶단다. 프로방스에 살고싶어하는 사람들이 어찌 예술인들 뿐만이겠는가. 친절하게도 그들은 내게 점심초대까지 해주었다. 한 고급 프렌치 레스토랑이었는데, 본토에서 먹어보는 프랑스요리어서인지 그 맛이 더욱 특별했다.

## 올라! 바셀로나

  이 나라 제2의 도시이자 카탈루냐지방의 중심도시인 바르셀로나(Barcelona)에 도착하니 때아닌 소낙비가 내리고 있다. 북적거리는 역전 바(bar)에서 빵 한 조각과 커피 한잔으로 늦은 아침을 때우고 근처 pension(여인숙)에 하룻밤 머물 방을 구했다. 하룻밤 숙박료가 100페세타. 독일 화페로 약 4마르크쯤 되니 애써 호스텔을 찾을 필요가 없었다. 프랑스에서는 아무리 싸구려 여인숙이라도 하룻밤 15마르크는 주어야 했던 것에 비하면 여긴 엄청나게 싼 편이다.

  그러나 막상 방에 들고 보니 침대는 형편없이 더럽고 구린내 투성이다. 몰려드는 피곤으로 곧 잠이 들었다가 새벽에 깨어보니 밖에는 여전히 빗소리가 들린다. 구질구질한 날씨 때문에 바르셀로나의 첫 인상이 엉망이 돼버렸지만 그래도 방에만 있을 수 없어 우산을 사들고 사그라다 파밀리아 성당(Sagrada Familia)을 보러 갔다.

  사그라다 파밀리아의 보습을 처음 보았을때 사람의 손으로 저토록 정교하고 섬세한 건축을 할 수 있을까싶어 전율을 느낄정도였다. 고딕식 건축물의 가톨릭성당인 사그라다 파밀리아는 스페인의 건축가 안토니오 가우디(antonio Gaudi)가 1883년부터 디자인하고 건설하다가 미완성으로 남기고 긴 작품이다. 가우디가 사망하던

1926년에는 이 성당의 1/4이 채 완성되지 못한 상태였으며 스페인 내전으로 잠시 중단되었던 건축은 2차 대전 후 다시 재개되었으나 아직도 건물은 미완성으로 남아있다.

　몬세랏(Monserrat)투어.

　한 무리의 사람들 같기도 하고 동물 같기도 한 괴이한 형상의 돌들로 이루어진 암산 정상에 오르니 이 지방 아이들이 민속음악대의 연주에 맞춰 카탈루냐의 민속춤을 추고 있다. 흥겹게 춤을 추는 이들의 모습을 구경하던 관광객들도 덩달아 그들과 어울려 손에 손을 잡고 춤을 추기 시작한다. 우리나라 강강술래가 생각난다.

스페인 바셀로나에 있는 까탈로니아 전통춤 조각 형상.

## 말라까의 말라깽이들

　기차를 타고 집시의 얼이 흐르는 스페인 남부 안달루시아지방
으로 가고 있다. 발렌시아를 지나 뜨거운 태양이 기다리는 꼬스따
델 솔(Costa Del Sol)을 향해 기차는 달린다. '태양의 해안'이라는 뜻의
이 코스타 델 솔은 사시사철 따뜻한 기후와 아름다운 해변 때문에 독
일인들이 많이 찾아가는 곳이다.

　기차의 창 밖으로 끝없이 펼쳐지는 아름다운 해안풍경에 넋을
잃고 있노라니 내 고향 동해가 불쑥 떠오른다. 해안을 따라 달리는
기차여행은 늘 가슴 설레는 여정의 낭만이었다. 강릉에서 동해 북
부선을 타고 넘실거리는 동해바다의 파도를 굽어보며 달리던 그 기
차여행의 낭만을 이 먼 유럽의 남쪽에서 또다시 만끽하고 있는 것
이다.

　발렌시아를 지나 말라까(Malaga)에 도착하니 작열하는 태양 속
에 사람도 사물도 모든 것이 꾸벅꾸벅 졸고 있는듯한 인상이 든다.
정말 뜨거운 태양이다. 이래서 햇빛에 굶주린 독일인들이 휴가만 되
면 너도나도 이곳을 찾아오는 모양이다. 남국의 정취가 확 느껴지는
야자나무들이 거리마다 호위병처럼 질서 있게 늘어서 있고 사람들
이 그 야자수 그늘아래를 생기 없는 표정으로 느릿느릿 걷고 있다.

내리쬐는 태양을 피해 그 그늘아래를 걷노라니 마치 식물원에 온 것
처럼 시원하고 아늑하다. 지나가는 사람들은 모두들 까무잡잡한 피
부에 피죽도 못 얻어먹은 사람들처럼 비쩍 마른 말라깽이들이다. 말
라까의 말라깽이들.

　그늘 벤치에 앉아있던 한 무리의 남자들이 나를 뚫어지게 쳐다
본다. 아마도 동양여자는 처음 보는 듯 호기심에 가득 찬 시선들이
다. 하긴 온종일 돌아다녀도 동양인은 나 외에 한 명도 눈에 띄지 않
는다. 마드리드에서는 일본인 관광객들을 더러 보았는데 이 남쪽 끄
트머리까지는 잘 오지 않는 모양이다. 남자들은 나를 보고 '슛슛'하
며 휘파람 비슷한 소리를 낸다. 지나가는 동양여자에게 던지는 추파
인 것 같아 처음엔 좀 불쾌했지만, 이 고장 관습이려니 생각하고 무
시한 채 지나간다. 앞으로 여러 나라를 여행하려면 온갖 무례한 낯
선 풍습에 부딪혀야 하고 그러자면 열린 마음을 가져야 한다. 그 나
라 그 지방의 어떤 괴이한 풍습도 그들 문화의 일부이며 결국 나에
겐 여행에서 얻는 체험이고 공부일 수밖에 없다.

　피카소가 태어난 이곳 말라까. 대 화가의 탄생지답지 않게 길
거리엔 하는 일 없이 우두커니 서 있는 젊은이들이 많이 보인다. 더
운 기후 탓인가? 아니면 일거리가 없어서인가? 벌건 대낮부터 일은
하지 않고 빈둥거리는 그들을 보니 이 나라의 경제수준을 알 것 같
다. 유럽이라고 다 잘사는 나라만 있는 것은 아닌 것 같다. 물론 지

지리도 가난한 한국보다야 낫겠지만 부유한 서독(현 독일)과는 많은 차
이가 나는 듯하다.

남부 스페인 말라까 언덕의 하얀 집들

## 태권도로 물리친 불량배들

에스떼뽀나 비치로 가는 길에 미하스(Mijas)에 들린다. 마을 전체가 하얗다. 집도, 내리쬐는 태양도……. 그야말로 눈이 부신 카사블랑카의 마을이다. 순박한 마부아저씨가 조랑말 옆에서 관광객을 기다리고 있다. 그 조랑말을 타고 마을 어귀를 한 바퀴 돌아본다. 좁은 골목길 벽 쪽으로 작은 동굴처럼 옴폭 파인 곳에 이 지방 특산물인 수공예품이 진열되어있다. 누군가 관광객에게 팔려고 내놓은 것 같은데 주인은 안 보이고 물건만 있으니 사라는 건지 그냥 구경만 하라는 건지 알 수가 없다.

이름처럼 예쁘고 작은 바닷가 에스떼뽀나. 바캉스족들로 붐비는 흰 백사장에 누워 오후 내내 Costa Del Sol의 파도소리를 듣다가 잠이 들었다.

비치를 거닐다가 우연히 독일에서 온 '프롤라인 하나'를 알게 되었다. '하나'라는 그녀의 이름이 한국어로 '아인스(eins)'라고 말해주었더니 흥미있다는 듯 방긋 웃는다. 그녀는 독일 넥카만 여행사를 통해 이곳에서 일주일째 머물고 있는 함부르크의 한 우체국 여직원이었다. 선탠을 해서 피부가 진갈색이 돼버린 그녀와 금세 친

미하스마을에서 나를 안내해 주던 조랑말과 마부

구가 되어 며칠간 그녀의 숙소에 함께 머물기로 했다. 나도 그녀처럼 꼬스따델솔의 뜨거운 태양에 온몸을 까맣게 태우고 가리라고 작정하며.

저녁에 하나와 함께 근처의 식당에서 스페인 전통음식인 파에야 (Paella)라는 것을 먹었다. 발렌시아식 파에야였는데 밥과 해산물과 닭고기가 잘 어우러진 별미였다. 우리나라의 해물철판 볶음밥과 비슷하다고나 할까? 비빔밥하면 우리나라 전주가 생각나듯 파에야하면 발렌시아가 떠오른다.

에스떼뽀나에선 바닷가에서 시간을 보내는 것 외엔 별로 할 일도 볼 것도 없다. 그런데 해변엔 수영을 즐기는 사람들보다 백사장에 누워 그냥 태양욕만 즐기는 사람들이 더 많다. 해변에 누워있는 사람들은 대부분 태양에 굶주린 독일인들이다. 그들은 수영은 하지 않고 매일 백사장에 누워 선탠만 하는 것이다. 하나도 마찬가지다. 그녀 역시 수영은 하지 않고 비키니차림으로 매일 선탠하는 데만 바쁘다. 아니 선탠말고도 그녀가 바쁜 이유가 또 있다. 보이 헌팅이다. 그녀는 열심히 스페인남자들을 헌팅하고 있었다. 구릿빛의 안달루시아 남자들이 지나갈 때마다 '올라!'하고 한눈을 찌익감고 윙크를 보내면 남자는 기다렸다는 표정으로 그녀 곁에 넙죽 다가와 앉는다. 그리곤 손짓 발짓을 해가며 서로 노닥거리기 시작한다.

하나는 서툰 스페인어를 더듬거리면서도 스페인 남자들과 노는 것을 즐긴다. 독일 남자들도 많은데 왜 하필 말도 통하지 않는 스페인 남자들이냐고 했더니 말이 통하지 않기에 더욱 호기심이 간다는 것이다. 독일남자는 함부르크에 있는 남자친구 하나만으로도 족하단다. 처음엔 그녀의 이런 엉뚱한 대답이 퍽 재미있다고 생각했다. 천진하고 소박해 보이는 인상과는 다르게 그녀는 제법 플레이 걸 기질이 있어 보였다. 밤이 되면 그녀는 더 엉뚱(?)해진다. 저녁마다 술집으로 가서 스페인 남자들과 밤새도록 술을 마신다. 그리곤 새벽쯤 되어야 귀가하는데 이때 그녀는 꼭 한 명의 스페인 남자를 옆구리에 끼고 들어온다.

아침이면 남자는 조용히 숙소를 빠져나가곤 했다. 나는 거실에서 잤으므로 매일 아침 남자의 얼굴을 볼 수 있었다. 그런데 아침마다 남자의 얼굴이 달랐다. 하나는 매일 밤 남자를 바꾸는 것이었다. 마치 식사의 메뉴를 바꾸듯이. 한마디로 그녀는 섹스 바캉스를 보내는 중이었다. 독일남자들이 방콕 등지로 섹스 휴가를 가듯이 말이다. 아침 늦게 잠에서 깨어나면 하나는 아무 일 없었다는 듯 변함없이 웃는 얼굴로 내게 아침인사를 한다. "Guten Morgen, Choi" 그때마다 나는 내가 무슨 잘못이라도 한 것처럼 얼굴이 화끈거려 그녀를 마주 볼 수 없었다.

어느 날 내가 걱정스러운 표정으로 하나에게 슬쩍 물었다. 독일에 있는 Freund<sup>(남자친구)</sup>가 너의 외도를 알면 어떻게 할 거냐고. 그랬더니 그녀는 아주 태연한 표정으로 'Kein Problem(문제없음)'이란다. 자기 남자친구는 이미 다 알고 있다는 것이다. 그도 몇 번이나 혼자 섹스바캉스를 다녀왔고 서로가 휴가 동안만은 자유롭게(?) 행동하자는데 이견이 없다는 것이다.

사랑에도 휴가가 필요하다? 휴가 동안만이라도 서로에게서 해방되어 마음껏 즐기자는 발상인 것 같다. 정말 놀랄만한 독일인들의 자유분방한 연애관이다. 최근 개방 물결을 타고 문란해진 독일젊은이들의 성문화를 이해하기에 나의 독일생활은 아직 너무 짧다. 그렇다 해도 아무튼 이건 좀 심하다 싶다. 아침에 숙소에서 남자가 나가고 나면 천진하고 태연한 얼굴로 나를 향해 'Guten Morgen'하고 인사를 건네는 그녀가 차츰 메스껍고 불편하게 느껴지기 시작했다.

내일쯤은 에스떼뽀나를 떠나야겠다고 생각하고 저녁에 혼자 마을 산책을 나갔다. 그런데 산책을 하다가 하마터면 큰 봉변을 당할 뻔했다. 카메라를 메고 걷고 있던 나를 대여섯 명의 시골소년들이 마치 동물원의 원숭이 구경하듯 힐끔거리더니 갑자기 나를 에워싸기 시작한 것이다. 그들은 이구동성으로 나를 향해 "하뽀네사, 하뽀네사(일본여자다)"라고 외치며 내 어깨 위에 걸린 카메라를 낚아채려고 했다. 순간 나는 어디에서 떠오른지 모를 기지를 발휘, "아고 까라떼!(난 태권도를 할 줄 알거든!)" 하며 엉겁결에 떠오른 태권도선수의 흉내를 내며 두 주먹을 불끈 쥐고 공격태세를 취했다. 그리곤 우렁찬 목소리로 '허이!'하고 기합소리까지 내면서 겁을 주었다. 소년들은 갑자기 표정이 바뀌더니 '걸음아, 나 살려라!' 하듯 쏜살같이 도망을 가는 것이었다. 아시아인들의 태권도가 이 시골구석에까지 알려진 모양이었다. 아무튼, 태권도 덕분에 나는 근사하게 위기를 모면했다. 한국의 가라테를 몰랐다면 그들 소년들에게서 무슨 봉변을 당했을까? 앞으론 앞발차기와 뒷발차기, 아니 옆차기며 뒤돌려차기까지 골고루 연습을 좀 더 해서 여행 중 신변의 위험이 생겼을 때 방어용으로 사용해야겠다고 결심한다. 으얏!!

## 알람브라의 추억

이슬람왕국의 수도 그라나다(Granada)를 찾아왔다.

800여 년간 이베리아반도를 지배하던 이슬람교도들의 최후의 성터 알람브라궁(Alhambra)이 있는 곳이다. 시에라 네바다의 산허리에 우뚝 솟아오른 이슬람문화의 최고걸작품인 알람브라궁! 이슬람 역사의 숨결을 느끼며 궁전을 거닐다 보니 아치 사이로 그라나다 시가지가 고도다운 풍모를 자랑하며 평화롭게 내려다보인다. 그리스도 교도들에게 쫓겨 그라나다로 온 무어인들이 1248~1354년 사이에 처음 완성했다는 이 이슬람왕국의 궁전은 1821년 지진으로 파괴되어 1828년 다시 짓기 시작, 오늘에 이르렀다고 한다. 이궁전의 내부는 왕이 집무를 보던 나스르궁전, 르네상스양식으로 카를로스 5세가 지은 카를로스 5세 궁전, 병사들의 군사요새였던 알카사바, 그리고 왕들의 여름별궁이었던 헤네랄리페 등 으로 되어있다.

제일 인상깊었던 곳은 자연 그대로의 모습을 강조하는 아랍식 정원의 헤네랄리페(Generalife)였는데 왕들의 여름별궁답게 매우 아름답고 운치있는 정원이었다. 왕들이 더위를 피하던 이 정원엔 온갖 아름다운 꽃들과 시원한 분수가 지나간 영화를 아쉬워하는 듯 말 없이 아치를 그리며 떨어지고 있었다.

알람브라궁전에서

나스르왕조의 마지막 왕이었다는 보압딜(Boabdil)이 이사벨 1세와 페르난도 5세에게 그라나다를 넘겨주고 아프리카의 모로코로 떠나면서 알람브라를 바라보며 울었다는 '한탄의 언덕'을 바라본다. 아름다운 궁전을 잃고 떠나는 심정이 오죽했을까. 알람브라의 불그스레한 빛을 뒤로하며 나도 알람브라를 떠난다.

그라나다의 밤은 시에스타가 끝나고 밤 9, 10시가 되어야 시작하는 것 같다. 느릿느릿 살아가는 이 지방 사람들에게 인생은 마냥 즐거운 듯 밤이 오면 모두들 거리로 나온다. 플라멩코춤을 보기 위해 밤늦어 카사 데 플라멩코(Casa de Flamengo)로 갔다.

정열의 안달루시아 집시의 혼을 느낄 수 있는 플라멩코춤! 짙은 화장에 현란한 색상의 전통플라멩코 드레스를 입은 무희들이 나와 기타를 치는 남자와 장단을 맞추며 요란하게 몸을 뒤틀기 시작한다. 징 박힌 신발을 따닥거리며 정열적인 몸짓으로 스텝을 밟는 무희들은 신들린 안달루시아 집시의 얼과 혼을 그대로 뿜어내고 있다. 피치를 더해가는 손가락의 딱따구리 소리와 함께 무대는 온통 징소리, 기타 소리 그리고 남자가 내뱉는 주문을 외는듯한 소리들로 클라이맥스를 이룬다. 폭발 일보 직전으로 변해가던 무대 한구석에서 남자의 한 같은 애절한 목소리가 흘러나온다. 우리나라 판소리에 나오는 타령조의 곡이다. (마치 그는 우리나라 판소리에 나오는 소리꾼 같았다.) 그 소

리꾼의 곡에 다시 기를 얻은 무희들이 또다시 치렁치렁한 치맛자락
을 재빨리 흔들어대며 징 달린 신발로 마구 마룻바닥을 찧는다. 나
의 혼쭐을 다 빼놓는 듯한 공연이었다.

　플라멩코춤을 보고 나오다가 런던에서 왔다는 한 영국신사를
만났다. 긴 턱수염 때문인지 마치 예술가처럼 보이는 그는 아니나
다를까 클래식 기타를 한다고 한다. 하지만 직업으로 하는 것은 아
니고 그냥 취미로 한단다. (그는 사진작가였다.) 알람브라궁을 촬영하기
위해 그라나다에 왔다는 그는 이번이 두 번째 스페인방문이라며 입
이 마르게 그라나다를 예찬하고 있었다. 그는 달이 휘영청 뜬 밤의
알람브라가 더 운치있고 애잔하다며 타레가의 노래 '알람브라의 추
억'을 얘기해 주었다. 스페인의 기타리스트였던 타레가는 콘차부인
과의 사랑에 실패하고 그녀를 잊지 못해 여기저기를 떠돌며 여행을
하던 중 알람브라를 찾아왔다가 궁전의 달을 바라보며 이 곡을 작곡
하게 되었다고 한다. 그 영국신사가 들려준 타레가의 이야기와 노
래 때문에 다시 한번 찾아가고 싶었던 알람브라궁전이었지만 시간
에 쫓겨 나는 끝내 알람브라의 달밤을 보지 못한 채 그라나다를 떠
나고 말았다.

# 잔인한 투우경기

　안달루시아지방 최대의 도시 세비야(Sevilla)에 오니 로시니의 오페라 '세빌리아의 이발사'가 떠오른다. 비제의 카르멘도 생각난다. 세비야가 낯설지 않은 것은 이곳이 그처럼 유명한 오페라의 무대였기 때문이다. 거리마다 시원한 종려나무가 안달루시아의 뜨거운 태양을 막아주고 집집마다 발코니에 가득한 꽃들이 정열의 카르멘을 노래하고 있는 듯하다.

　투우경기가 열린다는 경기장으로 갔다. 건장하게 생긴 투우 한 마리가 씩씩하게 투우장 안으로 입장한다. 뒤이어 멋진 유니폼을 입은 용감무쌍해 보이는 투우사가 칼을 들고 나타난다. 이윽고 사투의 격전이 시작되고 관중석에서 사람들의 흥분한 외침 소리가 들려오자 투우사는 마치 탱고를 추는듯한 근사한 포즈로 물레타(muleta 새빨간 망또의 천)를 흔들어대며 투우의 약을 올리기 시작한다. 투우가 달려들기 시작한다. 날렵한 투우사가 살짝 피한다. 그러다 재치있게 칼을 뻗쳐 투우의 등으로 내려 찌른다. 관중들이 '와와'하고 환호성을 지르며 열광한다. 칼이 꽂힐 때마다 투우는 더욱 광폭하게 달려들고 투우사는 유연한 포즈로 요리조리 잘도 피한다. 투우는 여러 번 칼에 찔린 후에야 천천히 땅 위로 쓰러진다. 피를 철철 흘리면서도

146

끝까지 싸우다가 쓰러지는 모습이 동물이지만 비겁하지 않아 좋다. 육중한 덩치의 투우가 완전히 땅 위에 드러눕자 관중석에 앉아있던 사람들이 일제히 일어나서 손뼉을 치며 환호한다. 그러자 투우사는 그들을 향해 의기양양한 표정으로 손을 들어 답례한다. 그리곤 자랑스러운 모습으로 퇴장한다.

투우든 투우사든 어느 한 쪽이 완전히 쓰러져야만 경기가 끝난다는 이 투우경기의 인기는 이 나라 사람들에겐 민속전통의 경기로 대단할지 모르나 처음 보는 내겐 조금 잔인하게 느껴진다. 동물을 상대로 결투를 하고 죽인다는 것이 좀 비겁하기도 하고 야만스럽다는 생각이 든다. 경기 중 투우사가 죽는 경우도 있다고 하는데 그들이 목숨을 걸만큼 대단한 이 경기의 매력은 도대체 뭘까?

대담 무쌍한 투우사의 용기와 아슬아슬한 스릴 때문일까?

현재 일부지역선 폐지된 투우경기

## 까디스항구에서

늦은 오후, 소금냄새 물씬 풍기는 항구도시 까디스(Cadiz)의 바(bar)에서 세르베사(맥주) 한 잔에 목을 축이고 있노라니 현지인들로 보이는 한무리의 젊은이들이 내 주위로 몰려든다. 일본인이냐 중국인이냐며 앞다투어 질문공세를 퍼붓기 시작하던 이들은 내가 한국인이라고 하자 서툰 영어에 손짓 발짓을 해가며 한국인, 중국인, 일본인들의 얼굴이 각각 어떻게 다르냐며 눈들을 동그랗게 뜨고 묻는다. 자기들의 눈에는 동양인들의 얼굴이 다 똑같아 보인다는 것이다. 사실은 나도 모른다고 했더니 와락 폭소를 터트린다. 솔직히 동양인을 만났을 때 말을 걸어 보기 전에는 나는 그가 어느 나라 사람인지 알 수가 없다.

낯선 사람에게도 허물없이 다가와 이렇게 대화를 나누고 싶어 하는 이들은 깔끔하고 세련된 북부 카탈로니아인들에 비해 너무 친절한 게 탈이지만 소탈하고 꾸밈이 없어 좋다. 그들과 마치 오랜 친구들처럼 한참 동안 잡담을 나누다 보니 어느새 저녁이 되었고, 그들은 빠에야를 먹으러 가자며 나의 손을 잡아끈다. 항구 근처에서 그들과 함께 오랜만에 먹는 빠에야. 밥과 콩, 닭고기와 해물이 잘 어우러진 '빠에야 발렌시아노'는 언제 먹어도 꿀맛이다.

스페인사람들은 먹는 것과 사람 사귀는 것을 좋아하는 것 같다. 특히 남부사람들은 더욱 그렇다. 타지에서 온 손님을 깍듯이 접대하려는 안달루시아인들의 친절이 우리나라 풍습과 비슷하다는 생각이 든다. 식사 후에 더치페이를 하지 않고 한 사람이 일행 모두의 밥값을 내는 모습도 우리나라와 흡사하다. 가난하긴 해도 인간적인 향기가 느껴지는 안달루시아인들이다.

까디스에서 멀지 않은 스페인 최남단의 지브랄타에 가면 저 멀리 북아프리카대륙 모로코의 탕헤르(Tangier)가 보인다는데 아쉽지만 까디스에서 발길을 돌려야 했다. 하지만 아프리카 땅을 코앞에 두고 있다고 생각하니 참 멀리 왔구나 하는 생각에 갑자기 마음 한 구석이 싸아 해진다.

이베리아반도의 끝머리에서 불현듯 사무치는 여수(旅愁)!

까디스에서 바라보는 지브랄타(Gibraltar)의 야경

# 리스본에서 동숙한 두 남자

　　오전 열 시 사십 분에 마드리드발 리스본(Lisbon)행 직행열차에 몸을 싣는다. 이 열차는 특등뿐이라서 270pts의 추가요금을 더 지불해야 했다. 기차 안은 특등 열차답게 호텔 로비처럼 깨끗하고 은은한 배경음악까지 흐르고 있다. 비행기의 스튜어디스처럼 신문을 나누어주는 예쁜 안내양들도 있다. 하지만 승객들은 대부분 방학을 맞아 유럽을 여행하는 꾀죄죄한 차림의 젊은 배낭족들이다.

　　4인용 내 콤파트먼트(Compartment)에도 내 옆에 앉은 젊은 여성을 제외하곤 두 명의 남자 배낭족들이 나를 마주하고 앉아있다. 내 옆에서 열심히 패션잡지를 뒤적거리고 있는 젊은 여자는 마치 파티에라도 가는 듯 화려한 차림새다. 깔끔한 정장에 높은 굽의 구두를 신고 있는 모습이 꾀죄죄한 배낭족들과는 거리가 멀다. 어디로 보나 그녀는 여행자는 아닌듯하다. 짐도 달랑 핸드백뿐이다.

　　내 맞은편엔 30대 초반쯤으로 보이는 콧수염이 덥수룩한 남자와 그보다 훨씬 어려 보이는 장발의 청년이 콧수염 남자 옆에 앉아 피곤한 듯 눈을 감고 있다. 빗은 지 한 달은 넘어 보일 것 같은 두 남자의 긴 머리와 긴 콧수염이 제멋대로 흩어져있다. 기차가 출발하고 얼마쯤 지났을까? 누가 먼저랄 것도 없이 우리는 서로 통성명을 시작한다. 내 옆의 여자는 마드리드대학에서 언어학을 전공하는 스페인계 포르투갈인이었고 콧수염의 사나이는 미국 샌디에이고에서 온 잡지사 기자. 그리고 장발의 젊은 남자는 대학을 휴학하고 나처럼 몇 달간 유럽일주를 하고 있는 네덜란드인이었다. 내 옆의 여학생은 방학을 맞아 리스본에 살고 있는 부모님에게 돌아가는 길이라며 화려한 겉모양새에 비해 겸손하고 상냥하기까지 하다. 미국에서 온 기자는 취재차 왔다가 일이 끝나고 며칠간 유럽 남부를 여행 중이라 했다. 텁수룩한 콧수염 때문인지 중후한 인상이지만 어딘지 지적인 분위기도 있다. 머리가 어깨까지 내려온 장발의 네덜란드 청년은 철학자 같은 인상이다. 히피 같기도 하다. 대학을 쉬면서까지 여행을 하는 걸 보면 그도 어지간히 여행을 좋아하나 보다. 그의 배낭 옆에는 낡은 기타도 하나 있다. 그들은 모두 유창한 영어를 하고 있다.

　세계 4개국에서 모인 우리 네 사람은 영어라는 하나의 공통어를 가지고 금세 친해질 수 있었다. 스페인계 어머니와 포르투갈인 아버지 사이에서 태어난 이 혼혈여성은 스페인어, 포르투갈어, 영어, 그리고 프랑스어 등 4개국에 능통한 엘리트 여성이었다. 그녀는 동양문화에 관심이 많은 듯 내게 일본과 중국에 관한 질문을 많이 하지만 대답은 오히려 잡지사 기자라는 미국인이 해주고 있다. 동양인이면서도 나는 동양에 대해 너무 모르고 있다. 서양문화를 알기에 앞서 내 뿌리인 동양의 문화를 좀 더 폭넓게 알아야겠다는 것

을 깨닫는다. 한국인인 내게 일본이나 중국은 엄연히 다른 나라이
지만 서양인들에겐 잘 구별이 안 되는지 그들은 한 사람의 한국인을
통해 동양권 문화 전체를 보려고 하는 것 같다. 그들에게 동양이라
는 곳은 주로 중국과 일본을 떠올리게 한다. 일본은 선진국이고 중
국은 오랜 역사를 지닌 대국이어서일까? 내 나라 코리아도 반만년
의 역사를 가졌건만…….

　가는 곳마다 코리아라는 나라가 어디 붙어있는지 모르는 사람
이 많다. 한국을 아는 사람들은 6·25전쟁 때문에 그 이름을 기억하
고 있는 정도다. 게다가 전쟁을 겪은 지지리도 가난하고 불행한 나
라쯤으로 인식하고 있었다. 옆자리의 여대생과 미국인 기자 그리고
장발족 네덜란드청년은 유창한 영어로 이야기꽃을 피우느라 여념
이 없다. 그들의 폭넓은 대화에 함께 끼이지 못하는 나의 짧은 영어
가 아쉬웠지만, 콤파트먼트의 분위기는 즐겁고 유쾌하게 흘러간다.

　여행은 사람을 만나는 것. 그리고 그 만남에 영어라는 무기가
필요하다는 것. 언어의 중요성을 다시 깨닫는다. 어쨌든 긴 열차여
행 내내 지루한 줄 몰랐던 재미있는 시간이었다.

　해질 무렵에 기차가 리스본 역에 도착한다. 그녀는 헤어지기가
아쉬운 듯 우리에게 자기 부모님 집의 커다란 저택에서 하룻밤을 묵
어가지 않겠느냐며 방긋 웃는다. 참으로 인정 많고 사랑스러운 아가
씨다. 우리는 거절할 이유가 없었다. 마중 나온 그녀의 부모님은 풍

채가 좋은 중년 부부였다. 그녀는 자기 부모님께 우리를 소개했다. 그러자 그녀 부모님은 남루한 행색의 우리 셋을 힐끗 보더니만 자기 딸만 데리고 총총히 사라진다. 닭 쫓던 개 하늘 쳐다보는 꼴이 된 우린 조금 머쓱했지만 그대로 발길을 돌렸다.

땅거미가 지는 리스본거리를 나는 두 남자와 함께 걷고 있었다. 열차 안에서 맺어진 동지의식으로 우리 셋은 오늘 밤 함께 같은 방에서 합숙하기로 하고 한 싸구려 여관에 들어 여장을 풀었다. 각자 자기 침낭으로 잠자리를 준비하는 동안 네덜란드 청년이 기타를 꺼내들더니 한 곡조 뜯기 시작한다. 기타를 뜯고 있는 모습이 정말 히피같아 보인다. (나중에 알고 보니 그는 한때 암스테르담의 히피였다고 한다.)

배가 몹시 고팠던 우리는 시내로 나와 싼 음식점을 찾았지만 늦은 밤이어서인지 허름한 음식점은 눈에 띄지 않았다. 할 수 없이 무작정 근처의 한 고급 레스토랑에 들어갔다. 배낭족도 가끔은 이렇게 외도를 할 때가 있다.

식사 중에 검은 드레스로 몸을 휘감은 한 뚱뚱한 여자가 우리 테이블로 오더니 이 나라 민요이며 민족음악이라는 파두(Fado)를 불러준다. 가사는 모르지만, 좌절과 그리움을 노래하는 듯한 멜로디가 구슬프고 애절하다. 영혼의 절규를 담은 우리네의 '한' 같은 탄식과 비애가 노래 속에 묻어있다. 이들도 한 많은 민족인가. 왜 이리 슬픈 민요가 태어났을까?

식사를 마치고 우리는 와인도 한 잔씩 나누어 마셨다. 와인에 취했는지 파두에 취했는지 거나한 기분으로 우리는 레스토랑을 나와 리스본의 밤거리를 걸었다. 연일 계속되는 데모 때문인지 거리는 인적도 뜸하고 죽은 듯 조용하다.

포르투갈에서의 첫 밤을 낯선 두 남자와 지내고 아침 일찍 그들과 굿바이를 한다. 철저한 솔로여행을 즐기는 이들은 각자 자신의 스케줄에 따라 제각기 어디론가 흩어져 가는 것이다.

나는 리스본에서 가장 오래되었다는 알파마(Alfama) 거리부터 가보기로 했다. 일명 '알파마의 미로'라고 불리는 이곳은 가파른 언덕에 좁은 돌길이 미로처럼 얽혀있었다. 1775년 대지진에도 살아남은 곳이라는 이 알파마는 가난한 서민들이 사는 곳으로 '리스본파두'가 태어난 곳이기도 하단다. 그래서인지 '리스본파두'엔 서민들의 애환이 묻어있다. 알파마 언덕 위에 서니 아담한 리스본 시가지가 한눈에 내려다 보인다. 아침이어서인지 데모대는 아직 보이지 않고 시가지는 조용하기만 하다.

유럽 서남부의 맨끝에 있는 나라 포르투갈. 유럽이라면 모두 부유한 나라일줄 알았는데 포르투갈은 생각보다 소박하고 가난한 나라인것같다. 하지만 포르투갈은 화려한 역사를 가진 나라이다. 15, 16세기의 포르투갈은 정치, 경제, 군사강국이었다고 한다. 그러나 1578년 세바스티앙1세가 전투에서 패하고 사망하자 에스파냐왕국

에 부속된다. 그 후 독립전쟁으로 다시 왕국을 되찾은 포르투갈은
나폴레옹전쟁과 1755년의 리스본 대지진, 그리고 포르투갈의 식민
지였던 브라질의 독립으로 약화되기 시작한다. 1910년부터 왕국에
서 공화국으로 바뀌었으나 1926년에 쿠데타가 일어나고 '새로운 체
제'라는 포르투갈 제2공화국이 탄생하였다. 해양제국의 영광은 사
라졌지만, 곳곳의 기념비석관에 장식으로 아로새겨져 있는 배의 닻
이나 부표가 아직도 이 나라의 탐험사상과 찬란한 항해의 역사를 말
해주고 있는 듯하다.

리스본에 가기 전 마드리드 거리에서

# 바이런이 사랑한 도시

리스본에서 28km 떨어진 신트라(Sintra)를 찾아가는 길은 설렘으로 가득 차 있었다. 영국의 낭만파시인 바이런이 '차일드 해롤드의 모험'을 쓰면서 에덴동산이라 예찬하고 사랑했던 도시이기 때문이다. 리스본에서 기차를 타고 한 시간이 채 못되어 신트라에 닿았다. 도착하면서부터 시야 가득히 보이는 것은 온통 울창한 녹색의 숲이다. 숲에 뒤덮인 도시풍경이 마치 동화나라에 온 것 같은 착각이 든다.

중세시대의 흔적을 찾기 위해 뻬나(Pena)궁전이 있는 곳으로 가 본다. 녹음이 수려한 진초록의 숲 속 바위언덕 위에 우뚝 선 페냐궁전! 마치 하늘에서 내려앉은 한 폭의 그림같다. 19세기 포르투갈의 낭만주의 건축의 걸작이라는 이 뻬나궁전은 페르난도 2세에 의해 지어졌다고 한다.

1838년 페르난도 왕자는 산길을 걷다가 우연히 낡고 부서진 수도원 하나를 발견한다. 그곳이 마음에 들었던 왕자는 그 낡은 수도원을 별궁으로 개조하기로 하고 고딕, 르네상스, 이슬람 등의 복합적인 건축양식으로 이 뻬나궁전을 만들었다. 1839년부터 뻬나궁전은 왕들의 여름별장으로 사용되었고 포르투갈의 마지막 퀸이었던 아멜리아가 망명을 떠나기 전에 마지막 밤을 보냈던 곳이기도 하다.

　궁전에 오르니 탁 트인 전망 아래로 중세의 분위기를 간직한 고풍스런 신트라의 전경이 보인다. 무어인의 성터도 보인다. 신트라는 그 옛날 무어인들이 지배하던 곳이다.

　정말로 중세시대로 다시 돌아가는 느낌이다.

동화속 그림같은 뻬나궁전의 모습

# 파티마의 기적

　리스본에서 완행열차를 타고 두 시간이 조금 넘어 파티마(Fati-ma)라는 성지에 도착한다. 마을 전체가 하나의 성전처럼 경외로운 침묵 속에 잠겨있다. 양치기 아이들이 성모 마리아의 모습을 보고 말을 주고받았다는 기적이 생긴 곳 파티마. 그 기적의 장소가 파티마성당 바로 앞이었다고 한다.

　전해지는 이야기에 따르면, 1917년 5월 13일 제1차 세계대전으로 유럽이 전화에 휩싸여 있을 당시 파티마의 코바 다 이리아에서 양을 치고 있던 세 어린이 루시아, 프란시스코, 자신타 앞에 성모 마리아가 출현했다. 성모 마리아는 세 아이에게 앞으로 5개월 동안 매월 13일에 이곳에 와서 평화를 기원하겠다고 말했다. 6월에 성모 마리아가 다시 나타나 기다리고 있던 세 아이에게 세 가지 예언을 했으며 그중에는 전쟁이 끝날 것이라는 예언도 있었다. 어른들은 세 어린이의 말을 전혀 믿지 않았지만, 이 이야기는 확산되어 나갔다. 마지막으로 성모가 나타나겠다는 10월 13일, 수많은 사람들이 모여 성모 마리아의 발현을 기다렸고 갑자기 구름이 열리고 찬란한 빛이 발하면서 성모 마리아가 나타났다고 한다. 1930년 레이리아의 주교가 이 이야기의 신빙성을 인정하였고 바티칸의 명으로 성지로 정하여 대성당을 세웠다고 한다.

　사시사철 순례자들의 발길이 끊이지 않고 있다는 이곳 파티마 성당광장에서 아베마리아를 부르며 기적이 일어난 곳까지 사람들은 무릎으로 걷는다고 한다. 특히 매년 5월에서 10월의 13일에는 전 세계의 가톨릭 신도들이 찾아와 기적의 장소까지 걷는다는데 가톨릭 신자는 아니지만 나도 그 성당광장에서 기적이 일어난 곳까지 천천히 걸어본다. 그리고 성당의 그 낯선 땅에 엎드려 잠시 기도를 올린다.

　'성모 마리아님. 여행이 끝나는 날까지 저를 지켜주세요.'

## 우린 돈이 없어도 행복해.

Porto를 거쳐 북포르투갈로 향한다. 열차의 창 밖으로는 끝도 없이 포도밭이 지나가고 있다. 포르투에 머무는 이틀 동안 내내 포트와인을 마셨더니 포도밭만 보여도 지겹다. 아무리 좋은 포도주라고 해도 너무 많이 마시면 탈이 나고 그 진가를 모르는 법. 아직도 숙취에서 완전히 깨어나지 않은 듯 몸은 약간 노곤하지만 그래도 그 유명한 포트와인을 현지에서 원없이 실컷 마셔보았으니 후회는 없다.

북포르투갈로 갈수록 자연경관이 수려하다. 포도밭이 끝나고 녹음짙은 전원풍경이 나타난다. 나무와 숲 사이사이로 보이는 빨간 지붕의 시골가옥들이 그림처럼 예쁘다.

한참을 지나자 이번엔 바다가 나타난다. 끝없이 뻗어있는 은모래 흰 백사장과 짙푸른 소나무 숲 속 캠프장에 띄엄띄엄 흩어져 있는 텐트들이 시원해 보인다.


Praiha로 가는 길에 배낭꽁무니에 텐트와 침낭을 매달고 가는 5명의 청소년들을 만났다. 배낭은 무거워 보여도 무척이나 즐거운 표정들이다. 그런데 그들의 배낭뒤에 'We have no money, but we are happy. (우린 돈이 없지만, 행복해.)'라는 영어 글귀가 붙어있다.

깜찍하고 귀엽다. 마음 맞는 친구들과 어울려 동해안의 여기저기로 캠핑을 다니던 나의 고교시절, 돈은 없어도 꿈과 희망이 있어 행복하고 즐겁던 나의 학창시절을 보는 듯하다.

소년들은 나를 보자 서로 다투어 한 마디씩 영어로 말을 붙인다. 학교에서 배운 영어를 현장에서 실습(?)이라도 해보려는 듯. 소년들은 포르투에서 캠핑 온 고교생들이었는데 아주 멋진 해변을 보여 주겠다며 자기들과 함께 가잔다.

해변에 도착하자 소년들은 함께 점심을 먹자며 소나무 아래 한 곳에 자리를 잡고 배낭을 풀더니 준비해온 음식으로 요리를 하기 시작한다. 한 사람은 불을 지펴 고기를 굽고 또 한 사람은 식탁을 차리고 또 다른 사람들은 텐트를 치기 시작한다. 식탁은 곧 푸짐한 음식들로 가득 채워지고 소년들은 내게 이것저것 먹어보라며 성화이다. 해변에서 먹는 맛도 특별한데다 소년들의 맑고 포근한 인정이 더욱 풍요로운 점심식탁이었다.

식사를 마치고 소년들은 모래사장 위에서 배구를 하고 나는 맨발로 해안가를 거닐어본다. 비단결처럼 보드라운 모래기 발바닥을 간지럽힌다. 그런데 이처럼 아름다운 해안에 사람이 없는 것이 이상하여 소년들에게 물었더니 이곳은 외지인들에게 잘 알려지지 않은, 본토인들만이 찾는 아주 특별한 곳이란다. 바닷가엔 주막도 간이매점도 없다. 보이는 것이라곤 바다와 모래와 우거진 소나무 숲

뿐이고 들려오는 것이라곤 소나무 숲 사이로 불어오는 바람소리와 철썩거리는 파도소리뿐이다. 내 유년시절의 동해바다도 그랬다. 송정과 인근의 강문해수욕장도 외지인의 발길이 닿지 않던 원주민들만의 파라다이스였다. 주막도 간이매점도 없었다. 보이는 것이라곤 백사 위의 해당화 나무들과 소나무가 빼곡한 솔밭 그리고 남색의 바다뿐이었다.

소년들과 헤어져 스페인의 Vigo로 향한다. 포르투갈을 떠나야 할 시간이 다가오고 있는 것이다. 아직 문명의 때가 묻지 않은 이 땅. 천혜의 자연경관을 순결한 그대로의 모습으로 간직하고 있는 이 해양제국을 떠나기가 못내 아쉽고 서운하다. Vigo행 열차 속에서 포르투갈의 국경을 넘으며 마지막 검표를 하던 역무원 앞에서 울컥 눈시울이 뜨거워진다. 목메인 목소리로 내가 "I love Portugal !" 하고 역무원에게 소리치자 그가 덥석 나를 안으려 한다.

# Eiber의 아미고들 

포르투갈 국경에서 약 30km 떨어진 곳에 있는 Vigo는 북스페인에서 가장 큰 도시여서인지 해변에 피서객들이 많다. 포르투갈의 비치처럼 인적으로부터 격리된 듯한 신비감은 없어도 호젓하고 아늑한 분위기는 이곳도 마찬가지이다. 해수욕장 근처를 어정거리다가 '장도관'이라고 쓰인 한국어 간판을 발견했다. 태권도장이었다. 이 먼 북부 스페인에까지 와서 한국인이 태권도를 가르치고 있을 줄은 몰랐다. 반가운 마음에 인사라도 나누고 가려고 입구로 갔더니 씨에스타 타임 중이었는지 문이 닫혀있다. 아쉬운 마음으로 유리창 사이를 들여다보니 커다란 우리나라 태극기가 걸려있다. 태극기를 보니 더욱 반갑다. 외교에 톡톡히 한몫하는 우리나라 태권도. 한국 태권도가 스페인에 많이 알려져 있다는 마드리드영사관에서의 김영사님 말이 떠오른다. 그냥 스쳐 가기가 영 아쉬워 종이쪽지에 다음과 같은 메모를 써서 문 앞에 붙었나.

길 가던 나그네입니다. 이 먼 스페인 북부에서 우리나라 태권도장과 태극기를 보니 너무 반가운 마음에 몇 자 남기고 갑니다. 대한민국의 태권도를 이 스페인 땅에 전파하고 계시는 사범님은 조국의

El Ferrol del Caudillo로 향하는 열차 밖 풍경은 포르투갈에서 보던 포도밭들의 연속이다. 포도밭뿐이 아니다. 북쪽으로 갈수록 싱그러운 녹음과 꽃나무들이 울창하다. 울창하게 우거진 수목 사이로 띄엄띄엄 해변이 지나가고 소나무 숲 사이엔 캠프장이 보인다.

고충빌딩이 많은 도시 El Ferrol의 한 여관에서 150pts를 내고 하루를 묵은 뒤 부자들이 많이 산다는 La Coruna를 지나 Gijon으로 갔다. 밤 9시 30분에 도착했는데 싸구려 여관을 찾을 수 없어 할 수 없이 거금 300pts를 내고 호텔에 들었다. 이곳도 빈자들의 모습은 없고 모두 사치스럽고 부유해 보인다. 깊어가는 밤 명멸하는 도시의 불빛을 바라보고 있노라니 울컥 외로움이 밀려든다.

Bilbao로 가는 기차 안에서 마거릿이라는 스콧틀란드 아가씨를 사귀었다. Eiber에서 임시영어교사로 일하고 있다는 그녀는 나의 지금까지의 배낭여행담을 무척 흥미있게 듣더니 자기 집에 며칠 묵어갈 것을 권한다. 스페인을 한 바퀴 돌면서 어느새 정이 들어버린 이 나라를 그냥 떠나기 아쉬운 마음에 선선히 그녀를 따라갔다. 우리는 한 간이역에 내려 그곳에서 다시 Eiber로 가는 버스를 탔다.

그녀는 이사벨이라는 한 중년부인의 집에서 딸과 어머니처럼 다정하게 함께 살고 있었다. 이사벨부인은 귀한 손님이 왔다며 그날 저녁 맛난 소고기요리에 포도주를 곁들인 성찬을 베풀어준다. 지나가는 길손에게 이렇듯 융숭한 대접을 해주는 이들. 인정도 많고 낯선 사람에 대한 경계심도 별로 없다.

우리는 아주 천천히 식사를 하며 대화를 즐겼다. 이사벨부인은 영어를 꽤 잘했다. 스페인어 억양이 섞인 그녀의 영어는 아주 귀엽고 앙증맞게 들린다. 식사 후엔 이사벨부인의 아들이면서 마거릿의 남자친구인 엔리께(Enrique)와 셋이 근처의 바에 갔다. 바는 우리나라 다방과 비슷하면서도 가볍게 한잔하고 자리를 옮길 수 있는 주막집 같기도 하다. 바에 들어서면 으레 올리브열매가 나왔고 사람들은 그 연초록색의 새콤 짭짤한 올리브를 안주 삼아 술을 마시며 대화를 나누는 것이다. 우리도 그 올리브를 씹으며 몇 잔의 칵테일을 마신다. 마시면서 인생과 사랑 그리고 여행 이야기를 한다.

이곳 젊은이들은 한 바에서 오래 머물지 않는다. 한두 잔으로 목을 축이고 다른 바로 옮겨 다니는 것을 즐기는 것 같다. 우리는 그날 여러 곳의 바를 전전히며 밤이 이슥하도록 술을 마셨다. 그리고 꽤 많은 올리브열매를 먹었다.

다음날 오전에 우리 셋은 Bilbao에 갔다. 거무튀튀하고 지저분해 보이는 공업도시였다. 북부 스페인엔 남부에 비하여 공업지대가 많다고 엔리께가 들려준다. 그는 이곳 공업전문학교의 교사다.

마거릿은 이곳의 정식교사 자격증을 따기 위해 빌바오에서 시험을
봐야 한다며 담당사무소에서 신청서를 들고 왔다. 스페인어로 시험
을 보기 때문에 조금 걱정이라는 그녀는 엔리께한테서 열심히 스페
인어 개인지도를 받는다고 했다. 스페인이 마음에 들어 오래오래 이
곳에서 살고 싶다는 마거릿의 파란 눈 속에 행복과 사랑이 가득 넘
쳐흐르고 있었다.

오후 2시 버스로 Biarritz로 가기 위해 Eiber를 떠났다. 하루
더 쉬다 가라는 마거릿과 엔리께의 우정이 고마웠지만, 그냥 떠나기
로 했다. 이사벨부인은 버스 안에서 먹으라며 샌드위치와 과일을 한
꾸러미 싸주었고 무거워진 내 배낭을 대신 메고 버스정류장까지 배
웅나온 엔리께는 재빨리 버스표를 사서 내게 건네준다. Gracias,
amigos! (친구들아. 고마워!)그들에게서 뜨거운 정을 느낀다.

3시 반에 Biarritz에 닿았는데 태양이 너무 뜨거워 바로 수영
복을 갈아입고 해변에 누웠다. 한 달간의 스페인여행. 마드리드를
제외하면 스페인 해안을 한 바퀴 빙 돌아본 셈이다. 내일이면 떠난
다고 생각하니 발길이 떨어질 것 같지 않다. 한 달 동안 너무 정이
들어버렸다. 다시 올 수 있을까? 정말 다시 오고 싶은 곳이다. 눈이
부신 Biarritz의 하늘. 마지막으로 보는 에스파냐의 하늘이었다.

# 3부
# 첫사랑, 그 영원한 그리움의 땅

하늘 열고 쏟아지는 오월 햇살처럼
그리고 첫눈을 밟는 것처럼 신비했던 나의 첫사랑.
그 사랑앞에서 나는 비상(飛上)했고 추락했다.
불꽃처럼 짧았지만 목숨을 바쳐도 모자랄것 같았던
사랑이었다.

## 해군 간호장교가 되기까지

(내가 나의 첫사랑이야기를 하자면 나는 우선 내가 해군에 입대하게 된 사연부터 이야기를 시작해야 한다.)

해군 간호장교 최 소위.

이것은 1968년에서 1970년까지 내게 붙여진 칭호이다. 고향에서 간호학교를 졸업하고 벽지의 한 초등학교에서 양호교사로 첫 사회생활을 시작한 난 썰렁한 양호실에서 코흘리개 아이들의 까진 무르팍에 약이나 발라주며 시간을 죽이기엔 너무 꿈이 많았고 욕심이 많던 어린 처녀였다. 뭔가 좀 더 자극적이고 도전적인 삶이 그리웠다. 그때 우연히 발견한 동네 모퉁이의 한 벽보. 말만 들어도 가슴이 설레는 해군 간호장교 후보생모집이었다.

간호장교. 얼마나 멋진 이름인가? 게다가 바다를 좋아하던 내게 해군이라는 이름은 호기심 많고 모험을 동경하던 어린 시골처녀의 마음을 사정없이 흔들어놓고 말았다. 나는 서둘러 응모를 했고 곧 합격통지서를 받았다. 그러나 막상 합격통지서를 받고 보니 넘어야 할 현실의 벽이 나를 불안하게 했다. 남자들만의 거친 세계로 알려진 군대라는 특수사회로 여자가 지원해 간다는 것에 대한 당시 사회의 부정적인 시선도 무시할 수 없었거니와 이제 막 사회의 첫발을 디딘 어린 여성으로 그 '거친 남자들의 세계'에 선뜻 뛰어들기가 조금은 두려웠다.

보수적이던 부모님과 주위의 만류도 만만치 않았다. 여자가 군대에 간다는 건 아무리 간호장교라 해도 고운 눈으로 바라볼 수 없는 사람들이었다. 얌전하고 단정한 여인의 삶을 바랐던 나의 부모님의 실망을 뒤로하고 나는 드디어 결정을 내렸다. 이대로 시골에 박혀 따분한 나날을 보낼 순 없었다. 좀 더 넓은 세상으로 나아가 내 꿈의 나래를 펼쳐보고 싶었다. 내겐 어떤 형태로든 용기와 모험이 필요했다. 나는 군인이 되기로 했다.

1968년 봄. 꽃샘바람이 맵던 춘삼월의 어느 날 나는 태어나 처음으로 고향 땅 강원도를 떠나 머나먼 경상남도 진해로 향했다. 마치 이 땅의 맨 끝이라도 되는 것처럼 멀고도 아득하게만 느껴지던 곳이었다. 동해안에서 태어나고 자라 한 번도 외지에 나가 본 적이 없는 나로서는 미지의 그 남쪽나라 낯선 도시에 대한 기대와 호기심으로 한껏 부풀어 있었다.

해군도시 진해. 거대한 함정들이 그 위엄을 자랑하고 있는 앞바다. 그리고 이제 막 꽃망울들이 여물어가는 벚나무들 사이로 멋진 유니폼을 입은 해군병사들이 활보하는 거리. 모두가 새로운 풍경들이었다. 여기저기에서 들려오는 토박이 경상도 사투리도 신기했고 남녘의 봄 햇살도 화사했다. 정말 딴 세상이었다.

진해 해군통제부 간호장교후보생 합숙소에서 나는 짐을 풀었다. 처음 한 달 동안 이곳에서 예비간호장교훈련을 받는 것이었다. 남자들이 군에 입대하자마자 거치는 신병교육대 같은 곳이랄까. 간호장교가 되기 이전에 먼저 군대라는 사회를 알기 위해 거쳐야 하는 관문인 셈이었다. 아. 내가 민간인의 딱지를 떼고 정말로 군인이 되는구나 하는 생각을 처음 실감하게 해준 곳이었다.

입소한 동기후보생들은 전국에서 골고루 선발된 15명의 애송이 간호사들이었다. 대부분 그 해 간호학교를 갓 졸업한 새내기들이었다. 사회의 부정적인 시선을 마다하고 대한민국 해군간호장교를 지원할 정도이면 평범한 여성들은 아닐 거라고 짐작은 했었는데 나중에 알고 보니 과연 그랬다. 그들은 대부분 개성이 강하고 주관이 뚜렷한, 그래서 남들의 이목을 두려워하지 않는 그 시대의 용기

있는 여성들이었다.

우리는 함께 합숙을 하며 곧바로 훈련에 들어갔다. 꼭두새벽에 기상하여 얼룩덜룩한 국방색 훈련복을 입고 명령에 따라야 했다. 아무리 군대라고는 하지만 병원에서만 일하게 될 간호사일 뿐인 우리들에게 일반 남자훈련병들처럼 심한 훈련을 받지는 않으리라 생각했었다. 그러나 기상천외로 훈련은 가혹했다. 쇳덩어리같이 무거운 군화를 신고 구령에 맞춰 구보에서부터 달리기, 팔굽혀 펴기, 엎드려 붙이기, 쪼그려 앉아뛰기, 포복 등 지금까지 경험해보지 못한 온갖 격렬한 훈련에 모두들 헉헉거렸다. 인간한계에 도전하는 극도의 신체적 훈련이었다.

훈육관은 박 중위라는 아주 요염하게 생긴 선임간호장교였다. 우리보다 2년 먼저 입대하여 중위로 막 승진한 그녀는 작달막한 키에 잘 웃고 애교가 많기로 소문난 여자였는데 훈련시간 동안만은 아주 무표정하고 무섭게 굴었다. 구보를 하다가 뒤처지는 사람이 있으면 그녀는 사정없이 회초리를 들었고 팔굽혀 펴기와 포복을 하다가 쓰러지면 사정없이 엉덩이를 후려갈기곤 했다. 연병장집합이 조금만 늦어도 그녀는 단체기합으로 그 연병장을 몇 바퀴씩 뛰게 했고, 수십 번씩 엎으려 붙이기를 하게 했다. 날이 갈수록 훈련은 심했고 하루에도 몇 번씩 포기하고 싶은 생각이 들었다. 저녁에 합숙소에 돌아오면 온몸이 쑤시고 아파 모두들 끙끙대며 신음소리를 냈고 이 불을 뒤집어쓰고 밤새 훌쩍거리며 우는 동료도 있었다.

중도탈락자가 생기기 시작했다. 국방색 훈련복을 던져버리고 합숙소를 나가는 후보생들이 하나 둘 늘면서 분위기가 동요되는 듯했으나 훈육관 박 중위는 아랑곳없다는 듯 훈련의 강도를 늦추지 않았다. 정말로 간호장교 되기가 이렇게 어려울 줄은 몰랐다. 극기훈련은 계속되었고 남아있는 우리 후보생들 사이에는 묘한 동지애 같은 것이 형성되어갔다. 잠들기 전에 우리는 서로를 부둥켜안고 엉엉 울면서 서로를 위로했다. 임관의 그날까지 죽을힘을 다해 싸워보자며 다짐과 맹세를 반복하기도 했다.

드디어 무시무시했던 훈련이 끝나고 그 시퍼런 훈련복을 벗었을 때 남은 후보생들은 겨우 9명이었다. 간호장교가 되는 일이 이리도 힘든 일인 줄 누가 예상했으랴. 살아남은 우리는 승자들이었다.

진해의 군항제가 한창이던 4월. 벚꽃 만개한 해군사관학교 교정에서 우리는 임관식을 가졌다. 해군참모총장을 위시하여 국내외 여러 해군장성들이 참석한 대한민국의 해군 16기 간호특과 임관식이있다. 우리는 아름디운 해군 간호장교의 제복을 입고 한 사람씩 단상에 올라가 해군 소위의 뺏지를 달았다. 영광과 감동의 순간이었다. 단상을 내려올 땐 어느 한 사람도 울지 않는 사람이 없었다. 얼마나 참고 참았던 눈물인가. 지난 30일간의 악몽 같았던 시간들이 눈 녹듯 사라지는 것 같았다. 그렇게도 무섭고 호되게 굴던 훈육

관 박 중위도 임관식이 끝나자 마치 언니처럼 다정하게 우리들의 등

을 두드려주며 축하해주었다.

16기 간호특과 임관식을 마치고 선배 해군장교들과 함께 찍은 기념사진
(1968년 봄 진해 해군사관학교 교정)

## 수병들의 비명 속에서

　　소위의 뺏지를 달고 내가 처음 배치된 곳은 진해통제부 내 의무부 정형외과 병동이었다. 정형외과는 의무부에서도 제일 바쁜 곳이었다. 이곳엔 병동장인 h소령을 비롯하여 대여섯 명의 군의관들과 두 명의 선임간호장교 그리고 네다섯 명의 위생병들이 교대근무를 하고 있었다. 월남전이 치열해가던 당시 환자들은 주로 전방에서 후송되어오는 부상병들이었다. 의료진이 부족한 상태여서 나는 오리엔테이션도 없이 바로 군의관들과 함께 진료팀에서 뛰어야 했다. 내가 하는 일은 주로 투약과 주사 그리고 군의관의 환부치료를 돕는 일이었다.

　　대실이라고 불리던 넓은 환자병실에 처음 들어섰을 때 자욱한 담배연기 속에서 환자들이 휘파람을 불며 야유를 해대기 시작했다. 그 병실은 야전병원의 수용소를 방불케 할 만큼 크고 혼잡하여 환자를 찾아다니기가 쉽시 않은 네다 어기저기시 야유를 하는 통에 여간 곤혹스럽지 않았다. 영내에서 여자라곤 몇 안 되는 간호장교밖에 없는데다 군인사회에 아직 채 물들지 않은 새내기이고 보니 아무리 환자라고는 해도 젊은 병사들에겐 흥분과 호기심의 대상이 아닐 수 없었다.

주로 지뢰부상병들이었던 이들의 형상은 차마 눈뜨고 보기 어려울 정도였다. 기브스한 다리를 공중에 매달고 있는 사람은 그나마 행운이었다. 팔이나 다리 하나씩 싹둑 잘려나간 것은 예사였고, 두 다리가 몽땅 없어졌거나 두 팔이 몽땅 잘려버린 사람도 있었다. 아예 두 팔 두 다리가 모두 잘려버려 머리와 몸통만 쌀자루처럼 달랑 남아있는 사람도 있었다. 처참했다. 그런데도 그들의 눈은 또릿또릿하게 반짝였고 천진한 장난기마저 서려 있었다. 그들은 마치 없어진 자신의 팔다리가 영영 돌아오지 않는다는 사실을 모르는 어린 아이들처럼 불구가 된 자신의 몸에 별로 개의치도 비관하지도 않는 태도였다. 그냥 순간순간의 통증만 사라져주길 바랐다. 아프면 진통제를 달라고 소리를 질렀고 통증이 가시면 습관처럼 줄담배를 피워댔다. 그뿐이었다.

내가 제일 힘들었던 것은 환자의 다리를 절단할 때였다. 괴사 부위가 커지면서 한 주먹씩 고이는 고름을 아무리 퍼내고 페니실린을 찔러대도 독버섯처럼 빠르게 썩어가는 환부는 어쩔 수 없었다. 톱으로 나무를 베어내듯 사람의 다리도 처참하게 잘려나갔다. 수술이 끝나면 환자들은 자신의 신체 일부가 없어졌다는 사실보다도 우선 수술이 끝났다는 안도감으로 잠시 평온을 찾는다. 그리곤 담배를 피워대기 시작한다. 병실엔 늘 담배연기가 안개처럼 자욱했다.

절단수술을 받은 환자들이 자주 호소하는 것 중에 환상통증이라는 것이 있다. 다리가 없어진 후에도 마치 그 자리에 그대로 있는 것처럼 통증이 느껴지는 것이다. 그들은 없어진 다리가 아프다며 응응 하며 비명을 질렀고 나는 진통제를 찔러대기에 바빴다.

전쟁은 무엇 때문에 있어야 하는가? 무엇을 위해 누구를 위해 저토록 젊디젊은 청춘들을 신음하게 하는가? 인류의 가장 흉악한 파괴범 전쟁! 그 전쟁을 증오하며 나는 악취 나는 고름과의 싸움을 계속했다. 무력하게 잘려나가던 젊은 수병들의 팔다리와 그 아귀 소리 같은 비명 속에서 나의 간호장교생활은 그렇게 이어져갔다.

# 만남

내가 포항해군병원으로 발령을 받은 것은 이듬해 봄이었다.

경북 영일군 오천면 청림동. 진해에서 급행버스를 타고 비린 내 나는 삼랑진을 거쳐 포항시내에 도착하면 다시 또 털털거리는 시내버스를 타고 먼지 나는 비포장도로를 한참 더 달려야 그곳에 닿을 수 있었다.

황량한 벌판 한가운데 희끗희끗한 모습으로 서 있던 해군 포항병원. 허허벌판에 있어서인지 마치 무슨 수용소처럼 적막하고 살벌해 보였다. 나의 숙소는 해병 BOQ(독신장교숙소)였다. BOQ 입구초소에서 신분증을 내보이자 짓궂게 보이는 초소병이 입가에 묘한 미소를 띠며 오른손을 이마에 갖다 대고 경례를 붙였다. 늘 그랬지만 나는 남자 사병에게서 경례 받는 일이 언제나 어색하고 불편했다.

초소를 지나 한참을 더 걸어 들어가서야 BOQ 건물이 나왔다. 나의 방은 이 층 맨 끝 베란다 옆에 있었고 그 베란다 너머로 포항 시내가 한눈에 내려다보였다.

나와 동숙하게 된 룸메이트는 서울의 모 간호대학을 갓 졸업한 p소위였다. 전형적인 서울깍쟁이였던 그녀는 심한 강릉사투리에 시골티가 줄줄 흐르던 나를 처음엔 약간 업신여기는 듯했다. 게다가 그녀는 대학출신이었다. 학벌은 곧 신분이었기에 고졸출신의 나를 그녀가 깔보는 것은 당연한 일이었으리라. 하지만 얼마 지나지 않아 우리는 같은 간호장교라는 동지의식으로 곧 친해졌고 친구가 되었다. 알고 보니 그녀는 아주 인정이 많은 여자였다.

이번에 배치받은 병동은 피부비뇨기과였다. 그곳엔 진해에서와 같은 부상병들의 비명소리도 고함소리도 없었고 악취 나는 피고름도 보이지 않았다. 환자들 모두가 멀쩡해 보였다. 사지도 멀쩡했고 침대에 누워 옴짝달싹 못하는 환자들도 없었다. 그들은 말똥말똥한 눈빛으로 병실 여기저기를 두 다리로 자유롭게 돌아다니고 있었다. 아픈 기색이라곤 없는 모습들이었다. 그런데도 그들은 환자였고 환자복을 입고 있었다. 성병환자. 그랬다. 그들은 성병환자들이었다. 전쟁터 월남에서 얻어온 또 다른 형태의 부상병들이었다. 내가 주사약 쟁반을 들고 병실에 들어서면 그들은 기다렸다는 듯 능글능글한 눈빛으로 허연 엉덩이를 까대었다. 진해에서 보다는 덜하였지만, 이곳에서도 새 얼굴의 간호장교인 나의 출현, 아니 젊은 여자의 출현은 무료한 이들에겐 좋은 눈요깃감이요, 놀잇거리였다. 짓궂은 농담은 예사였고 투약을 하는 내 손을 잡고 놓아주지 않는 환자도 있었다.

이 병동에는 병동장인 군의관 한 명과 위생병 두 명 그리고 간

호장교라곤 나 한 명뿐이었다. 간호장교가 턱없이 부족하던 상황이
라 응급환자가 별로 없는 이 병동엔 오랫동안 간호장교 없이 위생병
들이 간호업무를 도맡아 하고 있었다.

　전라도 사투리가 구수한 병동장 y대위는 서른을 넘긴 노총각이
었는데 앞머리가 벗겨진 탓인지 애아버지 같은 중후한 인상을 풍겼
다. 그는 집안의 성화로 주말이면 고향인 광주에 내려가 맞선을 보
고 오는 모양이었지만 번번이 마음에 들지 않는 모양이었다. 너그
럽고 털털해 보이는 인상과는 달리 여자 고르는 데는 꽤 까다로운 것
같았다. 나중에 안일이지만 그에겐 사랑하는 여자가 있었다. 원래
산부인과 전공인 그가 군에 들어오기 전 환자와 의사의 관계로 만났
던 여인이었다. 비너스같이 아름다운 몸을 가졌다는 그 여인에게 깊
이 빠져버린 그는 그녀가 가정이 있는 유부녀라는 사실도 잊고 열렬
히 사랑했다. 그러나 남편과 아이들을 버릴 수 없던 그녀는 결국 가
정으로 돌아갔고, y대위는 해군에 자원입대했다고 한다. 그는 아직
그녀를 잊지 못하고 있는 듯하였다.

　아침 회진이 끝나면 약품 캐비닛이 있는 y대위의 방에서 나는
투약준비를 하곤 하였다. 그날도 나는 y대위의 방에서 정오에 투약
할 약을 챙기고 있었다. '똑똑' 노크소리가 나더니 누군가 방으로
들어서는 기척이 들려왔다. 위생병이거나 용무가 있는 환자일 거
라고 생각했다.

"아, k중위. 어서 와"

y대위가 반갑게 맞아주던 손님은 위생병도 환자도 아니었다. 처음 보는 남자였다. 유니폼 칼라에서 중위뱃지가 빛나고 있었다.

"주말에 광주 내려가실 겁니까?"

중위의 음성이 들려왔다.

"글쎄…….  "


개인적 용무로 찾아온 사람인 모양이었다. 이 병원에 근무하는 군의관인듯했다. 나는 약 쟁반에서 시선을 떼지 않고 하던 일을 계속했다.

"새로 오신 분이구만요. 잉?"

그의 진한 호남 사투리에 나는 시선을 돌려 그 방문객을 바라보았다. 같은 의과대학 후배라고 y대위가 소개했다. 얼핏 봐도 수려한 용모에 눈웃음이 강렬한 호남아 인상이었다.


그날 이후 그는 특별한 용무도 없이 꽤 자주 y대위를 찾아왔다. y대위의 말에 의하면 나 때문이라고 했다. 나를 보기 위해서라는 것이다. 기실 그는 병동에 올 때마다 시선을 두리번거리며 내가 있는 곳부터 살피는 것 같았다. 내가 병실에서 환자를 보고 있으면 그는 용무가 있는척하며 복도에 서서 나의 일이 끝날 때까지 기다리곤 했다.

　인턴군의관이었던 k중위가 이번 주말은 당직이 아니라며 식사나 함께하자고 첫 데이트 신청을 해온 것은 그를 만난 지 몇 주일이 지나서였다. 포항 시내의 어느 중국집에서 우리는 유니폼이 아닌 사복차림으로 만났다. 그는 검은 신사복 정장이었고 나는 연두색 투피스차림이었다.

　"강릉이 고향이라고요. 잉?"

　나를 응시하는 그의 눈길이 너무 강렬하여 나는 그를 정면으로 바라볼 수가 없었다. " 난 여직 강원도에 못 가봤어라우."

　나는 꿀 먹은 벙어리처럼 고개만 끄덕였다.

　" 한번 가보고 싶구만요 잉" 그의 눈에 장난기 어린 미소가 스쳐 갔다고 나는 생각했다.

　그날 나는 식사를 하는 둥 마는 둥 했다. 죄진 사람처럼 이유 없이 얼굴이 확확 달아오르고 가슴이 두근거려 안절부절못하였던 것이다.

　k중위는 거의 매일 병동에 들렀다 가곤 했다. 선배인 y대위를 만나러 오는 척하면서 나를 만나러 오는 것이었다. 그는 y대위와 애기를 하고 있으면서도 약장 앞에서 일하고 있는 나의 모습을 흘깃흘깃 훔쳐보곤 했다. 그러다 눈이 마주치면 그 특유의 매혹적인 눈웃음을 보냈고 나는 심장이 멎는 것 같은 전율을 느끼곤 했다.

하루하루가 꿈처럼 지나가기 시작했다. 나는 그가 병동에 들리는 오후 시간이 기다려졌다. 일도 손에 잘 잡히지 않았고 마음은 온통 그 해군장교에 가 있었다. 매사에 소극적이고 부끄럼이 유난히 많았던 나에 비해 그는 직선적이고 적극적인 성격의 소유자였다. 유머도 많고 배짱도 좋은 호탕한 성격의 사나이다운 남자였다. 그는 거의 일방적으로 나에게 데이트를 신청했고 조금의 주저나 망설임이 없는 그의 자신에 찬 태도와 남자다운 박력이 나는 싫지 않았다.

우리는 변두리의 'S'라는 찻집에서 자주 만났다. 조용한 음악다실이었던 이곳은 시내에서 좀 떨어져 있어 해군들의 출입이 뜸한 곳이었다. 영내 장교들의 사생활 특히 간호장교들의 사생활은 늘 부정적으로 구설수에 오르기 마련이었기 때문에 우리는 극도로 '몸조심'을 해야 했다. 이 찻집은 조명이 희미하여 사람들 눈에 잘 뜨이지 않았다.

그 찻집에선 늘 세미 클래식 같은 음악이 흘러나오곤 했다. 영화음악이 나올 때도 있었다. 손님이 쪽지에 신청곡과 사연을 써서 디제이에게 주문하는 것도 유행이었다. '다음 곡은 한 강릉아가씨에게 보내는 에델바이스입니다.' 디제이의 목소리가 들리면서 그가 나를 위해 신청한 에델바이스곡이 실내 가득히 감미롭게 울려 퍼지기 시작했다. 나는 그때 영화 '사운드 오브 뮤직(Sound of Music)'에 나오는 에델바이스를 좋아했다.

노래가사의 구절구절이 감미롭게 가슴에 파고 들었다. 우리를 위한 사랑의 노래 같았다.

점점 세상이 달라져 보이고 있었다. 잘 설명할 수 없는 오묘한 희열감이 나의 온 영혼을 휩싸 안았다. 늘 보던 하늘과 땅, 나무와 풀 한 포기조차도 어제 보던 모습이 아니었다. 눈앞의 모든 것들이 찬란하게 빛났고 사람들은 천사처럼 아름답고 다정하게 느껴졌다. 뭉게구름 속을 둥둥 떠가는 것 같기도 하고 꿈속을 거닐고 있는 것 같기도 했다. 몽롱한 행복감이었다. 기묘한 증세였다. 이것이 사랑이라는 걸까? 실로 세상에 태어나 최초로 경험해보는 참으로 신비한 감정의 정체였다.

k중위와의 사랑은 이렇게 시작된 것이다.

# 이별

　봄이 가고 여름이 가고 우리의 사랑도 깊어가고 있었다. 만나면 헤어질 시간을 아쉬워했고 헤어지면 또 만날 시간을 기다렸다.

　가을이 왔다. 슬픔이라도 예고하듯 아주 조용하게. 그즈음 그는 날로 늘어가던 월남 후송환자들 때문에 눈코 뜰새 없이 바쁜 나날을 보내고 있었다. 베트남전쟁이 끝날 줄 모르고 계속되고 있었던 것이다. 정말 언제까지 갈 것인가? 이 끝도 없는 전쟁⋯⋯. 부상병들이 밀어닥치는데도 달러를 벌기 위해 월남의 전쟁터를 지원해 가는 청룡부대 해병대들이 줄을 이었다.

　오랜만에 고향에 다녀온 그가 어느 날 내게 할 말이 있다고 했다. 여자의 직감이라고 할까? 예전 같지 않은 그의 모습에서 왠지 모를 불길한 예감 같은 것을 느꼈다. 여느 때처럼 익살과 장난기도 없었고 눈가의 웃음노 없었나. 한 번도 그가 그렇게 낯설게 느껴진 적이 없었다. 그는 담배에 불을 붙여 깊게 한 모금을 빨아들였다. 그리곤 한숨을 쉬듯 길고 천천히 담배연기를 내뿜었다. 희뿌연 담배연기 속으로 스쳐 가는 그의 표정엔 어두운 모습이 역력했다.

　"다음 주에 월남으로 떠나게 되었어. 일 년 뒤에 올거야."

그가 담배를 입가로 가져가며 독백처럼 낮은 톤으로 중얼거렸다. 그의 시선이 의식적으로 나를 피하고 있다는 느낌이 들었다. 다 타지 않은 담배를 부벼끈 그는 바쁘다며 먼저 자리에서 일어났고 나는 멍한 얼굴로 그렇게 앉아 있었다.

청천벽력이었다. 어디선가 갑자기 날라온 한 방의 총알을 맞는 느낌이었다. 그가 파월군의관을 자원하리라곤 예상도 못 했던 일이었다. 하루를 못 만나도 죽을 것 같은 내게 일 년, 아니 어쩌면 영영 돌아오지 못할지도 모르는 그와의 긴 이별은 상상도 할 수 없는 일이었다. 아니 이미 사랑의 수인(囚人)이 되어버린 난 그가 없이는 하루도 견딜 수 없을 것 같았다. 온몸의 힘이 서서히 어디론가 빠져나가고 있었다. 나는 비틀거리며 일어났다.

며칠동안 나는 뜬눈으로 밤을 새웠다. 그를 보낼 자신이 없었다. 그러나 그는 이미 오래전에 월남행을 결정해 놓고 있었고, 마지막으로 고향의 가족들과 작별인사까지 마치고 돌아온 것이었다.


그 밤을 수면제가 준 평화 속에서 나는 그렇게 잠들어 있었다. 일주일의 휴가서를 제출하고 영영 돌아오지 않을 먼 곳으로 떠나는 사람처럼 방안을 깨끗이 정리하고 꽁꽁 짐도 쌌었다. 그러나 나는 어디에도 가지 않았다. 커튼을 내려 방안에 스며드는 빛이란 빛은 모두 차단해버리고 방문도 굳게 잠갔다. 죽음이란 것이 그렇게 내

가까이에 있는 줄은 몰랐다. 마음만 먹으면 언제든지 택할 수 있는 것이 죽음이었다.

영원히 세상도피여행을 떠나던 날. 나는 병동에서 가져온 새빨간 쎄코날 여러 캡슐을 입속에 털어 넣었다. 그리곤 눈을 감고 침대에 누웠다. 이제 곧 집행될 사형의 순간을 기다리며…….

똑딱거리는 시계소리와 함께 시간은 그렇게 흘러갔다. 머리가 빙빙 돌기 시작하면서 눈언저리가 차츰 무거워져 갔다. '아아, 이제 모든 것이 끝났구나'하는 체념이 몽롱해지는 의식 사이로 어렴풋이 감지되어왔다.

나는 어디론가 추락하고 있었다. 끝도 모를 어느 깊은 나락으로 하염없이 추락하고 있었다. 살려달라고 몸부림을 쳤지만, 몸이 말을 듣지 않았다. 그때 어디선가 소리가 들렸다. 꿈결인 듯 아련하게……. 나는 두 손을 허공에 저으며 소리 나는 곳을 향해 허우적거렸다. 몸이 움직여지지 않았다. 소리는 자꾸만 들려왔고 나는 계속 발버둥을 쳤다. 허사였다. 소리는 점점 커지다가 이윽고 쿵쾅거리는 소음으로 변했다. 나는 눈을 뜨려고 또다시 허우적거렸지만 떠지지 않았다. 이대로 죽어서는 안 된다는 희미한 생존본능이 어디선가 꿈틀거리고 있었다. 나는 고래고래 악을 썼지만, 아무것도 소리되어 나오지 않았다.

"최 소위! 최 소위!"

누군가 나의 뺨을 사정없이 후려치고 있었다. 나는 드디어 눈을 떴다. 새하얀 천정이 보였다. 나는 응급실 침대에 누워있었고, 누군가 청진기의 차가운 쇠붙이 끝을 내 가슴 여기저기에 눌러대고 있었다. k중위였다.

"몇 알이나 삼켰지?"

그가 취조관처럼 따져 물었다. 나는 고개를 옆으로 떨구었다. 뜨거운 두 줄기의 눈물이 베개 위로 소리 없이 떨어졌다.


내 자살기도 소동으로 k중위와 나에 관한 소문이 파다하게 퍼지기 시작했다. 그렇지 않아도 영내군인들의 시선을 한몸에 받고 있는 간호장교의 스캔들은 이곳의 톱 가십거리였다. 드디어 나는 간호과장 b소령에게 불려 갔고 엄한 문책을 받았다. 두 볼에 광대뼈가 튀어나온 근엄한 표정의 그녀 얼굴엔 노기가 충천했다. 한 사람의 사생활이 간호장교 전체의 이미지를 흐리게 한다는 것이 그녀의 첫마디였다. 다시는 간호장교의 명예와 품위를 실추시키는 행위로 물의를 일으키지 않겠다는 경위서를 제출한 후에야 사건은 일단락되었다.


바람이 몹시 불던 가을 어느 날 드디어 그 사람은 떠나갔다. 저먼 월남 땅으로…….

그를 보내던 날 나는 꺼억꺼억 울지도 못하고 진종일 방안에서 어느 외국가수가 부르던 'walk away'만 되풀이해서 들었다.

Goodbye, my love

Mt tears will fall

Now that you've gone

I can't help but cry

But I must go on


(안녕 내 사랑

눈물이 흐를 것 같네요.

당신이 떠나갔으니

소리쳐 울고 싶은 걸 참을 수 없네요.

그러나 난 견디어야 하겠지요.)


그가 월남에 가 있던 일 년은 내게 백 년처럼 긴 시간이었다. 사랑도 처음이었듯 이별도 처음이었다. 사랑에 이별이 있다는 사실을 미처 깨닫지 못했다. 그대로 영원히 이어지는 것이 사랑이려니 했다. 이럴 줄 알았으면 조금 덜 사랑하고 이별을 위한 준비라도 했어야 했는데…….

하지만 너무 늦어 있었다. 나는 그저 속수무책으로 다가온 현실 앞에 무릎을 꿇어야 했다.

저녁이면 BOQ의 이 층 베란다에 서서 그가 떠나간 하늘을 목 놓아 바라보다가 잠이 들곤 했다. 그와 함께 걷던 포항시의 이 거리 저 거리를 배회해보기도 하고 그의 체온이라도 느껴질까 S찻집의 빈자리에 우두커니 앉아있다 돌아오기도 했다. 어떤 날은 베란다 아래에서 '나야 나' 하고 나를 부르는 그의 목소리가 들리는 것 같아 계단을 뛰어 내려가 보기도 했다. 그는 불빛이 없는 그 어둑어둑한 베란다 층계 아래에서 나를 부르곤 했었다. 휘파람소리가 나면 그가 와있다는 신호였다. 회식을 하고 밤늦어 귀가하는 날에도 그는 어김 없이 베란다 아래에서 휘익하고 휘파람을 불어댔다.

춤추는 발레리나처럼 하늘거리던 BOQ 뜨락의 분홍빛코스모스들이 어느덧 초겨울 찬바람 속으로 사라지고 있었다. 핏빛 낙엽들만이 텅 빈 청림동의 BOQ 뒤뜰에 처량하게 뒹굴고 있었다.

가을이 다 지나도록 그에게선 한 통의 소식도 없었다. 구름에게 별에게 지나가는 바람에게 물어도 그의 안부를 전해주는 이 없었다. m중위를 찾아갔다. 그는 k중위와 둘도 없는 고향 친구였다. 하지만 그 역시 소식을 모르고 있었다. 그리움은 아프도록 쌓여만 가는데…….

크리스마스캐럴이 울려 퍼지기 시작하면서 세모의 거리는 연인

들의 물결로 술렁거리고 있었다. 어느때보다도 외로운 크리스마스
였다. 병동에서 크리스마스파티가 있었지만 아프다는 핑계를 대고
참석하지 않았다. 그가 없는 크리스마스는 내겐 무의미한것이었다.

  그해가 다 저물어가던 어느날 첫눈이 오고 드디어 그에게서 한
통의 편지가 날아왔다. 하얀 바탕에 하늘색 베트남지도가 그려져 있
는 항공봉투. 그 낯익은 필체. 아아, 그가 보낸 첫 편지였다.


  숙.
  우선 무사히 도착하였음을 늦게나마 전하오.
  햇볕이 쨍쨍 내려쪼이는 이곳 상하의 전선 월남에서 나는 구릿
빛으로 그을린 얼굴에 보병대대의 군의관으로 임하고 있으며……….
  머리 위로 총탄이 나르고 전우들이 피를 흘리며 쓰러지는 작전
지역에서의 실전도 이미 경험을 했다오.
  (중략)


  모래 위의 벙커생활. 도마뱀의 울음소리. 무성하게 자란 선인장.
고통 받는 전우의 치료와 대민 진료. 모든 것이 고국과는 무척이나 다
른 환경 속에서 하루하루 나를 적응시켜 가고 있어요.(중략)

월남전의 특수성 때문에 매 순간 철저한 경계와 긴장감 속에서 생명의 위협을 느끼며 하루하루를 보내고 있으며……

(중략)

지금쯤 고국에선 외투 깃을 치켜세운 젊은이들이 벌써 크리스마스에 마음 설레겠지만, 이런 때일수록 장병들은 마음의 긴장을 더해 더욱 철저한 경계에 임해야 한다오.

막사에 손님이 찾아왔기에 오늘은 이만 줄이오.

1969년 12월 ×일

월남 Hoian에서. k

# 실연

영일만의 겨울이 깊어갔고 나는 변함없이 병동근무에 나갔다. 병동장 y대위는 결혼을 했고, 병실의 환자들은 여전히 야유를 하고 놀리면서도 나를 보면 기뻐했다. 병실 밖에서 만나면 그들은 같은 또래인 나에게 '최 소위님, 최 소위님' 하면서 오른손을 이마빡에 붙이고 경례를 해댔다. 계급장만 아니라면 사실 그들과 나는 남자와 여자라는 것 외에 별로 다를 것이 없었다. 군대는 철저한 계급사회였다. 그래도 계급을 초월한 사랑은 있었다. 간호장교와 사병 간의 연애가 터부시 되던 분위기였지만 선임간호장교 중에는 사병과 결혼한 사람도 있었다. 위생병이었는데 죽자사자하고 칼부림까지 하면서 달려들어 쟁취한 사랑이었다고 한다. 그들은 지금도 아주 행복하게 살고 있었다.

흰 눈이 하얗게 쌓이던 어느 날 m중위에게서 만나자는 전갈이 왔다. 시내의 한 술집에서 우리는 탁자를 마주하고 앉았다. 늘 너털웃음을 짓는 편안한 m중위의 얼굴이 조금 굳어있었다.

"최 소위, 이 얘기는 하지 않으려고 했는데……. "

소주 몇 잔에 벌써 거나하게 취한 m중위는 무슨 말인가 할 듯 말듯 한참을 주저하더니 불쑥 입을 열었다.

"k에겐 이미 결혼을 약속한 사람이 있어요. k가 월남에서 돌아오면 그들은 곧 결혼식을 올릴 겁니다. 그를 포기하세요. 최 소위!"

나는 마치 아무것도 듣지 못했다는 듯한 멍청한 표정으로 그가 따라준 소주 한 잔을 꿀꺽 삼켰다.

"k가 월남으로 떠나면서 최 소위를 잘 부탁한다고 했어요."

술잔을 탁자 위에 내려놓으며 그가 말을 이어갔다. 믿을 수가 없었다. m대위가 꼭 거짓말을 하고 있는 것 같았다. 그토록 다정했던 그가 나 아닌 이 세상의 또 다른 여성을 사랑하고 있었다는 사실을 정녕 믿을 수가 없었다. 그러나 모든 건 사실이었다. 자신을 잊고 씩씩하게 살아달라는 k중위의 다음 편지에서 나는 그걸 알았다.


이듬해 삼월에 나는 제대를 하고 강릉으로 돌아왔다. 꼭 2년 만이었다. 고향은 옛 모습 그대로였지만 나는 변해 있었다. 모험이나 다름없던 금녀의 세계에서 너무 많은 것들을 겪은 것 같았다. 전쟁에 짓밟힌 젊은 군상들을 보았고 한 남자를 만나 처음 사랑에 눈을 뜨고 사랑의 기쁨과 슬픔을 동시에 경험했다.

고향에서의 나의 생활은 단조로웠다. 아침에 눈을 뜨면 바닷가에 나가 온종일 조개를 줍기도 하고 해당화 열매를 따기도 했다. 이따금 동네아이들이 몰려와 파도 위에 떠밀려오는 시꺼먼 해초 덩어리를 건지며 환호성을 지르기도 했고, 어디선가 떼 지어 온 갈매기들이 끼룩거리며 고요하던 겨울바다의 적막을 깨기도 했다. 그와 함께 걷고 싶었던 이 동해바다. 그는 늘 동해바다를 보고 싶어했었다.

m중위에게 편지를 썼다. 나는 아직 k중위를 포기하지 못하고 있으며 그에 대한 그리움으로 하루하루 고통스러운 날들을 보내고 있다고 했다. 곧 답장이 왔다.

최 소위.

알리지 않으려고 했으나 궁금해할 것 같아서……

최 소위가 그토록 사모하며 기다리는 k가 얼마 전 월남에서 귀국했습니다.

한번 만나보고 싶다면 저에게 연락 주십시오.

70년 x월 x일

m중위

아아, 그 사람이 돌아왔다니! 그렇게노 보고 싶던 사람. 그렇게도 그리웠던 사람. 꿈인가 생시인가. 나는 두방망이질 치는 가슴을 가까스로 진정하며 서둘러 여행가방을 꾸렸다.

만추. 그 아름다운 가을 한복판에서 나는 화려한 외출을 준비하고 있었다. 실로 오랜만의 외출이었다. 포항행 버스는 아침 8시에 있었고, 나는 창가의 한 좌석에 조용히 앉았다. 버스가 동해안을 따라 달리기 시작했다. 차창 밖으로 그의 모습이 형화처럼 떠올랐다 사라지곤 했다. 다정하던 눈빛, 목소리……. 지난 일 년간의 그 힘겨웠던 기다림과 그리움의 고통도 이 순간엔 눈 녹듯 다 사라지고 없었다. 그를 만날 수 있다는 기쁨 외엔 다른 아무것도 생각나지 않았다.

어느새 버스는 강원도를 벗어나 영덕 바닷가를 지나고 있었다. 같은 동해안이면서도 이곳이 경상북도 땅이라 생각하니 벌써 심장이 뛰기 시작했다. 포항에 도착했을 때 거리엔 벌써 어둠이 뉘엿뉘엿 내리고 있었다. 터미널의 공중전화부스에서 m중위에게 다이얼을 돌리는 나의 손이 떨리고 있었다.

"터미널 다방에서 기다리고 계세요. k가 나갈 겁니다."

두근거리는 가슴을 짓누르며 나는 다실 입구를 응시하고 있었다. 1분, 2분, 5분이 지나고 10분이 지났다. 하지만 다방문을 밀고 들어서는 사람들 속에 그의 얼굴은 보이지 않았다. 초조했다. 30분이 지나고 다시 m중위에게 다이얼을 돌렸다.

"이 친구 나간다고 했으니 조금만 더 기다려봐요. 최 소위."

그는 예나 다름없는 그 너털웃음을 웃으며 전화를 끊었다. 그러나 1시간이 지나고 2시간이 지나도 그 사람은 나타나지 않았다. 그

토록 보고 싶었던 그 사람은 밤이 이슥해질 때까지도 끝내 내 앞에
나타나지 않았다. 어렴풋이나마 그는 이제 오지 않는다는 것을 깨
달은 난 다방문이 거의 닫힐 시각에 힘없이 자리에서 일어섰다. 근
처 여관에서 뜬눈으로 밤을 새운 다음 날 난 다시 강릉행 버스에 몸
을 실었다. 출발 전 m중위에게 마지막 전화를 했다.

"싱거운 친구. 간다고 약속을 해 놓고서…….  "

그는 혀를 껄껄 차며 난감해했다. 그토록 사랑하는 사람을 몇
발치 앞에 두고도 발길을 돌려야만 하던 그 아픔은 일 년 전 그가 월
남으로 떠날 때의 그 긴 이별보다도 더 가혹한 것이었다. 사랑하는
자에게서 버림을 받는 느낌이 이런 것일까? 돌아오는 버스 속에서
나는 주책없이 흘러내리는 눈물을 닦아야 했다. 황량한 벌판에 홀로
버려진 지독하게도 쓸쓸한 느낌이었다.

## 그리움의 끝은 어디일까?

지푸라기 하나 잡을 수 없는 절망 속에서도 시간은 흐르고 있었다. 가을이 다가기전 나는 m중위에게서 또 한 통의 편지를 받았다.


최 소위.

끝내 K를 만나지 못하고 돌아서던 최 소위가 내내 마음에 걸립니다.

충격과 슬픔이 크시겠지요.

하지만 그는 이미 최 소위에게서 마음이 떠난 사람입니다.

다시는 그 친구 얘기를 꺼내지 않으려고 했지만 알려는 드려야겠기에……

K는 다음 주에 고향에서 결혼식을 올립니다.

하루빨리 그를 단념하시고 새로운 삶을 찾으세요.

지금은 힘들고 아프겠지만, 세월이 흐르면 잊힐 겁니다.

내가 한 발치만 앞서 최 소위를 만났더라도……

나는 읽고 있던 편지를 와락 구겨 두 손으로 움켜쥐었다. 머리 저쪽에서 웅웅거리며 북 치는 소리가 들려왔다.

나는 몽유병자처럼 동해안의 여기저기를 쏘다녔다. 포장마차에서 쓴 소주잔을 꼴깍꼴깍 삼키기도 했고 미친 여자처럼 맨발로 백사장을 뛰어다니기도 했다. 하늘을 향해 낄낄거리며 웃기도 했고, 시퍼런 바다를 노려보기도 했다. 가슴을 움켜쥐고 통곡해보기도 했고 모래 위에 쓰러져 십자가를 그리기도 했다.

을씨년스러운 잿빛 하늘 속에서 겨울은 왔고 나는 무슨 결정이든 내려야 했다. 언제까지 실연의 상처를 안고 이대로 폐인처럼 살아갈 수는 없었다. 나는 아직 인생의 절반도 살지 않은 스물둘의 앳된 청춘이었다.

새 출발을 해야 했다. m중위의 말처럼 세월이 흐르면 어쩌면 잊힐지도 모를 일이기에……. 그러나 그 사람을 잊는 일은 같은 땅 같은 하늘 아래에서는 불가능했다. 나는 그에게서 멀리, 아주 멀리 떠나가야 했다. 그때 나라에서는 서독간호사모집이 한창이었고 나는 그 피독간호사에 지원했다.

그리고 한국을 떠났다. 영원히 이 땅으로 돌아오지 않을 것을 맹세하며…….

# 4부
# 또다시 시작되는 도전


유럽여행을 마치고 돌아오던 귀로에서 나는 갈등에 부딪쳤다.


돌아갈 것인가? 남을 것인가?
귀국 후에 다가올 현실이 갑자기 두려움으로 변하기 시작했다.


아무것도 이룬 것 없이 돌아가는 나의 귀국을
당당하지도 떳떳하지도 못할 것이었다.
이대로 돌아가면 나는 실패자나 다름없었다.
실연의 상처로 폐인이 돼가고 있던 상황에서 탈출하다시피 떠나온 고
국인데 무슨 면목으로 다시 돌아가는가?
다시는 사랑 따위 하지 않고 영원히 조국 땅을 밟지 않으리라 맹세하고
떠난 내가 아니던가?

## 기수를 돌리고

한국으로 돌아가려던 내 심경에 변화가 생기고 있었다.

삼 개월 동안의 여행에서 어느결에 나는 유럽에 정이 들어 버렸고 이 아름다운 유럽 땅을 떠나고 싶지 않았다. 이대로 무너져 모든 것 포기하고 돌아가기에 나는 젊었고 하고 싶은 일이 많았다.

어딘가를 향해 도전해볼 기회는 지금이었고 바로 이곳이었다. 나는 그 기회를 놓칠 수 없었다.

'기수를 다시 독일로!'

이렇게 외치고 있던 나는 분명히 예전의 내가 아니었다.

다시 독일로 돌아온 나는 귀국하려고 싸놓은 짐을 풀었다. 그리고 다시 간호사 일자리를 찾기 시작했다. 병원마다 간호사 자리는 지천이었다. 나는 간호학교 동창이 있는 프랑크푸르트 대학병원으로 가기로 했다. 프랑크푸르트는 다름슈타트에서 전차로 삼십 여 분 걸리는 곳에 있었다. 나는 마리엔부르크(Marienburg) 거리에 있는 호흐하우스(Hochhaus)의 십 층에 다시 둥지를 틀었다. 호흐하우스기숙사는 다름슈타트에서보다 훨씬 크고 멋진 독신용 아파트였다. 주방과 침실이 따로 있었고 넓은 거실의 창밖으론 초록의 전원위에 우뚝 솟은 고층의 대학병원 건물이 보였다.

프랑크푸르트로 이사를 하고 며칠 안 되어 외할머니가 돌아가셨다는 소식을 들었다. 나는 진심으로 외할머니의 명복을 빌었다. 할머니가 돌아가실 때 가장 슬퍼한 사람이 외할아버지였다고 한다. 평생 책과 글밖에 모르시던 외할아버지는 성격이 매우 여린 분이셨다. 훗날 들은 얘기로는 할머니가 돌아가신 후 할아버지는 더 이상 글을 읽지 않으셨다고 한다. 새벽이 오고 동이 터와도 사랑채에선 더 이상 글 읽는 소리가 들리지 않았단다. 글 읽는 소리가 들리지 않는 외갓집은 점점 적막강산이 되어갔을 것이다. 외할아버지는 외할머니가 가시고 한참의 세월이 더 흐른 후 그리운 외할머니 곁으로 떠나셨다.

프랑크대학병원 정신신경과 병동에서 나는 다시 일을 했다. 내가 정신병동을 택한 이유는 에버슈타트에서의 경험 때문이었다. 마음의 병이 있는 환자들이 무엇을 원하며 무엇이 필요한지 병상에 누워있던 몇 달 동안 절실히 느끼고 깨달았던 난 그들을 위해 일하고 싶었다. 그리고 좋은 정신과 간호사가 되리라 마음먹었다.

이 병동에서 나는 또다시 올빼미처럼 야간에만 일하는 밤번 간호사가 되었다. 시끌시끌한 낮근무보다는 조용한 밤근무가 더 좋은 나의 성격 탓도 있었지만, 낮시간엔 공부가 하고 싶어서였다. 어차피 이곳에 다시 눌러살기로 한 이상 나는 본격적으로 독일을 알고 독일사회에 적응하고 싶었다. 적응은 빠를수록 좋았다. 나는 프랑크푸르트의 요한 볼프강 괴테대학(J. W. Goethe Universität)에 청강생으로 등록했다. 독일어를 좀 더 체계적으로 배우면서 이참에 독일 문학도 좀 공부하고 싶었다.

밤엔 병원근무를 하고 오전엔 잠을 자고 오후엔 강의를 받으러 나갔다. 독일대학생들과 어울려 공부하면서 차츰 나는 그들의 정신세계에 눈을 뜨게 되었다. 그들의 내부에서는 혁명이 일어나고 있었다. 끊임없이 자유를 추구하는 독일의 젊은이들. 학문의 자유 (Academische Freiheit), 성의 자유, 가는 곳마다 그들은 자유를 달라고 외치고 있었다.

대학병원의 정신신경과는 에버슈타트와 분위기가 조금 달랐다. 심한 정신분열증 환자들이 많았고 에버슈타트처럼 요양이 아닌 임상 위주의 병동이었다. 나의 근무시간은 저녁 일곱 시부터 아침 일곱 시까지 하루 열두 시간이었지만, 일은 전에 있던 내과병동에 비해 훨씬 쉬웠다. 환자들 대부분 스스로 움직일 수 있어서 험한 육체노동이 요구되지 않았고, 임종을 앞둔 노인환자들도 별로 없으니 시체를 다루는 일도 없었다. 게다가 독일어가 늘어가면서 나는 잡역부(?)에서 정식간호사인 원래의 내 자리로 돌아와 정해진 간호업무만을 담당하게 되었다.

저녁 식사와 투약이 끝나면 환자들은 잠자리에 들었고 병동은 조용했다. 물론 '요주의' 환자들은 있었다. 조용히 자는 척하다가도 밤에 무슨 일을 저지를지 알 수 없는 환자들. 그런 환자의 방엔 거의 매시간마다 도둑고양이처럼 살금살금 들어가 체크를 해야 했다. 내가 오기 일 년 전 이 병동에선 독일간호사 한 명이 밤에 혼자 일하다가 환자에 의해 살해될뻔한 사건이 있었다고 한다. 환청이 심한 환자였는데 한밤중에 갑자기 간호사실로 들어와 목을 조르기 시작했다고 한다. 다행히 그 간호사는 필사적으로 저항하여 살아났지만, 그 사건 이후론 꼭 두 명의 밤번 간호사들이 근무한다고 한다. 나와 함께 일하게 된 간호사는 터키에서 온 애교 많은 서른 살의 노처녀였다. 독일에 온 지 오래되었다는 그녀는 거의 원어민에 가까운 독일어와 붙임성 좋은 성격으로 병동의 인기를 독차지하고 있었다. 그녀는 유부남인 정신신경과과장과 한창 열애 중이었다.

# 학창시절을 추억하며

　　나와 함께 간호학교를 다닌 동창친구가 같은 기숙사에 살고 있었다. 가난 때문에 좋아하던 공부를 계속할 수 없었던 그녀는 대학 진학을 위해 독일로 왔다. 그녀는 나보다 앞서 와서 삼 년 계약기간을 얼마 남겨 두지 않고 있었다. 계약이 끝나는 대로 의과대학에 진학할 예정이었던 그녀는 그동안 야간을 다니며 이미 아비투어(독일 대학입학자격)를 준비해놓고 있었다. 그녀의 불타는 향학열은 병원에서 겪게 되는 온갖 힘든 일을 잘 견디게 해주고 있었다.

　　틈만 나면 나는 그녀를 찾아가 향수를 달래곤 했다. 우리의 화제는 주로 간호학교시절의 추억담이었다. 삼 년 동안 기숙사생활을 하며 밤낮을 함께 했었기에 우리 학창시절의 추억은 남달랐다.

　　도립 강릉간호고등기술학교. 이름도 생소하던 이 학교가 처음 생겼을 때 나는 강릉여고 문과 2학년에 다니고 있던 여고생이었다. 나는 니체와 헤르만 헤세를 사랑한 문학소녀였고 고등학교를 졸업하면 서울로 가서 대학의 국문과를 다니는 것이 꿈이었다. 그리고 졸업하면 넓은 들과 강둑이 보이는 한 시골여학교의 국어선생이 되거나 작가가 되는 꿈을 꾸고 있었다. 간호사는 나의 장래 희망이 아니었다.

　그런 내가 이 간호학교에 들어간 것은 참으로 엉뚱한 이유에서였다. 강릉의 도립병원에 간호고등학교가 새로 개교한다는 보도를 들었을 때 처음에는 아무 생각없이 그 소식을 접했다. 그런데 이 학교는 다른 평범한 고등학교와는 달랐다. 소위 특전이라는 것이 있었다. 입학에서 졸업까지 전액 학비면제와 국비로 제공되는 기숙사 생활에 또 졸업 후 백 퍼센트 취직까지 보장해준다는 것이었다. 가난하던 시절에 일체의 교육비가 들지 않는 학교, 그리고 하늘의 별 따기처럼 어려웠던 취직까지 보장된다니 대단한 특혜가 아닐 수 없었다. 무엇보다도 기숙사생활을 할 수 있다는 점이 내겐 아주 솔깃했다.

　기숙사생활! 생각만 해도 설레고 흥분되는 것 같았다. 현진건의 단편소설 'B사감과 러브레터'가 연상되는 기숙사생활은 사춘기의 소녀를 유혹하고도 남았다. 게다가 그때 나는 지나치게 지배적이고 엄격하던 어머니와의 갈등으로 하루라도 빨리 집을 떠나고 싶었다. 나는 몰래 지원서를 냈고 시험을 쳤다. 십 대 일의 치열한 경쟁이었다. 전국에서 가난하고 머리좋은 아이들이 다 모인듯했다. 당시 공부 잘하는 학생에게 주어지던 5.16 장학생들이 수두룩했다. 나처럼 고등학교에 재학 중이거나 이미 고등학교를 졸업한 나이 지긋한 수험생들도 있었다. 하지만 공부만 잘한다고 다 합격되는 건 아니었다. 얼굴도 예뻐야 했다. 필기시험 외에도 인물고사(?)가 있었기 때문이다. 아픈 사람들을 대해야 하는 직업이라 외모도 단정해야만 뽑힐 수가 있었다. 물론 남에게 혐오감을 주지 않는 인상이라면 대부분 인물고사에 합격했지만, 배우 뺨치게 빼어난 미모를 지닌 합격자도 꽤 있었다. 라디오방송으로 합격자가 발표되던 날, 내 번호가 들려오자 나는 흥분한 나머지 등에 업고 있던 어린 동생을 떨어뜨렸다. 영문도 모른 채 울고만 있던 동생은 아랑곳없이 나는 온 방안을 방방 뛰며 기뻐했다.

그 해 초여름에 제1회 강릉간호고등기술학교(현 강릉영동대학)의 개교식과 더불어 첫 입학식이 거행되었다. 삼백 명이 넘는 지원자 중에 뽑힌 우리 삼십 명은 지금껏 일등밖엔 모르던 아이들이었다. 그래서인지 자존심이 강했고 튀기 좋아하는 개성파들이었다. 당시 우리학교의 유니폼은 자줏빛 투피스에 베레모를 썼는데 이 유니폼을 입고 비딱하게 베레모를 쓴 채 강릉거리에 나서면 지나가던 사람들이 한 번씩 쳐다보곤 했었다.

하지만 학교공부는 쉽지 않았다. 간호고등출신들도 간호대학 출신들과 같은 국가고시를 치러야 했기 때문에 그들과 같은 대학 수준의 간호학공부를 하자니 우리에겐 벅찰 수밖에 없었다. 고등학교를 월반하고 바로 대학에 들어온 기분이었다. 열렬한 공부파들이였던 우리는 밤낮으로 공부했다. 하지만 밤을 새워 공부를 하고 싶어도 기숙사는 밤 열 시면 소등이 되었다. 그래서 소등 후엔 복도에 나가 창가에 희미하게 스며드는 달빛 사이로 책을 펴놓고 공부를 했다. 덕분에 서울에서 치른 간호사국가고사엔 29명이 (1명은 학교를 중퇴하고 승려가 되어 입산했다.) 지원하여 전원 합격했다.

졸업식장은 눈물바다였다. 삼 년 동안의 힘들었던 학업 때문이기도 했지만, 그동안 함께 숙식을 같이하던 학우들과 헤어지는 슬픔 때문이었다. 피보다 더 진한 자매 같은 정으로 똘똘 뭉쳐진 우리들이었다.

삼 년 동안 기숙사생활을 하면서 우리가 함께한 희로애락 중에 제일 잊을 수 없는 일은 뭐니뭐니해도 '복어 중독사건'일 것이다.

그날 아침 평소처럼 기숙사식당에서 아침밥을 먹고 교실로 향하려던 동료학생들이 갑자기 구토와 복통을 호소하며 픽픽 쓰러지고 있었다. 그날 아침 식사로 우린 모두 복어를 맛나게 먹은 후였다. 사감선생님이 달려오고 중태에 빠진 학생들이 병원으로 실려가기 시작했다. 복어 독에 중독된 것이었다. 수업이 전폐되고 도립병원 안에는 학생환자들로 바글거렸다. 복어요리를 담당했던 식당아주머니는 파랗게 질린 얼굴로 안절부절 못하였고 사감선생님은 온종일 학생들의 상태를 살피느라 노심초사였다. 한 명이라도 희생되면 학교전체가 심각한 문제에 직면할 것이 뻔했다.

나는 다행히 독이 많이 든 부위를 먹지 않은 탓인지 입술과 혀

끝에 느껴지는 약간의 마비증상 외에는 다른 큰 심각한 이상은 없었다. 나처럼 증세가 경미했던 학생들은 증세가 심한 동료학우들의 간호를 했다. 다행히 큰 인명피해는 없었고 신음하던 학생들은 며칠 뒤 모두 회복이 되었다. 이 사건으로 인해 기숙사식당의 식탁엔 다시는 복어생선이 나오지 않았다. 복어만 생각하면 지금도 그때의 그 끔찍했던 사건이 떠오르지만, 세월이 지난 지금은 다만 추억의 한 페이지로 남아있을 뿐이다.

# 싸워크라우트(sauerkraut)라는 이름의 독일김치

프랑크푸르트대학병원의 기숙사에서는 한국음식을 만들어 먹는 날이 많았다. 기름기 없는 푸석푸석한 독일 쌀밥이나마 빵보다는 나았다. 하얀 쌀밥에 양배추를 절여 만든 양배추김치에다 독일 맥주를 곁들여 그런대로 한국음식의 향수를 달랠 수 있었다. 김치가 그리웠던 우린 양배추로 김치를 만들었다. 당시 그곳에선 배추나 무우를 구할 수 없어 시장에서 파는 양배추를 사다가 소금에 절인 후 한국제 고춧가루를 묻히고 마늘과 설탕을 섞어 병 속에 넣고 삭혀 먹었다. 잘 익으면 아삭아삭 씹히는 양배추의 새콤한 맛이 그런대로 먹을만했다.

그런데 이 양배추김치를 먹은 다음 날 출근을 하면 병동에서 난리가 나곤 했다. 환자들이 마늘냄새가 난다며 코를 막고 인상을 찌푸리는 것이었다. 독일인들은 마늘냄새에 무척 민감했다. 그래서 김치를 먹고 난 다음 날이면 몇 번씩 양치질을 하고 온몸에 향수를 뿌리기도 했다. 그래도 이들은 용케 마늘냄새를 맡아내곤 가까이 오지 말라며 소리를 질렀다. 양치질로도 잘 제거되지 않는 이 마늘냄새 때문에 악취 풍기는 몹쓸 전염병 환자취급을 받다보니 김치는 더 이상 먹을 수 없는 그림의 떡이 되고 말았다.

　그래도 그리운 것이 김치였다. 김치를 먹어야 힘이 나는 것 같았고, 힘이 있어야 독일간호사 노릇을 할 수 있었다. 그때 나는 독일인들이 먹는 음식 중에 싸워크라우트라는 시큼한 맛의 야채음식이 있다는 것을 알게 되었다. 저장을 하여 발효를 한다는 점에서 우리의 백김치와 비슷한 과정으로 만들어지는 이 싸워크라우트가 어느 정도는 김치대용 식품이 되어 주었다.

　싸워크라우트를 만드는 방법은 이렇다. 양배추를 가늘게 채를 썰어 마늘은 넣지 않고, 소금과 식초, 설탕으로만 간을 한다. 그리고 일주일 정도 숙성시킨 뒤 소시지와 함께 먹는다. 소시지 대신 나는 쌀밥과 함께 먹었다.

# 정착하는 파독간호사들

　프랑크푸르트대학병원엔 독일에 온지 삼 년이 넘은 한국간호사들이 많았다. 당시 파독간호사들은 삼 년의 계약기간이 끝나도 몇 년이고 더 연장하며 오래도록 근무를 할 수 있었다. 시집살이 삼년이라고 삼년정도 고생을 하고 나면 어느정도 독일생활에 적응이 되니 많은 간호사들이 귀국하지 않고 그대로 독일에 남는것이다. 하지만 혼기가 차서 결혼을 이유로 귀국하는 간호사들도 있었고 고국에 두고온 남편과 아이들때문에 계약기간만 채우고 귀국하는 엄마간호사들도 있었다.

　독일에 온지 오래된 한국간호사들은 유창한 독일어에 부지런하다는 찬사를 받고 있었지만, 그들도 처음엔 혹독한 신고식(?)을 치루었다고 한다. 병실청소는 물론 화장실 청소까지…….　모두가 말 못하는 서러움이었다. 벙어리 삼 년 귀먹어리 삼 년의 호된 시집살이가 끝나고 이들은 이제 한국과는 비교될 수 없는 경제적인 여유를 누리며 그런대로 독일생활에 잘 적응하고 있는 듯 보였다. 대부분 이십대후반의 미혼인 이들은 그러나 주말이나 쉬는 날이면 외로웠다. 그들은 청춘이었다. 사랑이 그리웠고 결혼을 하여 가정도 갖고 싶었다.

이십 대 초반의 앳된 나이에 고국을 떠나와 어느덧 결혼적령기에 접어든 파독 간호사들. 그런 그들의 기숙사에 주말이면 먼 광산촌에서 자동차에 한국식료품을 가득 싣고 오는 한국인들이 있었다. 파독된 한국인 광부들이었다. 그들은 한국간호사들이 자연스럽게 만날 수 있는 유일한 한국남자들이었다. 광부들은 한국간호사들이 목마르게 기다리는 한국음식만 싣고 오는 것이 아니라 목마르게 그리운 동포애와 사랑까지 듬뿍 싣고 달려오는 것이었다. 그들도 우리만큼 동포가 그립고 사랑이 그리운 대한민국의 혈기왕성한 청년들이었다. 지하 수백 미터의 갱 속에서 험한 노동에 시달리다가 주말이면 말끔한 신사복으로 정장을 하고 이렇게 자국의 간호사들이 있는 곳으로 달려오는 그들은 한국간호사들과 함께 향수를 달랬고 사랑에도 빠졌다. 그리고 결혼을 하여 가정을 꾸렸다.

더러는 독일청년과 사랑에 빠지기도 했다. 동양여성에 대한 묘한(?) 신비감과 더불어 젊고 일 잘하는 외국간호사로 당시 인기가 오르고 있던 한국간호사들은 단연 독일남자들에게 호기심의 대상이었다. 독일인과의 사랑에 실패한 간호사도 있었지만, 결혼에 골인한 간호사들도 많았다. 한국간호사와 사랑에 빠진 독일인들 중엔 그 당시 병원에서 아르바이트를 하던 의대생들도 있었고 다른 분야의 지식인들도 있었다. 독일인과 결혼한 한국간호사들 중에는 그곳에서 다른 공부를 하여 의사나 박사가 된 사람들도 여럿 있다.

# 독일청년의 사랑

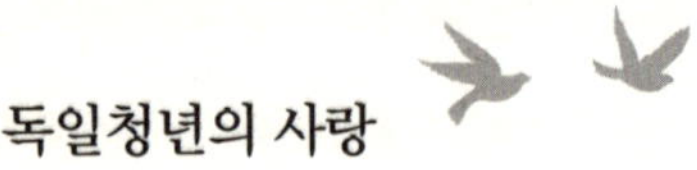

　　2월에 대학축제의 하나인 '카니발'이 캠퍼스에서 열렸다. 독일영화 '황태자의 첫사랑'에 나오는 그런 가면무도회(Masked Ball)이다. 눈만 빼꼼히 보이는 마스크로 모두들 얼굴을 가리고 밤새도록 춤을 춘다. 그런데 한 사람과 춤을 추는 게 아니라 여러 명의 파트너들을 바꾸어가며 춤을 추는데 춤추는 동안은 상대 파트너와 아무 말도 하지 않는 아주 이색적이고 재미있는 무도회였다. 나도 여러 명의 파트너들과 춤을 추었다. 그러다가 축제가 끝나가던 새벽 무렵 나의 마지막 파트너가 갑자기 내 팔을 잡아끌고 무도회장 밖으로 나오더니 자신의 마스크를 훌렁 벗었다. 그리곤 무턱대고 자기소개를 했다.

　　"나는 게하르트(Gehard)야. 너는 누구니?"

　　조각같은 얼굴의 이 청년은 내 얼굴에 씌워진 가면을 빨리 벗으라는 듯한 태도였다. 나는 얼떨결에 마스크를 벗고 내 이름을 말했다.

　　"너 일본에서 왔니?" 아, 또 그 소리!

　　"동양에 일본만 있는 줄 아니? 중국도 있고 한국이라는 나라도 있어!" 라고 나는 말하고 싶었지만, 그의 미소가 너무 맑고 부드러워 그냥 '한국인'이라고만 짧게 대답했다.

게하르트는 생물학을 하는 전공하는 대학생이었다. 긴 갈색머리에 두꺼운 테의 안경을 쓴 그는 히피 같기도 했고 학자 같아 보이기도 했다. 게하르트는 내게 특별한 관심을 갖고 다가왔다. 그와의 첫 데이트가 있던 주말에 그는 낡은 딱정벌레차에 나를 태우고 라인강으로 데려가 주었다. 독일에서 내가 가장 보고 싶었던 곳이 라인강이라고 했기 때문이다. 우리는 라인강변의 라인쉬타인 성(Burg Rheinstein)을 둘러보며 그 성 앞에서 사진을 찍기도 했다. 로렐라이 언덕에 관한 전설도 들었다. 관광안내원처럼 열심히 내게 독일의 역사와 문화에 관해 설명을 해주던 그는 게르만 민족에 대한 긍지가 대단한 것 같았다.


게하르트는 솜사탕처럼 달콤하고 부드러운 남자였다. 나를 마치 사기그릇 다루듯 세심하고 조심스럽게 대해주었다. 내가 원하는 것이라면 무엇이든 다 들어줄 듯, 죽으라면 죽는 시늉까지 할 만큼 적극적이었나. 주말 밤이면 우리는 캠퍼스 근저의 한 디스코텍에서 춤을 추기도 했다. 대학생들이 주로 모이는 이 지하 디스코텍은 밤새도록 문을 닫지 않아 어떤 날은 그곳에서 밤을 새우고 아침에 나올 때도 있었다. 한숨도 안 자고 밤새도록 디스코로 몸을 흔들어도 피곤하지가 않았다. 청춘! 그건 피곤이라는 단어와는 거리가 멀었다.

우리의 아지트는 대학생들이 자주 찾는 한 허름한 술집이었
다. 그 술집엔 낡은 몇 개의 의자와 탁자가 있었지만 게하르트와
난 늘 멍석 같은 것이 깔려있는 마룻바닥에 주저앉아 맥주를 마시
며 인생과 사랑 따위에 대한 이야기를 했다. 캠퍼스에서 만나면 그
는 학자처럼 진지했지만, 이곳에 오면 그는 히피처럼 자유롭게 보
였다. 그는 사랑과 결혼은 분리되어야 한다고 주장했다. 사랑한다
고 결혼할 필요가 없으며, 또 사랑하지 않는다고 결혼하지 않을 필
요도 없다는 좀 모호한 연애이론을 펴고 있었다. 중요한 것은 사랑
이지 결혼이 아니라는 것이었다. 그는 대학에 들어오자마자 알게
된 여자친구와 동거에 들어가 일 년 가까이 함께 살다 헤어졌다고
했다. 헤어질 때 그들은 웃으며 서로의 행복을 빌었고 헤어진 후에
는 아무런 상처나 후유증이 남지 않았다고 했다. 사랑하다 헤어지
는 것이 무슨 대수냐는 듯한 표정이었다. 정말 편리하게 살아가는
사람들이구나 하는 생각이 들면서 내가 마치 먼 외계에서 온 인간
으로 느껴졌다.

독일의 봄은 온갖 향기로운 꽃들로부터 왔다. 집집마다 이름
모를 꽃들이 피었고 꽃들에서는 진한 향기가 났다. 후리지아, 데이
지, 라일락, 쟈스민……. 봄이 오면 온통 꽃밭 속에서 살고 있는 느
낌이었다. 게하르트는 나날이 나에게 열중해갔고 나는 그런 그가
싫지 않았다. 우리는 독일의 이곳저곳을 함께 여행했다. 가는 곳마

다 우거진 숲 속에 이름 모를 성이 있었고, 꽃들이 만발해 있었다. 우리는 슈발츠발트에도 갔고 Bodensee가 있는 Meersburg의 고성(Altes Schloss)에도 가보았다. 꽃과 숲에 묻힌 언덕 위의 고성을 볼 때마다 나는 그 아름다움에 정신없이 매료되곤 했다.

그해 시월 게하르트와 나는 옥토버 페스트(October Fest)를 보러 뮌헨으로 갔다.

Stadthalle라는 대형술집에서 1,000cc짜리 유리잔에 담긴 흑맥주를 마시며 즐거운 축제분위기에 젖었다. 옆에 있는 사람들과 서로서로 팔짱을 끼고 흥겹게 독일민요를 부르기도 했다. 뚱뚱한 웨이츄리스가 묘기를 부리듯 무거운 1,000cc짜리 맥주잔 여러 개를 손가락 사이사이에 끼고 홀 사이를 병정처럼 씩씩하게 걸어 다니는 모습도 볼만했다. 사람들은 온종일 맥주를 마셨다. 독일인들은 독일맥주에 대한 자부심이 대단해서 때와 장소에 상관없이 맥주 마시는 일을 아주 자랑스럽게 생각하는 것 같았다. 근무 중에도 직원 식사시간(그때 독일병원에선 환자 배식이 끝나면 병농에서 직원들이 함께 식사를 했나.)을 이용하여 맥주 한 잔씩 곁들이는 간호사들을 자주 보았다.

옥토버 페스트를 보고 돌아오는 길에 우리는 아욱스부르크(Augsburg)로 갔다. 그곳엔 게하르트의 어머니가 살고 있었고 우리는 그곳에서 하룻밤을 묵고 갈 예정이었다. 아욱스부르크의 한 한적한 농가. 그곳에서 그의 어머니는 농사를 지으며 혼자 살고 있었다. 어릴 적에 부모가 이혼을 하고 어머니와 단둘이 이곳에서 살았다는 게하르트는 부모의 이혼에 대해서 별로 개의치 않는 눈치였다. 이혼이 늘어가던 독일의 사회적 분위기에 잘 적응돼 있는듯했다.

그의 어머니는 매우 소박한 농촌 아낙이었다. 시골 사람들의 순박성은 한국이나 독일이나 마찬가지인 것 같았다. 그녀는 뜻밖의 동양인 손님의 방문에 조금 얼떨떨해하면서도 반갑게 맞아주었다. 뜰에서 따온 싱싱한 채소로 샐러드를 만들고 통감자와 소시지를 구워 아들이 데려온 이 동양여자를 극진히 대접해 주었다.

저녁에 게하르트가 마을구경을 시켜주었다. 만나는 사람마다 모두 동양여자를 처음 보는지 나를 신기한 눈빛으로 바라보았다. 하룻밤을 묵어가는 나를 위해 게하르트의 어머니가 이 층 다락방에 내 잠자리를 마련해 주었다. 삼각형으로 내려앉은, 천정 한끝이 창문에 맞닿은 이 농가의 꼬마 다락방은 마치 '안네의 일기' 속에 나오는 은신처 같았다. 안네의 가족처럼 누군가에 쫓기고 있다면 꼭꼭 숨어서 일기라도 쓰며 은둔하고 싶은 작은 다락방. 작은 창문 사이로 신기하게도 하늘이 보였다. 세상이 보였다. 다락방에서 훔쳐보는 세상. 어딘가 스릴이 느껴졌다.

아욱스부르크를 떠날 때 게하르트 어머니는 집에서 손수 만들었다는 잼이며, 싸우어크라우트가 든 항아리를 선물로 주었다. 시골 인심은 정말 동서양이 따로 없었다.

아욱스부르크에서 돌아온 지 얼마 되지 않은 어느 날 프랑크푸르트의 마인(Main) 강가에서 게하르트가 뜻밖의 고백을 했다.

"Ich liebe dich!" 날 사랑한다는 고백이었다.

감정의 표현을 서슴없이 적극적으로 나타내는 독일인들의 성향을 알고는 있었지만 조금 당황했다. 나는 그에게 같은 대답을 들려줄 수 없었다. 좋아하고는 있었지만 사랑하지는 않았기 때문이었다.

이듬해 게하르트는 마부르크(Marburg)대학으로 학교를 옮겼고, 한 학기가 끝나기도 전에 새 여자친구가 생겼다는 소식을 전해왔다.

# Sex와 히피들의 세상 (1975년 봄)

풍차의 나라 네덜란드로 가기 위해 정오에 프랑크푸르트를 출발하여 저녁에 암스테르담에 도착. 첫날밤을 느긋하게 호텔에서 묵는다. 여장을 풀고 밤거리에 나오니 관광객들이 걸음을 멈추고 쇼윈도를 감상하고 있다.

백화점의 쇼윈도 인가보다 하고 기웃거리다 보니, 암스테르담의 홍등가(Red Light District)였다. 화려하기로 말한다면, 백화점을 무색할 정도다. 소위 선진국이라는 나라에서 이렇게 성 산업이 번성하는 이유가 뭘까. 쇼윈도 안에서는 반라 또는 전라의 여인들이 자신의 몸을 상품처럼 진열(?)해 놓고 손님을 기다리고 있다. 처음 보았다면 기겁을 하고 놀라 쓰러졌을 테지만, 이런 홍등가를 나는 처음 본 것이 아니다. 독일 함부르크에 갔을 때에도 본 적이 있다. 쇼윈도에 디스 플레이된 여자들이 온몸을 노출시킨 채 손님들을 맞고 있었다. 홍등가는 가난 때문에 형성된 후진국의 산물인줄만 알았다. 그런데 생존에 급급하지도 않은 선진국의 홍등가는 과연 무엇 때문에 존재하는 것인지 이해가 되지 않는다. 더 많은 돈을 벌기 위해선 성조차도 상품화할 수 있다는 얘기인가. 구경꾼들인지 손님들인지 쇼윈도 밖에서 서성거리는 사람들은 한결같이 카메라를 어깨에 메고 있는 외국관광객들이다. 비즈니스라면 가릴 것 없다는 듯 이들은 외국인 관광객들을 상대로 성 비즈니스를 하고 있다. 어쩌면 돈 때문만은 아닐지도 모른다. 지금 유럽에 선풍처럼 불고 있는 '프리섹스' 때문은 아닐까? 어찌 보면 유럽은 온통 성문화의 혁명이다. 가는 곳마다 sex, sex, sex를 외치고 있다.

렘브란트의 그림을 보기 위해 국립박물관을 방문한다. 이 나라가 낳은 17세기의 위대한 화가 렘브란트. 그림에 관심도 없고 문외한이던 내가 프라도 미술관과 루브르 박물관을 전전하는 동안 그림과 박물관 순례에 제법 취미를 붙였다.

안내자로부터 렘브란트의 생애와 그의 작품세계를 듣는다.

1606년 네덜란드의 레이든에서 태어난 렘브란트 (Rembrandt Harmenszoon van Rijn)는 신앙심이 깊었던 어머니에게서 받은 영향으로 많은 종교화를 그렸다. 그의 성화들은 그림 속 인물들의 심리묘사를 잘 담아내고 있는 것이 특징이다. 그는 성화뿐 아니라 동판화, 유화, 데생, 그리고 초상화 등을 그렸는데 특히 자화상을 많이 그렸다. 1632년에 완성한 '툴프 박사의 해부'라는 작품으로 초상화가로서의 명성을 얻은 그는 100여 점의 자화상을 남겼다, 그러나 1642년에 제작한 '야경'에 실패한 후 가난과 절망 속에서 비참한 말년을 보내다 1669년 암스테르담에서 눈을 감았다고 한다. 렘브란트 작품의 특징은 빛과 어둠의 강렬하고 자극적인 명암의 효과를 통해 메시지를 전달하고자 하는 것이었다. 렘브란트의 여러 자화상들은 그의 전 생애를 한눈으로 훑어볼 수 있게 하였다.

다이아몬드센터로 간다. 공장 내부를 둘러보며, 보석이 세공되는 과정까지 찬찬히 지켜본다. 다듬는 과정이 정말 정교한 작업이다. 안내자가 여러 가지 종류의 다이아몬드를 보여주며 하나하나 설명을 해준다. 다이아몬드는 색, 투명도, 커트 및 중량에 따라 그 가치가 결정되며 찬란한 무지갯빛이 감도는 것과 빛의 투과율이 높은 것, 그리고 잘 커트되고 큰 것일수록 희귀하고 가치가 높다는 안내자의 설명을 듣고 있던 여자관람객들의 눈이 보고 있던 다이아몬드처럼 반짝반짝 빛나고 있다. 여자들은 모두 다이아몬드를 좋아한다고 하지만 보석 따위엔 통 관심이 없는 나로선 그 희귀한 다이아몬드가 그저 하얀 돌멩이로 보일 뿐이다. 그러나 집 한 채 값의 가격이 나가는 수십캐러트짜리 휘황찬란한 다이아몬드를 보니 약간 욕심이 나기도 한다. 나 역시 어쩔 수 없는 여자인가 보다.

운하투어를 하기 위해 선착장에서 50인용 관광보트에 오른다. 한국의 다실처럼 아늑한 분위기의 유람선 안에는 은은한 배경음악이 흐르고 있고 음료수와 과자를 파는 소년도 있다. 히피 두목이 산

다는 항구 입구의 Konighaus에서 출발한 유람선으로 암스테르담
의 모습을 바라본다. 지저분한 물건들이 쓰레기처럼 어지럽게 널려
있는 히피들의 집도 보이고 분주한 도심의 거리도 보인다. 멀리 물
방앗간도 보이고 아름다운 전원풍경도 보인다. 무엇보다도 안내인
이 들려주는 히피 이야기가 흥미롭다. 여름이면 떼거리로 거리에
나와 뒹군다는 암스테르담의 히피집단들은 마약도 서슴지 않는다
는데 이렇게 개방적인 나라에서 범죄율이 높지 않다는 것이 신기
할 뿐이다.

항구순회를 마치고 시내의 한 음식점골목에 들어서니 인도네시
아 음식점들이 즐비하다. 인도네시아가 과거 이 나라 식민지였고 보
니 인도네시아인들이 많이 살고 있는 것은 당연하리라. 놀란 듯 동
그란 눈에 까무잡잡한 피부를 한 초미니 스커트차림의 인형 같은 인
도네시아 여자들이 네덜란드 남성들과 팔짱을 끼고 거리를 활보한
다. 네덜란드인과 반반씩 섞인듯한 연갈색 피부 혼혈인들의 독특한
외모도 내 눈길을 끈다.

눈이 부시게 화창한 봄날 오후. 2차 세계대전 용사들의 기념비
가 세워진 시가지 광장의 위령탑 아래로 거지 떼들이 잔뜩 모여 우
글거리고 있다. 말로만 듣던 히피들이다. 거지꼴로 흩어져 앉아 일
광욕을 즐기고 있는 그들을 향해 지나가던 관광객들이 사진기를 들
이대자 히피들은 자랑스럽게 카메라 렌즈 앞으로 얼굴을 들이대고

미소까지 지어준다.

　Keukenhof의 튤립 밭으로 가는 버스 창 밖으로 네덜란드의 명물인 풍차들이 수없이 지나간다. 네덜란드하면 제일 먼저 떠오르던 것이 이 풍차였다.

　튤립 밭에 입장하자 눈이 휘둥그레진다. 튤립 밭이니 튤립이 많을 거라고 예측은 했지만, 이렇게 많을 줄은 몰랐다. 끝이 보이지 않는 광활한 평야로 온통 형형색색의 튤립 꽃들이었다. 이건 숫제 꽃 재배가 아니고 꽃 농사라고 표현해야 할 것 같다. 풍차의 나라로만 알고 있었는데 네덜란드는 튤립의 나라이며, Sex와 히피의 나라이기도 했다.

## Frau Schwabe와의 재회

　프랑크푸르트에서 베를린으로 가는 비행기를 탔다. 해군간호장교시절 나의 선임 간호장교였던 박 중위를 만나기 위해서였다. 예비 간호장교시절 혹독하게 엄했던 나의 훈육관이었지만, 지금은 서로 그리워하고 보고 싶어하는 사이가 되었다. 그동안 서로 편지는 주고받고 있었지만, 독일에서 만나는 건 처음이었다. 그녀는 독일인의 부인이 되어 프라우 슈바베(Frau Schwabe)라는 이름으로 베를린에 살고 있었다.

　베를린의 템펠호프 공항에 내리니 이곳도 하늘은 회색빛이었다. 해군을 떠난 뒤 처음 만나는 박 선배를 보니 너무 반가워 서로 얼싸안고 한참을 그 자리에서 방방 뛰었다. 해군장교 유니폼을 벗고 나서 우리는 이렇게 서로 허물없는 선후배 사이가 된 것이다. 그녀는 대위로 전역한 뒤 곧장 독일로 와서 9세 연하의 한 독일청년과 결혼했다.

　집으로 가는 자동차 안에서 그녀는 남편 헤르 슈바베(Herr Schwabe)와 결혼에 이르기까지의 로맨스를 털어놓기 시작한다. 서로 열렬히 사랑은 했지만, 나이 차가 많아 처음엔 결혼을 많이 주저했다고 한다. 더구나 쉽게 만나 쉽게 헤어지는 독일인들의 결혼과 사랑을 생각할 때 자신보다 9년이나 어린 남자가 부담스러웠고 자신이 없었다고 한다. 슈바베가 프로포즈를 하며 사랑을 고백할 때마다 속으로는 울면서도 너를 사랑하지 않는다며 차갑게 거절했다는 그녀. 그런 그녀에게 슈바베는 끝까지 매달렸고, 결혼해주지 않으면 죽어버리겠다고까지 협박(?)을 하는 바람에 그녀는 결국 두 손을 들고 말았단다. 그렇게 그들은 약혼을 했고 얼마 전 베를린에서 웨딩마치를 울렸다. 나는 사정으로 결혼식에 참석하지 못했고, 이렇게 뒤늦게야 그녀를 방문한 것이다.

그들의 신혼집은 베를린 시내의 한 조용한 주택가에 있었다. 작은 아파트엔 한국의 동양화를 비롯하여 장식용 한국 자개와 노리개 등 아기자기한 한국 장신구들로 가득 꾸며져 있었다. 부엌엔 쌀이 가득했고 냉장고엔 김치와 된장 고추장 등 누가 보아도 이 아파트의 여주인이 한국인이라는 것을 알 수 있는 한국음식들로 가득했다. 그들은 이 아담한 신혼아파트에서 그렇게 깨소금 향기를 폴폴 날리며 행복하게 살고 있었다.

그녀가 만들어준 한국음식으로 거나한 점심을 먹고 우린 시내 구경을 나섰다. 유명한 성(Schloss)과 교회를 구경하고 독일 분단의 상징인 브란덴부르크(Brandenburg) 문으로 갔다. 이곳이 동·서로 갈려있는 분단된 베를린의 경계선이다. 브란덴부르크 문 앞에 서니 감회가 남다르다. 같은 분단국가에서 왔기 때문이리라. 지구 상에 오

직 우리나라와 독일, 둘만 남아있는 분단국.(저자가 방문할 당시 독일은 아
직 분단된 상태였다.) 하지만 독일인들은 동서 베를린을 자유롭게 왕래할
수 있다. 우리처럼 철천지원수처럼 지내지는 않는다. 우리는 북한
과 대화도 왕래도 없지 않은가! 같은 분단국의 운명이면서도 이들은
여러모로 우리보다는 유연하고 통일의 희망도 있다.

저녁이 되자 밖에서 초인종이 울린다. 남편 슈바베(그는 전기기술자
로서 전기회사에 다니고 있었다.)가 돌아온 모양이다. 초인종 소리가 들리자
선배는 문을 열어주지 않고 나를 향해 한눈으로 윙크를 하더니 벽
장 안으로 살짝 숨어 버린다. 아주 장난스러운 표정이다. 몇 번 초
인종을 울려도 대답이 없자 밖에서 문을 열고 슈바베가 들어온다.
그리고 이미 알고 있다는 듯 슬그머니 벽장문을 열더니 그녀를 번
쩍 들어 안는다. 정말 소꿉놀이하는 어린이들 같다. 그녀의 남편은
듣던 바대로 대단히 미남이다. 헐리우드의 영화배우 누군가를 닮은
것 같다. 키가 미루나무처럼 커서 고개를 한참 뒤로 젖히고 쳐다보
아야 했다.

그날 지녁도 우리는 쌀밥에 김괴 김치 그리고 소고깃국의 한
식을 먹었다. 헤르 슈바베도 한식을 아주 맛나게 먹는다. 원래 그
는 한국음식을 별로 좋아하지 않았는데 선배를 만나면서부터 식성
이 달라졌다고 한다. 마누라가 예쁘면 처갓집 말뚝에도 절을 한다
더니……. 그녀가 좋아하는 거라면 독약만 빼곤 다 먹는다고 그는

말한다. 아니 독약이라도 먹을 것처럼 말한다. 식사를 하면서 한국 남자처럼 후루룩 소리까지 내며 국을 떠먹는 그의 모습을 보니 역시 사랑엔 국경이 없구나 하는 것을 새삼 느낀다.

즐거웠던 베를린에서의 며칠.

'Alles Gute! (모든 일이 잘되기를!)'

슈바베 부부의 행복과 건강을 빌면서 우린 공항에서 긴 포옹을 나누었다.

# 기다려줘, 샌프란시스코!

　몇 년 동안 괴테대학의 청강생으로 독일어와 독일 문학을 수강하면서 난 오랫동안의 숙원이었던 학문에 심취하기 시작했다. 생존을 위해 마음에도 없는 간호사가 되기는 했지만, 나는 늘 문학과 같은 인문계열의 학문에 도전해보고 싶었다. 더 늦기 전에 대학에 들어가야겠다고 마음먹었다. 그러나 한국과 교육제도가 다르고 짧은 내 학력으로 독일의 대학에 입학하기란 쉽지 않았다. 아비투어(Abitur)라는 대입학력자격이 있어야만 입학할 수 있는 이 나라에서 나는 자격 미달이었다. 아비투어를 따기 위해 선 다시 독일의 정규 고등학교과정을 밟던가 성인을 위한 야간과정을 해야 하는데 서른이 다된 내 나이가 부담스러웠다.

　나는 미국에 건너가기로 결심했다. 미국은 우리나라와 교육제도가 비슷했고 또 영구히 체류할 수 있는 이민이 가능한 나라였기 때문이다. 프랑크푸르트 미국대사관에 취업이민을 신청한 지 얼마 되지 않아 인터뷰심사 통지서가 왔다. 간호사취업이 어렵지 않아 수속은 생각보다 빨리 진행되었다. 인터뷰에서 심사관은 딱 두 가지 조건만 확인하면 합격이라고 했다. 간호사자격증과 은행통장에 일만 불 이상이 있어야 한다는 것. 합격이었다. 곧 영주자격의 비자가 나왔다.

　독일에 체류할 수 있는 기간이 아직 몇 달 남아있었기에 병원에 미리 사직서를 내고 출국준비를 시작했다. 우선 Inlingua라는 사설학원에 나가 영어공부를 했다.

　직장인을 위한 야간 영어회화반이었는데 미네소타에서 온 밥(Bob)이라는 수염이 텁수룩한 미국인 강사가 가르치고 있었다. 나는 그에게 미국생활에 관한 질문을 자주 했는데 그때마다 그는 '물가와 실업률이 높고 범죄가 잦아 살기가 매우 어려운 나라'라는 말만 했다. 대학에서 역사학을 전공한 그는 일자리가 없어 어느 고층건물의 수위로 일하다가 독일로 영어를 가르치러 왔다고 했다. 세계최강의 부자인 미국에서도 일자리를 못 구해 독일로 왔다니 아이러니가 아닐 수 없었다. 가난한 나라에서 온 나나 부자나라에서 온 그나 독일의 Gast Arbeiter이긴 마찬가지였다. 그는 미국이 병들어가고 있다며 자국에 대해 매우 비관적이었다. 하지만 그의 어떠한 말도 제3의 인생을 향해 떠나는 나의 발목을 잡을 수는 없었다.


　막상 미국의 이민 비자를 손에 넣고 보니 어디로 가야 할지 막막했다. 친척도 친구도 하나 없는 미국땅. 학교나 직장을 따로 정해놓은 것도 아니고 그냥 무작정 건너가서 나의 길을 개척해야 할 상황이었다. 미국지도를 펼쳐놓고 50개 주를 훑어보았다. 정말 망망 대해처럼 넓고도 넓은 땅이었다. 나는 우선 한국교포들이 밀집된 지역을 골라보았다. 뉴욕주와 캘리포니아주가 리스트에 올랐다. 어떤 경우에도 한국인들이 많이 사는 곳으로 가야 했던 것은 독일에서 혹독하게 앓던 홈시크(homesickness)라는 병 때문이었다. 감기처럼 주기적으로 찾아들던 그 향수병 때문에 독일에 사는 동안 나는 자주 몸서리를 치곤 했었다. 처음엔 단순한 그리움으로 시작되던 이 향수병은 세월이 지나면서 만성신경통처럼 욱신거리는 아픔으로 변했고 심하면 우울증으로까지도 발전했다. 한국인들이 많은 곳에 살아야 이 고약한 나의 오랜 지병이 낳을 것 같았다.

학원강사 밥(Bob)이 뉴욕주에 살아본 적이 있다며 다시 돌아가면 그곳에 살고 싶다는 말이 떠올랐다. 뉴욕에 한번 살아본 사람은 뉴욕을 떠나 살 수 없을 만큼 매력 있는 도시라는 것이다. 뉴욕의 무엇이 사람들을 매혹시키는지 궁금해서 물었더니, 뉴욕에 살면 지루할 때가 없고 순간순간이 스릴에 넘친다는 것이었다. 하지만 그는 내가 처음 정착할 곳으로 뉴욕을 권하지 않았다. 물가가 엄청나게 비싸고 겨울이 혹독하게 춥다고 했다. 물가가 비싼 곳도 추운 곳도 싫었다. 뉴욕은 내가 갈 곳이 아니라는 생각이 들었다. 이왕이면 기후가 좋은 캘리포니아가 훨씬 나을 것 같았다. 물가도 뉴욕만큼 높지 않고 한국인들도 훨씬 더 많은 곳이 캘리포니아가 아닌가. I am going to California! 나는 속으로 이렇게 외쳤다.

다음은 캘리포니아주 어디로 갈 것인가가 문제였다. 캘리포니아주도 무한정으로 넓었다. 또다시 지도를 펴놓고 궁리를 했다. 한국인들이 가장 많이 살고 있는 로스앤젤레스가 제일 만만했지만, 너무 큰 대도시라 초행에 겁도 나고 정이 들 것 같지 않았다. 게다가 L.A에서는 자동차 없이는 슈퍼에도 못 간다는 말을 듣고 주저했다. 나는 자동차면허도 없었고 미국에 도착하면 당분간 자동차 없이 지낼 생각이었기 때문이었다. 서울처럼 도시가 집중화되어 있고 대중교통도 편리한 도시로는 아무래도 샌프란시스코가 더 좋을 것 같았다. 샌프란시스코는 미국에서 가장 아름다운 도시 중의 하나가 아닌가! 관광하러 미국으로 가는 것은 아니지만, 이왕이면 아름다운 도시에서 사는 것도 나쁘지 않을 것 같았다. 게다가 나는 토니 베넷(Tony Bennett)의 'I left my heart in San Francisco' 라는 노래를 들으며 알 수 없는 노스탈지아에 빠져 샌프란시스코를 동경했었다. 고향을 떠나 객지를 떠도는 이에게 잔잔한 향수와 그리움을 불러일으키는 그 노랫말처럼 아름다운 샌프란시스코가 나를 기다리고 있을 것만 같은 환상에 사로잡혀 와락 달려가고 싶은 충동이 일었다.

아아, 샌프란시스코가 나를 부르고 있었다.


......

I am going home to my city by the Bay.

*I left my heart in San Francisco.*

*High on a hill, it calls to me*

*To be where little cable cars climb halfway to the stars*

*The morning fog may chill the air, I don't care.*


(바닷가 내 고향으로 돌아가리

내 마음을 두고 온 곳, 샌프란시스코.

언덕 위에서 그대가 날 부르네.

작은 케이블카가 별을 향해 오르는 그곳.

아침안개 차가울지 몰라도 난 상관없어.)

(중략)

## 불과 얼음의 나라 아이슬란드

1977년 4월.

드디어 정든 독일을 떠나는 날이 왔다. 꼭 육 년 삼 개월 만이다. 일 년여 만에 한국으로 중도귀국을 하려고 짐까지 쌌던 내가 육 년하고도 삼 개월이 넘어 이제야 떠나는 것이다. 문화충격과 고된 노동에 시달리다 못해 정신병원에까지 가야만 했던 지난 날들이 전설처럼 까마득하게 느껴졌다.

내가 이십 대의 청춘을 보낸 땅!

내 삶에서 가장 빛나는 젊음의 시간들을 보낸 이 독일땅을 떠나려고 하니 마음이 착잡했다. 비행기가 이륙을 시작하는 순간 나도 모르게 뜨거운 두 줄기의 눈물이 뺨 위로 흘러내렸다.

Auf Wiedersehen, Deutschland! (독일이여, 안녕!)

언제 다시 돌아올 수 있을지 기약 없는 이별이지만 살아있는 한 언젠가 다시 돌아오리라. 나는 다시 한번 독일의 하늘을 향해 두 손을 모아 마지막 입술 키스를 날렸다.

독일에서 샌프란시스코로 가자면 우선 뉴욕에 도착한 후 국내선으로 다시 갈아타야 했으므로 나는 먼저 뉴욕으로 가야 했다. 뉴욕으로 가는 길에는 아이슬란드라는 신비한 섬나라가 있다. 그 섬

나라가 보고 싶어 나는 멀리 룩셈부르크까지 가서 아이슬란딕 에어를 탔다. 아이슬란딕 에어(Icelandic Air)는 승객들이 아이슬란드에서 며칠 간 스톱오버를 하며 관광을 한 후 다시 뉴욕을 향해 출발할 수 있게 되어 있었다.

아이슬란드의 수도 레이캬비크(Reykjavik)에 도착한 것은 4월 초의 늦은 오후였다. 시골 간이역처럼 조용하고 한산한 공항. 그러나 공항 밖을 나서자 살을 에는 찬바람이 두 뺨을 때린다. 기내방송을 통하여 예상은 했지만, 생각보다 훨씬 춥다. 호텔행 버스를 타고 레이캬비크 시내에 들어섰는데 여기가 이 나라 수도인지 어느 시골 읍내인지 분별이 되지 않는다. 도무지 도시라는 느낌은 전혀 들지 않는다. 고층 건물도, 자동차와 사람도 별로 보이지 않는 평화롭고 한산하기 그지없는 거리풍경이다. 지금껏 이렇게 시골 같은 도시, 시골 같은 국가의 수도를 본 적이 없다. 이 나라 인구 전체 20만(1970년 통계)의 거의 절반인 9만이 수도 레이캬비크에 살고 있다는데도 이렇게 한적하니 신기하지 않을 수가 없다.

호텔에 여장을 풀고 다시 레이캬비크의 시내로 나온다. 코끝으로 스치는 공기가 맵싸하면서도 상큼한 것이 역시 무공해 청정도시임을 말해주고 있다. 이따금 지나가는 북구인들의 강하고 튼튼해 보이는 얼굴들. 가벼운 옷차림으로 성큼성큼 걸어가는 그들의 모습은 추위에 썩 잘 단련된 듯하다. 생선을 많이 먹어서인지 독일에서처럼 뚱뚱한 사람들도 없고 모두들 날씬한 체격에 장대같이 키만 클 뿐이다.

섬나라인데도 아름다운 호수가 보인다. 호수와 항구 사이에 국회의사당이 서 있고 정부청사가 보이니 이곳이 이 나라 수도임에는 틀림이 없다. 정부청사를 지나니 국립도서관과 국립극장도 있다. 작은 규모지만 있을 것은 다 있다.

아이슬란드에서의 첫 밤을 호텔방에서만 보내기가 아쉬워 또다시 두꺼운 외투로 단단히 무장을 한 뒤 밤거리에 나와 거리를 어슬렁거려보지만 조용하긴 마찬가지이다. 소음도 없고 인적도 없다. 도무지 이 나라 사람들은 무슨 재미로 세상을 사는 걸까? 유럽의 다른 나라도 밤이 되면 한산해지긴 하지만 이 정도는 아니었다. 더구나 아직 초저녁인데……. 관광객이라곤 항공사에서 제공해준 내가 머물고 있는 호텔 투숙객들이 전부인 것 같다. 여름 성수철에나 왁자지껄해질까. 지금은 비수기라서 인지 거리가 깨끗하게 비어있다.

이튿날 아침 일찍 관광버스로 섬투어에 나선다. 레이캬비크와 섬 둘레를 돌아보는 일일관광이다. 버스 안에서 혈색이 좋은 중년의 여성 안내자로부터 아이슬란드에 관한 얘기를 듣는다.

아이슬란드는 8세기까지 무인도였다가 9세기 중엽 바이킹에 의해 발견되었고 서기 874년에 고대 노르웨이 사람이 레이캬비크

고대 바이킹족들이 예배를 보던 교회

에 정주하면서 오늘에 이르렀다고 한다. 1918년까지 외부의 지배를 받다가 1944년 다시 주권을 회복한 아이슬란드는 유럽에서 인구 밀도가 가장 낮고 사망률도 세계에서 가장 낮은 나라라고 한다. 인구의 반은 수도 레이캬비크과 그 인근 도시에 살고 있으며 의외에도 에스키모는 이 나라에 살지 않는단다.

처음 우리가 간 곳은 커다란 야외 수영장이었다. 인공으로 만든 보통 수영장도 아니고 땅속에서 올라오는 천연온수의 수영장이었다. 아이슬란드는 천연 온천(geyser)으로 유명한 곳이다.

이 섬엔 모두 700개 이상의 천연 온천이 있다고 하는데 이 중에서 제일 큰 것이 150피트까지 물줄기를 뿜어 올린다는 The Great Geyser라는 온천이다. 야외 온천 수영장에는 영하의 추운 날씨에도 아랑곳없이 수영을 즐기고 있는 수많은 사람들이 인산인해를 이루고 있었다. 어른, 아이들, 남녀노소……. 이제야 도시가 텅 비어 있는 이유를 알 것 같았다.

수영은 아이슬란드인들이 거의 매일 즐기는 일상적인 활동이라고 한다. 천연 온천이 많으니 그럴 법도 하겠다. 온천에서 뿜어 나오는 희뿌연 더운 김이 사방을 모두 가려 시야는 선명하게 보이지 않지만 4월의 쌀쌀한 날씨에 이렇게 여름피서를 즐기듯 뜨거운 온천물 속에서 피한(?)을 즐기고 있는 모습이 참으로 신기했다.

어떠한 환경에서도 인간은 죽으라는 법은 없나 보다. 추우면

추운 데로 살아남을 수 있는 자연의 축복과 생존의 방법이 있다는 것을 깨닫는다. 그러고 보면 참으로 자연은 위대하고 신은 그 위대한 자연을 필요한 곳에 공평하게 분배하고 있다는 생각이 들어 마음 한 구석이 숙연해지기까지 한다.

고대 바이킹족들이 지어놓고 예배를 보았다는 교회(old church)를 둘러본다. 1,000년 즈음부터 자연스럽게 기독교를 받아들인 아이슬란드인들은 초기 개척자들의 종교적 영향을 받은 듯싶다. 개척자들이 이 피폐한 땅에서 죽음과 싸우며 견딜 수 있었던 것은 오로지 신앙이었는지도 모른다. 신천지를 찾아온 아메리카 최초의 정주자들처럼 그들은 신에게 의지하며 힘든 삶을 개척해 나갔을 것이다.

레이캬비크에 있는 아스문더 스베인슨(Asmundur Sveinsson)갤러리는 '물과 불의 나라'로만 알고 온 내게 아이슬란드의 조각예술을 알게 해준 곳이었다. 여행을 하며 그림에 관해 부쩍 관심이 많아진 내게 조각미술은 또 하나의 흥미 있는 장르였고 특히 빙하와 화산으로 둘러싸인 이 거칠고 원시적인 자연의 풍광 속에서 태어난 조각상들은 그 의미가 더욱 각별할 것이었다. 아이슬란드의 가장 대표적 현대조각가인 아스문더 스베인슨의 삶과 작품에 관한 이야기를 들어보자.

1893년 웨스트 아이슬란드에서 태어난 아스문더 스베인슨은

레이카비크의 조각공원

1915년 레이캬비크의 한 기술학교에서 조각을 배우기 시작한다. 그 뒤 4년 후인 1919년, 그는 덴마크의 코펜하겐을 거쳐 스웨덴의 스톡홀름으로 가서 6년 동안 미술학교(Academy of Fine Arts)에서 조각을 공부하게 된다.

미술학교를 졸업한 아스문더는 그 후 프랑스 파리로 건너가 계속 조각공부를 하다가 1929년 고국 아이슬란드로 돌아와 본격적인 작품활동을 시작했다. 그의 초기작품들은 일하는 남자와 여자를 그린 것이 대부분이었다. 내가 가장 인상 깊게 본 것은 '물 나르는 사람(The Water Carrier)'이라는 조각이었는데 고야의 그림 '물 나르는 여인'처럼 오른손으로 작은 물 항아리를 가볍게 안고 있는 것이 아니라 황량한 벌판에서 무거운 물동이 두 개를 양손으로 들고 씩씩하게 걸어오는 아이슬란드인의 강한 모습이었다. 후에 그의 작품은 인간이나 동물 같은 생물의 묘사에서 완전 추상화된 형태로 바뀌었다고 하는데 'Through the Sound Barrier'라는 작품이 그 한 예가 되겠다.

그는 자신의 작품들이 소수의 엘리트집단에 국한되지 않고 모든 대중이 공유하기를 원했다. 그래서 그의 조각품은 레이캬비크의 Oskjuhlio 언덕에서도 Borg a Myrum의 농장에서도 볼 수 있다고 한다. 그리고 지금은 박물관이 되어있는 그가 살던 집 근처에도 지붕도 울타리도 없는 노천미술관 같은 그의 조각공원이 세워져 있다.

버스를 타고 섬 둘레를 둘러보는 동안 보이는 것이라곤 검붉은 사화산뿐이다. 아이슬란드는 화산의 나라 즉 불의 나라이다. 이곳엔 아직도 삽 십여 개의 활화산이 타고 있다고 한다. 마지막 분화를 한 사화산은 1970년 5월, 지옥의 문이라 여겨왔던 헤클라산(Mt. Hekla)이라고 하는데 15차례나 지속된 이 유명한 화산분출로 섬에 많은 피해가 있었다고 한다.

화산뿐 아니라 이곳은 빙하의 나라 즉 얼음의 나라이기도 하다. 80%는 사람이 살지 않는 땅이라는 이 섬나라 전체면적의 십 분의 일인 11.5%가 빙하로 덮여 있다고 한다. 그래서 아이슬란드를 '불과 얼음의 나라'로 일컫기도 한다. 하지만 지구온난화의 여파로 지난 십 수년간 빙하는 점점 얇어지고 작은 빙하들은 녹아 없어지는 현상까지 나타난다고 하니 언제까지 '얼음의 나라'라고 불릴지는 알 수가 없다.

아이슬란드는 여름이 길고 겨울이 짧다. 여름 이삼 개월 동안에는 백야현상이 나타나고 십일월 중순에서 일월 말까지는 낮의 길이가 서너 시간 밖에 되지 않는다고 하니 이곳을 여행하려면 아무래도 여름이 제일 좋을 것 같다.

레이캬비크를 벗어나 외곽지대를 달리다 보니 우리나라 제주도를 연상시키는 풍경이 나타난다. 녹색의 평원 위로 조랑말들이 뛰어

다니며 풀을 뜯고 있다. 섬나라의 시골풍경도 육지와 마찬가지로 평화롭고 정겹기만 하다. 돌아오는 길에 안내자가 국립공원이라며 창밖을 가리킨다. 푸릇푸릇한 어린나무들이 옹기종기 모여있는 작은 공원. 아니 공원이라기보단 어느 집 뒤뜰의 정원을 연상시키는 이곳을 국립공원이라 칭하는 걸 들으니 킥하고 웃음이 나왔지만 얼마나 수목이 귀한 나라인가를 증명하고 있는 것 같았다.

아이슬란드까지 온 김에 그린란드(Greenland)도 방문해 보고 싶은 욕심이 생겼지만 아쉽게도 그린란드 투어는 유월에서 팔월 사이에만 있다고 한다. 그린란드는 아이슬란드에서 287km 떨어져 있다. 얼마나 신비한 섬일까? 인류와 격리되고 문명과는 동떨어진 그 섬에서 낚시와 물개사냥을 하며 살아간다는 에스키모들. 십 세기 후반에 발견된 그린란드는 한때 아이슬란드의 식민지(현재는 덴마크령)이기도 했다는데 다시 한번 이곳에 오게 된다면 그땐 백야의 한여름에 와서 꼭 그린란드의 에스키모를 만나고 가리라.

검붉은 빛깔의 저녁석양이 레이캬비크의 호숫가에서 석별의 정을 아쉬워히는 듯 오래오래 머물고 있다. 아이슬란드에서는 이른봄과 늦가을에 이처럼 석양이 길다고 한다. 해산물을 많이 먹고 공해 없는 청정환경 속에서 온천욕을 즐기며 살아가서인지 세계에서 제일 수명이 길다는 아이슬란드인들. 겨울은 춥고 어두워도 이들은 아이슬란드를 떠나고 싶어하지 않는단다. 아이슬란드를 떠나 다른 어느 곳에서도 살기를 원하지 않는다는 이들의 애향심이 잔잔한 감동을 준다.

소리없이 지고 있는 황혼을 물끄러미 바라보고 있노라니 갑자기 가슴 밑바닥으로 형언할 수 없는 외로움이 밀려온다. 여로에서 느닷없이 찾아오는 이 절절한 고독. 누군가가 곁에 있었다면 덜했을까? 하지만 이런 외로움도 어쩌면 내가 만나고 음미해야 할 여정의 한 부분이고 과제일지도 모른다.

저녁엔 호텔식당에서 아이슬란드식 생선 뷔페가 제공되었다. 섬나라의 별미를 뽐내듯 온갖 이름 모를 생선들이 통째로 구워져 식탁 위에 나란히 놓여있다. 바다로 둘러싸인 이 섬나라의 주 산업은 물론 어업이며 아이슬란드 수출품 중의 약 90%가 어업 생산물이 차지한다고 한다. 고래 덩치만한 커다란 연어를 스테이크처럼 납작하게 썰어 양념을 뿌려 먹는 붉은 연어요리를 먹어보는 것도 내겐 처음이다. 처음 먹어보는 연어여서인지 기름기도 없고 퍼석퍼석하다. 다른 생선들도 골고루 맛을 본다. 모두가 구운 생선들이고 날로 먹는 생선회는 눈을 씻고 봐도 없다. 생선을 회로 떠서 먹는 습관은 아마도 일본이나 우리나라 같은 동양의 식문화인가 보다. 화려한 생선만찬을 즐기며 아이슬란드에서의 마지막 밤을 보낸다.

대서양 한복판에 외롭게 떠있는 섬 아이슬란드. 말 그대로 얼음 땅처럼 차고 추워서 정신이 번쩍 들던 그 외딴섬. 이틀간의 짧은 여

정이 아쉬웠지만, 훗날 꼭 다시 찾아오리라 마음먹으며 톡 쏘는 청

정 산소 같은 찬바람과의 마지막 키스를 나눈다.

# 5부
# 미국에서 생긴일

나는 미국으로 건너가기로 했다.
더 멀리 더 높이 날고 싶었다.

프랑크푸르트의 미국대사관에 영주권 신청을 하자 곧 영주자격의 비자가 나왔다.
간단했다.
아무래도 나는 외국에서 살 팔자인 것 같았다.

## 과거를 묻지 않는 나라

1977년 4월 7일.

JFK국제공항에 도착하니 이민자 입국창구 앞에 울긋불긋한 피부색의 온갖 인종들이 끝을 알 수 없는 긴 줄로 서 있다. 한마디로 인종전시장이다. 그때까지도 나는 내가 노오란 피부색을 가진 유색인종이라는 사실을 깨닫지 못하고 있었다. 하얀 피부의 독일인들과 오랜 세월을 힘께 하는 동안 나도 모르게 그들의 이미지약 동일시된 나의 착시현상을 발견한 것이다.

이민자 입국창구 앞의 긴 줄 끝에 가 서서 잠시 그 인종전시장을 관람(?)하기 시작한다. 어디서 왔을까? 치렁치렁한 사리를 입은 인도여인들도 있고 잠옷 같은 전통의상을 한 중동인과 아랍인들도 있고 나처럼 눈이 찢어진 동양인들도 있다. 모두들 피곤한 얼굴들이지만 신세계에 도착했다는 흥분이 아직 가시지 않은 듯 눈빛만은 초롱초롱하다. 모두들 피부색은 다르지만 같은 눈빛을 갖고 있다. 그들이 꿈꾸는 세계. 그들이 가슴속에 안고 온 저 아메리칸 드림! 그들이 꿈꾸는 드림의 색깔도 나와 다르지 않을 것이다.

세계의 중심에 빛나는 별처럼 우뚝 서 있는 이 거대한 나라에서 피부색깔 따위가 무슨 소용이 있을까? 흰색이든 노란색이든 갈색이든 누가 개의할 것인가! 중요한 것은 모두들 더 나은 삶을 찾아 바다 멀리 낯설고 물 설은 이 신천지로 건너왔다는 사실이다. 종교의 핍박과 박해에서 벗어나고자 이 땅으로 건너온 최초의 정주자들처럼 각자 나름대로의 희망과 꿈을 안고 미지의 아메리카대륙을 찾아왔다는 사실이다. 원주민을 제외하곤 이곳은 이민자들의 땅이며 모두 하나의 이방인으로부터 삶이 출발되는 곳이다. 그들이 어느 하늘 아래에서 살다 왔건 무엇을 하다 왔건 이 땅에선 과거를 묻지 않는다.

지금부터 나는 새로운 조국으로 선택한 이 땅에서 저들과 서로 사이 좋게 살아가야 한다. 언어가 다르고 피부색이 달라도 이 땅에서 함께 공존하는 이상 우린 모두 한 나라, 한 가족으로 살아야 한다는 엄숙한 사실 앞에 나는 잠시 숙연해졌다. 그리고 갑자기 그들이 낯설게 느껴지지 않았다. 드디어 내 차례가 되었고 나는 이민 심사관 앞에 나아가 묻는 말에 서툰 영어로 더듬더듬 대답을 했다. 한참 후에 심사관이 나에게 카드 하나를 내밀었다. 초록색이었다. 그 린카드(영주권). 말 그대로 간단하게 아주 간단하게 나는 미국 영주 권자가 된 것이다.

# 개성있는 서부의 미도(美都) 

　뉴욕에서 밤 비행기를 타고 샌프란시스코에 도착하니 이른 아침이었다. 밤새도록 비행기로 날아왔는데도 같은 미국땅이었다. 유럽이었다면 몇 나라를 거치고도 남을 시간이었다.

　나는 첫눈에 샌프란시스코에 반해버렸다. 늘 잿빛이던 독일 하늘 아래 살다가 아열대의 어느 휴양도시에 온 듯 맑고 따뜻한 이곳의 온화한 기후가 우선 좋았다. 눈만 뜨면 이곳에 바캉스를 즐기러 온 것처럼 들뜨고 흥분이 되었다. 샌프란시스코의 햇빛은 그 빛깔부터 달랐다. 고운 은빛이었다. 그리고 그냥 내리쬐는 것이 아니라 사방으로 반짝이며 부서지기 때문에 눈이 부셨다. 마치 무대의 조명 속을 걷는 것 같았다.

　처음 몇 달간은 관광객처럼 여기저기를 쏘다녔다. 기적소리 울리며 가파른 언덕 위를 개미처럼 기어오르는 샌프란시스코의 명물인 케이블카를 타고 Fisherman's Wharf나 차이나타운으로 가곤 했다. 케이블카는 자리에 앉지 않고 문간에 매달려 가는 것이 더 운치가 있었다.

　Fisherman's Wharf에서 망치를 두드리며 삶은 성게의 속살을 빼먹는 일도 신나고 재미있었다. 그런데 이때 곁들여 찍어 먹

샌프란시스코의 어느 날 오후

는 소스가 동해안 횟집에서 먹던 초고추장이 아니고 토마토소스여서 조금 유감이었다. 그래도 경포대의 횟집만큼이나 즐비하게 늘어선 해안가의 생선 요릿집들을 기웃거리며 밤늦도록 바닷바람을 맞는 일은 즐겁기만 했다.

당시 샌프란시스코에는 한국인들이 꽤 있다고 들었지만 모두들 시내 외곽의 여기저기에 흩어져 살고 있어서 거리에서 한국인을 만나기는 쉬운 일이 아니었다. 그래서 나는 차이나타운에 자주 갔다. 중국 본토 밖에서는 제일 크다는 샌프란시스코 중국촌은 거리의 상가 간판은 물론 촌내 길거리이름도 모두 중국어로 되어 있어 여기가 미국인지 중국인지 헷갈릴 정도였다. 중국땅 일부분을 몽땅 떼어다 놓은 듯했다. 그들은 중국어를 쓰고 중국음식을 먹고 중국인으로 살면서 자신들의 뿌리를 지키고 있는 것이었다. 긴 세월 동안 변함없이 자기네들의 고유한 전통과 커뮤니티를 지키며 살아가고 있는 모습을 보니 자국 문화에 대한 그들의 자존심과 집념이 얼마나 대단한지 알 수 있을 것 같았다. 미국 속의 중국. 미국의 하늘 아래에 중국인의 문화를 이식(移植)하여 살아가는 그들을 보면서 다시 한번 이 나라가 이민자의 땅임을 실감했다.

차이나타운에 가면 밥도 먹고 중국영화도 보았다. 미국에 건너와 제일 먼저 하고 싶었던 일은 한국음식을 실컷 먹어보는 것과 한국영화를 실컷 보는 일이었다. 하지만 한국촌이 채 형성되어 있지 않은 이곳에서 한국식당과 한국영화를 찾기란 쉽지 않았다. 중국촌에서 기름기라곤 하나도 없는 모래알처럼 서걱서걱한 밥을 씹으면서도 독일에서 먹던 빵과 감자보다는 낳았다. 중국영화도 내나라 정서와 비슷한 스토리전개와 배경을 지니고 있어서 향수에 찌든 나의 마음을 달래주었다. 자막은 없어도 친밀감을 주는 중국 멜로영화. 젊은 연인들이 서로 시선을 맞추지 않고 수줍게 사랑을 고백하는 것도 나의 정서에 딱 맞았다. 낯선 외국으로만 생각했던 중국이 같은 동양권이라는 이름으로 이렇게 비슷한 정서 속에 공존하고 있을 줄은 몰랐다.

샌프란시스코엔 바람이 많았다. 바람은 머리칼도 스커트자락도 사정없이 휘날려 버릴 만큼 강해서 핸드백에 늘 스카프 하나쯤 넣고 다녀야 했다. 안개도 많았다. 짙은 안개는 늘 몽환적이어서 나 같은 센티멘탈리스트가 살기엔 너무 가슴 두근거리던 도시였다. 바람과 안개와 언덕이 많은 미 서부의 가장 개성있고 로맨틱한 도시 샌프란시스코. 그곳이 미국에서 내가 처음 닻을 내린 항구였다.

# 나에게 권총을 겨누던 할머니

　샌프란시스코에 와서 내가 맨 처음 하게 된 일은 개인간호사였다. 어느 날 신문을 뒤적이다가 입주할 프라빗 너스(Private nurse)를 찾는다는 광고를 보았다. 개인 간호는 경제적 여유가 있는 환자가 병원이나 자신의 집에서 개인적으로 간호사를 채용하는 제도였다. 경력만 있으면 미국간호사 면허증이 없이도 당장 할 수 있는 일이었다. 간호사 일이 지겹기도 했지만, 미국문화와 영어에 익숙해지기 위해선 우선 일을 시작해야 했고 제일 손쉽게 할 수 있는 일이 죽으나 사나 간호사일이었다. 보수도 꽤 높았다. 나는 전화를 했고 곧 채용이 되었다.

　환자는 팔십오 세의 백인 할머니였다. 누가 백인이 아니랄까봐 이름까지 미세스 화이트(Mrs. White)였다. 그녀는 심장병환자였다. 풍채가 좋고 활달해 보이는 이 할머니는 어느 한 군데도 아픈 기색이라고는 없는 겉보기엔 아주 말짱하고 건강해 보이는 노인이었다. 그러나 세 번이나 심장마비를 일으킨 적이 있는 그녀는 늘 불안과 두려움을 느끼고 있었다. 얼마 전에 남편과 사별하고 슬하에 한 점 자식도 없이 쓸쓸히 살아오고 있던 그녀는 젊은 시절 백악관을 출입하던 정치기자였다고 한다. 샌프란시스코 갑부들이 모여 사는

Nob Hill 언덕 위 으리으리한 저택에서 그녀는 혼자 살고 있었다.

그녀의 스케줄은 바빴다. 아침 다섯 시면 시곗바늘처럼 정확히 일어나 거실로 가서 그날 새벽에 배달된 여러 개의 신문을 훑어보는 것으로부터 하루는 시작된다. 여섯 시쯤이면 출퇴근하는 가정부가 가져다주는 커피를 마시며 계속해서 신문을 읽는다. 기자출신인 그녀는 아침 내내 이렇게 신문을 읽는 일로 시간을 보내는데 특히 사설 코너는 아주 꼼꼼히 읽는 편이었다. 일곱 시가 조금 넘으면 그녀는 이 층의 다이닝 룸으로 올라가 아침 식사를 시작한다. 창 밖의 베이브리지(Bay Bridge)를 바라보며 나는 늘 그녀와 함께 식사를 했다. 아침 식사가 끝나면 그녀는 정원으로 나가 한참을 걷는다. 걸으며 하늘을 쳐다보기도 하고 눈 아래 펼쳐진 바다를 내려다보기도 한다. 명상을 하는 것도 같았고 아무 생각이 없는 것도 같았다. 어쩌다 화초에 물을 주기도 하고 꽃나무들을 쓰다듬기도 한다. 그녀가 아침 산책을 마치고 다시 거실로 돌아오면 나는 그녀의 혈압을 재고 컨디션을 체크한다.

그녀의 책상 위에는 늘 우편물들이 쌓여 있었다. 매일 산더미 같이 날아드는 우편물들. 대부분이 부동산 세일을 권유하는 정크메일이다. 그녀는 시가가 어마어마한 저택을 비롯하여 많은 부동산을 소유하고 있었다. 재력가였던 남편이 남기고 간 것이 대부분이지만 유명언론인으로 쌓은 그녀의 부도 한몫을 했다. 그들에겐 그 많은 재산을 상속할 자식이 없었고 몇 안 되는 친척과는 사이가 좋지 못했다. 그녀의 전 재산은 본인이 자선단체에 기부하지 않는 한 모두 국고로 환원된다고 했다. 그래서인지 온갖 자선단체에서 그녀의 기부를 종용하는 편지들이 하루가 멀다하고 날아들었다. 변호사들의 방문도 잦았다. 호시탐탐 그녀의 재산을 노리는 사람들이었다. 그녀는 아무 데도 관심이 없었다.

저녁이 되면 그녀의 기분이 변하기 시작한다. 저녁 식사를 시작하기 전부터 그녀는 조금씩 위스키를 홀짝거린다. 그리고 아주 천천히 오래 저녁 식사를 한다. 그리고 아침과는 다르게 말이 많아지기 시작한다. 나는 그녀의 이야기를 열심히 듣는다. 그녀는 기자시절의 이런저런 경험담이며 같은 언론인이었던 남편에 관해서 허심탄회하게 이야기를 하곤 했다. 남편은 자신의 가장 좋은 친구이자 동료였고 파트너였다는 그녀는 남편 얘기가 나오면 아주 자랑스러운 표정이 되곤 한다.

식사 후에도 그녀는 계속 술을 마신다. 주로 스트레이트 위스키였는데, 아주 조금씩 천천히 마시는데도 잠자리에 들 무렵이면 어느새 빈 병이 되곤 했다. 밤이 깊어 그녀가 침실로 들어가면 나는 그녀의 침대에 붙어있는 비상벨이 제대로 작동하는지 다시 한번 확인한 후 나의 방으로 돌아온다. 한밤중에 심장마비 증세가 오면 그녀는 침대에서 벨을 누르고 나는 911을 호출하게 되어있었다.

어느 날 밤이었다. 그날 따라 그녀는 이른 오후부터 말없이 위스키 잔을 기울이고 있었다. 알고 보니 그날이 남편사망 일주기였다. 남편의 서재에서 유난히 오래 서성거리던 그녀는 여느 때보다 일찍 침실로 돌아갔다. 그리고 삽 십 분쯤 지나 나를 부르는 비상벨이 울렸다. 나는 황급히 그녀의 방으로 들어갔다. 그러자 그녀가 갑자기 나를 향해 소리를 지르기 시작했다.

"Who are you? You…… you…… Get out!(너 누구야? 너……
너…… 나가!)"

"It's me, Mrs. White! (저에요, 미세스 화이트!)"
"Get out! Or I'll call police!(나가지 않으면 경찰을 부를 거야!)"
그녀는 계속해서 히스테리컬하게 고함을 쳤다.

그녀는 패닉 상태였다. 심장마비는 아닌 것 같아 우선 마음이 놓인 나는 그녀를 안정시키기 위해 침대 머리맡으로 다가갔다. 그때였다. 그녀가 갑자기 침내 머리맡에서 호신용 권총을 끼내 나에게 겨누었다. 나를 외부침입자로 착각한 모양이었다. 그녀가 방아쇠를 막 당기려 하는 순간 나는 헐레벌떡 그녀의 방을 뛰쳐나왔고, 총알은 허공을 날았다. 탕! 탕! 너무나 아찔한 순간이었다. 나는 그 길로 정신없이 인근 경찰서로 달려가 도움을 청했다. 경찰차가 달려오고 경찰관이 그녀의 손에서 총을 넘겨받기까지 한참이 걸렸다. 그녀는 근처병원의 응급실로 옮겨졌고 다음 날 아침 긴 잠에서 깨어났다.

"How're you feeling? (기분이 좀 어떠세요?)"

내가 걱정스러운 듯 인사를 건네자 그녀는 무슨 영문인지 모른다는 멍한 얼굴이었다.

"What happened? (무슨 일이지?) Why am I here? (내가 왜 여기 있는 거지?)"

그녀는 전날 밤에 있었던 일을 전혀 기억하지 못하고 있었다.

그 소동 이후 일주일이 지나 나는 다시 짐을 쌌고 그녀의 저택을 나왔다. 몇 달 후 내가 샌프란시스코를 떠날 무렵 그녀에게 다시 전화를 했을 때는 새로 온 간병인이 그녀가 전화를 받을 수 없다고 했다. 그녀는 심한 치매와 알코올중독으로 고생하고 있었던 것이다.

# 미국의 강원도

나는 오리건주에서 늦깎이 대학생활을 시작하여 5년 넘게 살았다. 미국의 북서부에 위치한 물 맑고 공기 좋은 오리건 주는 어딜 보나 한국의 강원도를 닮아 있다. 그래서 나는 이곳을 미국의 강원도라고 부른다. 면적이 한반도보다 크면서 인구는 사백만도 안 되는 곳에 보이는 것이라곤 울창한 숲과 산, 호수뿐이다. 임업이 발달한 탓에 주요산업은 벌목이지만 맑은 공기와 아름다운 자연에 푹 파묻힌 평화로운 고장이고 보니 야외활동을 즐기려는 관광객이 많이 찾아오는 곳이다. 기후는 우리나라처럼 사계절이 뚜렷하여 봄이면 꽃의 향연, 가을이면 낙엽의 향연을 만끽할 수 있고 눈 오는 겨울엔 스키를 즐길 수 있는 곳이다. 여름은 아주 무덥지도 않고 습도도 높지 않아 보송보송하고 쾌적하다. 그리고 비도 오지 않고 화창한 날이 계속되기 때문에 야외활동이나 휴가철로서는 최적이다. 이 때문에 여름이면 전국에서 캠핑족이나 낚시꾼들이 모여들기도 하고 자동차로 대륙횡단을 하는 여행자들이 잠시 들러 머물다 가기도 한다.

하지만 이곳엔 여름 한 철을 제외하곤 늘 비가 내린다. 소낙비도 아니고 얼굴을 간지럽히는 맑은 가랑비가 시도 때도 없이 내리기 때문에 항상 가벼운 비옷을 지니고 다녀야 한다. 그러나 비가 와도 우산을 쓰는 사람은 별로 없다. 우산을 쓸 만큼 빗방울이 굵지도 않거니와 대부분의 사람들이 자전거를 타고 다니기 때문에 (특히 코밸리스같은 소도시에선 자전거가 주 교통수단이다.) 우산보다 비옷이 더 편리하기 때문이다. 이렇게 늘 잔비가 뿌리기 때문에 조금만 햇살이 비치는 날이면 여성들은 마치 축일이라도 맞은 듯 비키니차림으로 잔디 위에 뒹굴며 일광욕을 즐기곤 한다.

오리건주의 대표적 관광지로는 남쪽에 있는 크레이터 레이크 국립공원(Crater Lake National Park)이 있다. 이곳엔 7,000여 년 전 캐스케이드산맥 마자마(Mazama)산의 화산분출로 형성된 크레이터 호수가 있는데 웅덩이처럼 깊이 파인 곳에 눈비가 고여 호숫물이 되었다고 한다. 캐스케이드의 보석으로 불려지는 이 호수는 수면에서 수심 가장 깊은 곳까지 1,943피트나 되며 미국에서 제일 깊은 호수라고 한다. 5년 넘게 오리건에 살면서 나는 딱 한번 크레이터 레이크를 방문한 적이 있다. 고산지대의 꼭대기까지 한참을 가서야 만날 수 있는 이 호수는 그 색상부터가 다르다. 아주 진한 남색이다. 게다가 거울처럼 맑고 투명하여 물속에 비친 반사체가 실물처럼 선명하다.

호수엔 두 개의 섬이 있다. 큰 섬은 위저드 아일랜드(Wizard Island)이고 작은 섬은 팬톰 쉽(Phantom ship)이라고 하는데 한여름에만 운행하는 유람선을 타야 가볼 수 있는 섬들이다.

오리건에는 또 후드산(Mt. Hood), 배철러산(Mt. Bachelor)과 같은 스키와 하이킹을 즐길 수 있는 명산을 비롯하여 이름 모를 호수와 숲들이 많다. 바다도 있다. 역사적인 등대와 외로운 비치가 고즈넉한 아름다움을 자아내는 태평양연안의 오리건 코스트는 동해안을 많이 닮았다. 363마일이나 되는 오리건코스트는 기말고사가 끝나면 기분전환을 위해, 또는 힘든 일이 생길 때마다 찾아가던 나의 은신처였다.

깊은 밤 창 밖으로 떠오르던 오리건의 살찐 달도 강원도의 보름달처럼 크고 환했고, 조금 보수적이고 배타적이긴 해도 사람들의 후한 인심마저 강원도 토박이들을 꼭 빼닮은 듯하던 오리건. 넉넉하고 수려한 자연의 풍광 속에 둘러싸인 이 오리건주는 미국인들이 은퇴 후 가장 살고 싶어하는 지역 중의 하나이기도 하다.

# 코밸리스 회상

　　오리건주에서 제일 큰 도시는 포틀랜드(Portland)이지만, 주정부는 세일럼(Salem)이라는 소도시에 있다. 중소도시가 수도이거나 주도인 경우를 외국에서는 종종 본다. 내가 독일에 살 때도 대한민국대사관이 있는 독일수도는 대도시 베를린이 아니고 그보다 작은 도시 Bonn에 있었다.

　　포틀랜드 다음으로 큰 도시는 유진(Eugene)이다. 유진에서 자동차로 약 한 시간 그리고 포틀랜드에서 약 90마일 떨어진 곳에 코밸리스(Corvallis)라는 작은 대학촌이 있다. 이 대학촌에서 나는 대학과 대학원을 다녔다.

　　농업과 임업이 큰 부분을 차지하는 코밸리스는 광활한 전원에 얼룩소들이 평화롭게 풀을 뜯고 있는 전형적인 미국의 농촌마을이다. 오리건 주립대학(Oregon State University(OSU))의 건물과 농장이 지역의 많은 부분을 차지하는 이 코밸리스엔 주민의 대부분도 학생이거나 대학에 관계하는 사람들이었다.

　　내가 공부하던 1980년대 초 이곳 오리건 주립대학엔 팔십여 명의 한국인 유학생들이 있었는데 서로 가족 같은 친밀한 우대감속에서 지냈다. 한국에서 새로 유학생이 오는 날이면 공항에 마중 나

오리건 주립대학에서

가는 건 물론이고 그날 저녁은 환영회가 열리기도 했다. 한국교회도 있어서 주말이면 자주 못 보는 사람들과 서로 얼굴을 마주대할 수도 있었고, 예배가 끝나면 게임이나 스포츠를 하면서 친목을 도모하기도 했다.

당시 코밸리스에는 한국식품점이나 한국음식점이 없었다. 그래서 한국음식이 그리우면 이곳에 있던 한 중국식당에 가서 중국음식으로 대신하곤 했는데, 나중에 한국학생들이 많이 찾아오자 어디서 구했는지 이 식당메뉴에 김치까지 등장하게 되었다. 기말고사가 끝나면 우린 삼삼오오 자동차에 나누어 타고, 포트랜드나 유진시로 나가 한국음식으로 포식을 하기도 하였다. 유진시에 소재한 오리건 대학(Oregon University)의 한국학생들과 친선 축구게임을 벌이는 날은 우리 모두가 몰려가 열띤 응원을 하기도 했다. 게임이 끝나면 불고기 파티가 있었는데, 이때 먹은 불고기 맛은 평생 잊을 수가 없다.

서부의 보스턴이라 할 만큼 보수적이긴 하지만, 도시처럼 범죄도 없고 인심도 넉넉하던 코밸리스. 그곳 사람들은 늘 서두르는 법이 없으며 모두들 마음의 여유를 갖고 사는 것 같았다.

## 솔베이지의 노래

　한국인이라곤 나 하나뿐이었던 심리학과에서 내가 처음으로 사귄 친구는 진(Jeanne)이라는 나보다 몇 살 아래의 노르웨이계 미국 여학생이었다. 첫 학기 강의를 듣는 날부터 내 옆자리에 앉아있던 그녀는 교수의 빠른 강의를 내가 미처 노트에 다 적지 못하거나 어쩌다 잘 알아듣지 못하면 재빠르게 추가설명을 해주기도 했고, 강의 노트를 빌려주기도 했다. 그렇게 우리는 친해졌고 서로가 시스터(sister)라고 부를 만큼 가까워지게 되었다. 내가 그녀보다 위였지만, 베풀기 좋아하는 그녀가 언니 노릇을 하고 나는 철딱서니 없는 동생 노릇을 했다.

　오리건엔 산이 많아 주말이면 진과 나는 이산 저산으로 하이킹을 다녔다. 후드산에도 가고 베철러산에도 갔다. 오리건에서 나고 자란 그녀도 나처럼 산을 좋아하는 산꾼이었다. 방학이 오면 우리는 텐트를 치에 싣고 오리건에서 좀 멀리 떨어진 산으로 캠핑을 갈 때도 있었다. 우리가 제일 즐겨 다니며 캠핑을 하던 곳은 워싱톤주의 레이니어산 국립공원(Mt. Rainier National Park)이었다.

　1899년 국립공원으로 지정된 이 레이니어산은 시애틀에서 약 170km 정도 떨어져 있는 높이 4,392m의 캐스케이드산맥의 최고봉이다. 만년설로 뒤덮인 산봉우리며, 무성한 침엽수림 그리고 초원과 호수가 있는 매우 아름다운 산이다. 사슴이나 검은 곰 그리고 산양 같은 많은 야생동물들이 서식하고 있는 레이니어산의 캠핑장에서 밤을 맞으면 진은 이런 야생친구들의 출현을 기다리곤 했다. 아프리카의 사파리여행을 꿈꾸고 있던 그녀는 못 말리는 동물애호가였다. 하지만 우리의 캠핑장엔 한 번도 그 동물친구들의 방문이 없었다.

그녀는 미국에서 태어났으면서도 자신을 미국인이라고 하지 않고 항상 노르웨이인이라고 대답을 하곤 했다. 노르웨이계 미국인임을 강조하고 싶어하는 그녀의 노르웨이사랑. 자신의 조부모가 태어나고 자란 노르웨이에 대한 남다른 사랑 때문에 고등학교를 졸업하고 곧바로 대학을 가는 대신 그녀는 노르웨이로 갔다. 그리고 항구도시 베르겐에서 노르웨이어를 배우고 식당에서 웨이트리스를 하면서 삼 년 동안이나 살았다. 그녀에게서 나는 가보지 못한 노르웨이와 베르겐의 이야기를 자주 듣곤 했다.

그녀가 살았던 베르겐은 오슬로가 수도가 되기 이전인 십이 삼 세기 무렵 노르웨이의 수도였다는데 현재의 수도인 오슬로에서 서북쪽으로 400km 떨어져 있는 아름다운 항구도시이다. 노르웨이 서남부 해안 피요르드에 둘러싸여 있는 이 도시는 중세시대의 예스러운 모습과 더불어 현대적인 모습이 조화를 이룬 그야말로 고대와

레이니어산 캠핑장에서 밤늦도록 와인을 마시던 나와 진

현대가 공존하는 아름다운 도시라고 그녀는 입이 마르게 예찬을 하
곤 했다. 피요르드(Fjord)! 그녀에게서 피요르드 이야기를 들을 때마
다 난 노르웨이를 보지 못하고 유럽을 떠나온 것을 후회했다. 독일
에 있을 때 나는 주로 중남부 유럽을 여행했었고 북유럽이라곤 덴마
크까지밖에 가보지 못했던 것이다.

나에게 베르겐은 내가 좋아하는 노르웨이작곡가 그리그(Ed-
vard Hagerup Grieg)가 태어난 곳이기도 하다. 나는 고등학교 때 그
리그의 '솔베이지의 송'을 좋아했다. 멜로디도 가사도 애절한 '솔베
이지송'. 그 솔베이지의 노래를 부를 때마다 노르웨이 한 산간마을
에서 사랑하는 연인을 애타게 그리워하다 백발이 되는 산골처녀 솔
베이지가 떠오른다. 솔베이지의 그 순애보적인 사랑! 자신을 배신
하고 떠난 약혼자 페르귄트를 평생 기다리며 그리워하던 솔베이지
가 어느 날 늙고 병들어 고향마을의 오두막집에 돌아온 그 사랑하던
남자를 위해 부르던 애틋한 노래! 그리고 백발이 된 솔베이지의 무
릎에 누워 눈을 감는 페르귄트!

그 겨울이 지나 또 봄은 가고 또 봄은 가고
그 여름날이 가면 더 세월이 간다.
세월이 간다.

그런데 진에게도 이 솔베이지의 노래처럼 애절한 사랑이 있었다. 베르겐에서 살 때, 그녀는 가난한 어부였던 한 노르웨이남자를 알게 되었다. 그는 그녀가 일하던 식당의 손님이었다. 십 대 소녀였던 진은 옆집 아저씨 같은 그의 푸근함에 의지하며 객지에서의 외로움을 달랬다. 그는 다정했고 진은 그에게서 사랑의 감정을 느끼기 시작했다. 남자도 그녀를 좋아했지만, 내색은 하지 않았다. 그는 아내가 있는 기혼남자였던 것이다. 진이 그를 사랑하고 있다는 사실을 안 그는 더 이상 그녀를 찾아오지 않았다. 그녀는 매일 그를 기다렸다. 언젠가 그가 돌아올지 모른다는 생각에서 일하던 식당도 떠나지 않았다.

일 년이 지난 어느 날 드디어 그가 진 앞에 나타났다. 참았던 그들의 사랑이 불붙기 시작했다. 그 남자와 함께 보낸 베르겐에서의 일 년은 그녀에게 영원히 지울 수 없는 행복한 시간들이었다. 그렇게 그녀가 사랑에 빠져있었을 때 남자의 부인이 이 사실을 알게 되었다. 부인은 이혼을 요구했다. 성격이 여린 이 남자는 처자식을 두고 차마 이혼할 용기가 없었다. 다시는 진을 만나지 않는다는 조건으로 이혼을 면하게 된 남자는 더 이상 진을 찾아오지 않았다. 진은 또 일 년을 기다렸다. 그러나 그는 끝내 돌아오지 않았다. 그와의 사랑이 이루어질 수 없다는 것을 깨달은 진은 다시 미국으로 돌아왔다. 하지만 그녀는 아직도 그 노르웨이 남자를 잊지 못하고 있었다.

대학을 졸업하고 우린 함께 같은 대학의 석사과정을 밟게 되었다. 대학원에 들어가면서 드디어 그녀에게 새 남자친구가 생겼다. 크리스토퍼라는 공인회계사였다. 그녀는 이제야 베르겐에서 만난 사랑을 잊어가고 있는 듯했다. 적어도 표면적으로는 그렇게 보였다. 진과 크리스토퍼는 사귄 지 얼마 되지 않아 곧 약혼을 하고 결혼을 했다. 크리스토퍼는 진을 무척 아끼고 사랑했다. 함께 있으면서도 어디 날아가기라도 할까봐 몇 번씩이나 그녀에게 입맞춤을 하며 사랑한다고 했다. 미국인들의 사랑표현도 독일인들만큼이나 어지간히 적극적이고 열정적이었다.

"행복하니, 진?" 어느 날 내가 물었을 때 그녀는 입가에 묘한 웃음을 띠며 고개를 끄덕였다.

크리스토퍼도 진만큼이나 산과 캠핑을 좋아했다. 어느 해 그들이 마운트 레이니어산으로 일주일의 캠핑을 가게 되었을 때 나도 함께 동행하게 되었다. 저녁에 모닥불을 피워놓고 우리는 와인잔을 기울이고 있었다.

크리스토퍼는 텐트 속에서 이미 잠들었고 진은 그날 술을 아주 많이 마셨다. 술에 취한 그녀는 베르겐의 그 남자이야기를 했다. 그가 보고 싶다며 훌쩍훌쩍 울었다. 그녀는 아직 그 노르웨이남자를 잊지 못하고 있었던 것이다.

OSU에서 석사과정을 끝내고 로스앤젤레스로 돌아온 지 한참이 흘러 나는 진에게서 한 통의 전화를 받았다. 크리스토퍼와 헤어졌다는 소식이었다. 더 이상 그녀는 자신도 그도 속일 수 없다는 결론에 이른 것이다. 크리스토퍼와 헤어지고 그녀는 노르웨이의 그 항구도시로 달려갔다. 그리고 십여 년 전 사랑했던 그 연인을 찾아 헤맸다. 그리고 몇 개월이 흘러 간신히 그를 다시 만났지만 남자는 예전의 그 모습이 아니었다. 그는 앞못보는 장님이 되어 있었다. 배가 침몰하는 사고를 만나 시력을 잃었고, 그 때문에 아내도 떠나버리고 외롭게 혼자 살고 있었던 것이다. 진은 그의 무릎 위로 쓰러졌다. 그들의 사랑은 또다시 뜨겁게 불타올랐다. 그 후 그들은 결혼을 하고 예쁜 아기도 낳았다. 그리고 지금은 노르웨이의 한 작은 마을에서 아주 행복하게 살고 있다. 솔베이지의 노래처럼 오래오래 그리위하며 기다려온 사랑이었지만 백발이 되어 만나고 죽어가는 슬픈 사랑이 아니라 십 년 후의 이별 뒤에 이루어진 해피 엔딩의 사랑이었다.

# 김치도둑

　내가 살던 OSU의 기숙사엔 카페테리아가 있어 저녁 식사는 늘 이곳에서 했지만, 식사시간에 맞춰 먹지 못하는 학생들을 위해 기숙사 층마다 요리를 할 수 있는 주방이 따로 있었다. 밤늦게 도서관에서 돌아오는 대부분의 학생들은 이 부엌에서 밤참을 만들어 먹곤 하였다. 내가 살던 층에는 C라는 한국남자 유학생이 있었다. 그는 밤늦게 기숙사에 돌아오면 꼭 밤참으로 밥을 해먹곤 했다. 양식이 체질이 맞지 않아서였다.

　어느 날 밤이었다. 그가 내 방문을 요란하게 두드렸다. 냉장고에 넣어둔 김치가 병째로 없어졌다는 것이다. 코밸리스의 어느 한국인 가정집에서 어렵게 얻어온 그 김치 한 병이 불과 하루 사이에 통째로 없어졌다는 것이다. 그는 나를 의심하고 있었다. 한국인이라곤 나밖에 없으니 그럴 만도 했다. 하지만 난감했다. 왜냐하면, 나는 그 김치를 보지도 먹지도 않았기 때문이었다. 성격 좋은 그는 맛있게 드셨으면 됐다며 괜찮다고 했지만 나는 그게 아니었다. 억울한 누명(?)을 쓰기도 싫었지만, 김치를 병째 갖고 간 범인이 궁금했다. 왜냐하면 그 기숙사엔 한국인이라곤 그와 나밖에 없었기 때문에 범인은 외국인이 분명할 것이었다. 그렇다면 범인은 김치를 아

276

주 좋아한다는 얘긴데 그가 어느 나라에서 온 사람일까 갑자기 궁금해진 것이다.

우리는 범인수색에 나서기로 했다. 우선 불이 켜진 방마다 1층에서부터 문을 두드렸다. 불이 켜져 있다는 건 아직 사람이 자고 있지 않다는 증거였다.

'Have you seen my Kimchi? (제 김치 보셨어요?)' 방문이 열릴 때마다 C는 마치 잃어버린 애견이라도 찾는 개 주인처럼 멋쩍은 미소로 이렇게 물어댔다.

"Who is Kimchi? (김치가 누구야?) Is it he or she? (남자야 여자야?)"

"Is it your dog or cat? (너의 개야? 고양이야?)"

김치가 뭔지 모르는 학생들이 어리둥절한 표정이 되어 이구동성으로 이렇게 반문을 했다. 그러자 C는 질문을 바꾸어 'Did you eat my Kimchi? (내 김치를 먹었느냐구?)'라고 다시 물었다. 그래도 대답은 엉뚱하기만 했다.

"Is it that delicious? (그렇게도 맛있는 거니?)"

학생들마다 김치의 정체를 아는 사람이 없었다. 이윽고 우리는 마지막 층의 한 방문 앞에 다다랐다. 그리고 조심스럽게 문을 두드렸다. 조금 있자 한 동양학생이 문을 살그머니 열더니 고개를 삐죽이 내밀었다. 그때 문틈으로 새어 나온 향기로운 김치냄새가 코끝을 확 자극했다. "범인이다!" 내가 조용히 소리쳤다. 우리가 방문을 밀고 들어가자 아니나 다를까 반쯤 남은 김치병이 뚜껑이 열린 채 그의 책상 위에 놓여 있었다. 그는 밥도 없이 김치만 병째 먹던 중이었다. C는 어이가 없다는 표정이었다. 그의 얼굴엔 미안해하는 표정이 역력했다. 홍콩에서 왔다는 이 어린 학부학생은 홍콩에서 알게 된 한국인 친구 때문에 김치 맛에 중독되었다고 했다. 김치가 너무 먹고 싶어 기숙사 부엌을 다 뒤지다가 우리 층의 냉장고를 여는 순간 그 새콤한 김치향기에 취했고 붉고 잘 익은듯한 C의 김치병에 손이 가는 유혹을 뿌리칠 수가 없었다며 연거푸 사과를 했다. 주인장의 허락도 없이 냉큼 들고 온 것은 괘씸했지만, 얼마나 김치가 먹고 싶었으면 그랬을까 생각하니 화를 낼 수도 없었다. 우리는 그냥 한바탕 웃기로 하고 남은 김치와 함께 그날 밤 밥을 지어 셋이서 맛있게 밤참을 나누어 먹었다.

## 그리운 나의 아버지

학기말 시험을 앞두고 있던 코밸리스의 어느 해 겨울이었다. 새벽에 요란한 전화 벨소리가 울렸다. 꼭두새벽에 걸려온 전화라서 불길한 예감이 들었다.

"I've got a bad news.(슬픈 소식을 전해 드립니다.)"

교환수의 목소리였다. 아버지의 사망을 알리는 전화였다. 너무나 급작스러운 아버지 사망소식에 갑자기 정신이 아뜩해지면서 수화기를 잡고 있던 나의 손이 떨리기 시작했다. 정신을 차린 후 나는 한국으로 국제전화를 걸었고 여동생이 울먹거리며 전화를 받았다. 아버지가 기왓장을 손보려고 지붕 위로 올라가셨다가 미끄러져 떨어지셨는데 병원에 도착하고 얼마 뒤 돌아가셨다는 것이다. 우리는 전화기를 사이에 두고 엉엉 소리내어 울다가 한참 뒤에 끊었다.


늦세 본 자식이어서인지 아버지는 믿이인 나를 이릴 적부디 유난히 귀애하셨다. 밖에서 집으로 돌아오실 때마다 아버지는 대문 앞에서 제일 먼저 나의 이름을 부르시곤 했다.

돈숙아! 돈숙아!

나의 이름을 부르는 아버지의 목소리가 들리면 나는 대문을 향해 쪼르르 달려나갔고, 그때마다 아버진 세상을 다 얻은 듯 좋아하셨다.

어릴 때 아버님과 어머님은 무슨 일이었는지 자주 다투셨다. 한 번씩 다투시고 나면 어머님은 보따리를 싸들고 외갓집으로 가시곤 했는데 어머니가 외갓집에 가시고 나면 부엌엔 얼씬도 하지않던 아버지가 나를 위해 아침밥을 지으셨다. 전기밥솥이 없던 때라 아버진 연탄불 위에 밥 냄비를 얹져 놓고 일 분이 마다하고 냄비뚜껑을 여닫으며 그렇게 정성껏 밥을 지으셨다. 자식이 아니었더라면 하루 온종일 굶으실 아버진 이 어린 딸자식을 위해 그렇게 허리를 굽혀가며 밥을 짓는 것이었다. 자식이 뭐길래…….

그런 아버지의 정성도 모르고 나는 설익은 밥이라고 아버지에게 자주 투정을 부렸다. 그런 철없던 딸이 안쓰러우셨는지 아버진 점심때가 되면 근처 식당에 데려가 녹말가루로 만든 동글동글한 감자옹심이가 든 국수를 사주셨다. 나는 강릉의 전통음식인 이 옹심이 국수를 누구보다도 좋아했다. 쫄깃쫄깃한 감자옹심이를 씹는 맛이 너무 좋아 나는 어머님이 더 자주 외갓집에 갔으면 하고 은근히 바래기도 했다.

우리 집 뒤에 있던 바닷가 백사장을 우리는 '뒷불'이라고 불렀다. 아버진 틈만 나면 어린 나를 데리고 이 송정 뒷불에 나가 헤엄치는 법을 가르쳐 주셨다. 강릉토박이로 바닷가 옆에서 자란 아버진 동네 물개라는 별명을 가졌을 정도로 수영과 다이빙을 잘하셨다. 이런 아버지 덕분에 나는 어릴 적부터 물과 친할 수 있었고 일찍 수영을 배웠다. 여름밤이면 우리 가족들은 모기를 피해 뒷불 백사장에서 요를 깔고 자곤 했는데 우리 모두가 잠든 한밤중에도 아버진 물속을 철썩거리며 수영을 즐기시곤 했다.

아버지를 따라 경포대로 가는 날은 이 송정소녀에겐 꽤 특별한 날이었다. 경포바다에 가면 난 오리바위, 아버지는 십 리 바위로 헤엄을 쳐 달려가곤 했다. 아버지는 내가 오리바위에 닿기도 전에 십 리바위까지 스퍼트로 달리는 물 위의 마라토너였다. 오리바위에 도착하면 나는 넓적하고 드러눕기 좋은 바위 하나를 골라 팔베개를 하고 낮잠을 자기도 하고 바위에 다닥다닥 붙은 해초를 따며 놀기도 했다. 오리바위는 나의 놀이터였다. 아버지도 십 리 바위에서 늘 한숨씩 주무시곤 했다. 잠이 깨면 아버진 물속 깊이 다이빙을 하며 바다 밑에서 살이 통통하게 찐 크고 넓적한 대합조개들을 한 주먹씩 주워 수영복 허리춤에 꿰어차고 오리바위에서 혼자 놀고 있는 내게로 헤엄쳐오시곤 하였다. 우린 그 대합조개를 비위에 쳐서 속에 있는 하얗고 짭짤한 조갯살을 빼먹으며 허기진 배를 채우고 다시 뭍으로 돌아오곤 했었다.

어떤 날은 해가 물속으로 빠질 때까지도 아버지가 십리바위에서 돌아오지 않을 때가 있었다. 그럴 때면 나는 발을 동동 구르며 목을 있는 대로 빼 들고 십리바위 쪽을 노려보곤 했다. 그런 날은 아버지가 바위 위에서 늦잠을 주무시는 날이었다. 아버지는 내 쪽으로 오고 있다는 신호를 보낼 때 두발로 물장구를 치는 습관이 있었다. 나는 오리바위에서 곤한 낮잠을 자다가도 아버지의 물장구 소리만 들리면 금세 잠이 깨곤 했다. 뭍으로 돌아오면 우린 건너편 호수에 가서 다시 수영을 했다. 샤워시설이 없던 그때는 소금기 묻은 몸을 민물호수에서 다시 씻어야 했기 때문이다.

생각해보면 아버진 참 엉뚱한 데가 있었다. 한번은 갯가에 나를 혼자 두고 풍덩 물속으로 뛰어들어가 한참 동안 나오지 않으셨다. 나는 겁에 질려 아버지를 불렀고 그래도 아버진 보이지 않았다. 나는 엉엉 울기 시작했다. 그러자 '나는 물귀신이다!' 하고 외치며 해초 더미로 얼굴을 가린 아버지가 물속에서 불쑥 나타나는 것이 아닌가. 일부러 어린 딸을 놀리려고 한참 동안 물속에서 묘기를 부리시던 아버지. 그렇게 한 번씩 수중묘기를 부리고 나오시는 아버지 양손엔 늘 딸에게 줄 대합조개들이 한 움큼씩 쥐어져 있었다. 아버지는 그 조개들을 갯가에 앉아있는 딸을 향해 휘익 던져주곤 하였다. 정말 아버진 장난꾸러기셨다.

조국을 떠난 지 십 년 만에 처음 귀국을 했을 때 그 반가워하시던 아버지의 얼굴. 불과 석 달밖에 머무르지 못하는 딸을 위하여 온 봄 내내 나의 방을 꾸미시며 새 벽지까지 붙이신 아버지. 도착 후 며칠 동안 시차에서 오는 피곤함과 후텁지근한 여름 날씨로 식욕을 잃고 있었을 때 먼 시내의 양과점까지 가셔서 이틀이 멀다하고 빵을 사오셔서 슬그머니 내방에 밀어 넣곤 하시던 아버지. 아버지의 정성을 거부하고 싶지 않아 미국에서도 잘 먹지 않던 그 빵을 열심히 먹는 나의 모습을 지켜보며 은근히 흡족해하시던 아버지. 아버지와 함께한 고향에서의 그 여름이 우리 부녀의 마지막 상봉이 될 줄 누가 알았을까?

어릴 적 기억을 떠올리며 아버지와 천막을 둘러메고 송정 뒷불로 가던 날, 밀집 마고자를 쓰고 휘청휘청 모래사장 위를 걸어가시던 아버지의 뒷모습이 늙고 초췌해 보여 마음 아프기도 했었다. 그렇게 수영을 잘하시던 아버진 물가에 앉아 망연히 바다를 바라보기만 하셨다. 아버진 그때 무슨 생각을 하고 계셨을까? 며칠 후면 다시 미국으로 돌아가야 하는 이 불효자식과의 이별을 생각하고 계셨을까? 아버지의 얼굴은 몹시 외로워 보였다.

고향을 떠나던 날 시외버스터미널에서 마지막 작별을 할 때 아무 말씀도 못하시고 그저 젖은 눈으로 비리보기만 하시던 나의 아버지. 다음 해 봄엔 꼭 오리건의 농장을 구경하러 오마던 아버지는 그 봄이 채 오기도 전에 돌아가시고 말았다.

아, 그리운 나의 아버지!

# 천사들의 도시가 불타던 날

미국에 오기 전까지만 해도 LA는 내게 선망의 도시였다. Los Angeles(천사들이란 뜻)라는 그 이름처럼 마음을 비단으로 둘둘 감은 천사들이 사는 곳인 줄로 여겼던 도시였다. 물론 지역적으로 천혜의 아름다움을 지닌 대단한 도시임에 틀림없다. 온화한 지중해성 기후, 태평양 해안의 불타는 듯한 아름다운 저녁노을, 한국에선 눈이 펑펑 쏟아지는 한겨울에도 해변에서 수영을 즐기고 산에서 스키를 탈 수 있는 곳. 어디 그뿐인가. 디즈니랜드가 있고 헐리우드가 있고, 또 미국 최대의 한국촌이 있는 LA는 누가 뭐래도 익사이팅하고 흥미로운 도시이다.

그런데 이 도시가 불타던 날이 있었다. 저녁노을에 불타는 것이 아니라 사람들이 이 도시를 불태운 것이다. 1992년 4월 29일의 일이었다. 그날 저녁 우연히 미국 ABC의 저녁방송을 보고 있었는데 갑자기 정규방송이 중단되더니 화재소식이 생방송되기 시작했다. 흑인 밀집가인 사우스 센트럴의 이곳 저곳의 건물에 불이 붙고 있다는 것이다. 그런데 누군가 일부러 방화를 하고 있는 것 같다고 했다. 또 불이 붙고 있는 건물들이 사우스 센트럴의 흑인가에 있는 한국인 소유의 상점들인 것 같다고 했다. 이상했다. 흑인지역의 많은 가게들이 한국인들 소유이긴 했지만 불타고 있는 건물들이 일괄적으로 한인업소라는 것은 수상쩍기 짝이 없는 일이었다. 누군가 한인들의 가게만 골라 방화를 하고 있었음이 틀림없었다.

그날, 밤이 깊을 때까지 사우스 센트럴의 화재소식은 끝날 줄 모르고 있었다. 한인들의 업소가 타깃이 되고 있었음이 점점 명백해져 갔다. 인종갈등의 낌새를 알아챈 한인 가게주인들은 너도 나도 자신들 가게 앞에 '흑인소유임'이라는 큼직한 팻말을 붙여놓고 방화자들의 자비(?)만 기다렸다. 그러나 진짜 흑인 소유가게는 용케도 건너뛰고 한국인 상점에만 불똥이 튀었다. 나는 사태의 심상치 않음을 직감하고 부리나케 '라디오 코리아'에 다이얼을 맞추었다. 아, 그런데 이게 웬일인가. 그곳에선 초상난 집처럼 한인상인들의 울음소리와 아우성들이 뒤범벅 되어 들려왔다.


"우리 가게에 누가 불을 붙이고 있어요! 경찰을 좀 불러주세요!"

"소방차가 오지 않고 있어요! 도와주세요. 사태가 급해요!"

밤이 깊어지면서 화재는 소방대가 손을 쓸 수 없을 만큼 이곳저곳의 한인 가게건물로 옮겨붙어 걷잡을 수 없는 상황이 돼가고 있었다.

"흑인 청년 두 명이 지금 막 불을 지르고 갔어요!"

"가게 밖에서 흑인들이 총으로 위협하고 있어요!"

피해를 당하고 있는 상인들이 '라디오 코리아'로 전화를 하며 도와달라고 애원하는 장면들이었다. 수십 년간 동포들의 피와 땀으로 일구어진 우리들의 소국 한국타운이 그렇게 불타고 있었다.

LA 폭동이 일어난 것이다. 사건의 불씨는 말썽쟁이 흑인 남자 하나가 과속차량단속 중이던 경찰의 제지를 무시하고 심야질주를 하다가 백인경찰 세 명에게 경찰봉으로 구타당하는 장면이 TV 화면에 비쳐지면서 시작되었다. '로드니 킹 구타 사건'으로 일컬어지는 이 사건이 재판에서 백인경찰들의 무죄판결로 내려지면서 자극받은 흑인들은 미친 듯이 거리로 나가 불을 지르기 시작했다. 그들은 물리적으로 투항할 수 없는 백인들 대신 평소에 못마땅하게 생각해오던 한국인들을 향해 화풀이를 시작한 것이다. 흑인가의 리커스토아(주류판매점)대부분을 장악하고 있던 한국인들이 흑인고객을 벌레 취급하듯 무시하고 무례하게 대한다는 것이 이들이 평소에 품고 있던 불만이었다. 사실 많은 한국인들이 흑인들에 대한 좋지 않은 이미지로 흑인을 상대하고 있었던 것은 사실이었다. 그들은 남루한 옷차림으로 상점에 들어오는 흑인 청소년들이 있으면 뒤를 바싹 따라다니며 감시했고 거스름돈을 내줄 때도 백인들처럼 손바닥에 꾹꾹 눌러 주는 것이 아니라 카운터 위로 내던지듯 건네주는 것이었다. 한국인들의 오랜 인종적 편견에서 온 습관이었다. 생계에만 급급했던 한국인들은 미국에서 지켜야 하는 상거래와 고객에 대한 에치켓을 몰랐던 것이다.

새벽이 되자 라디오코리아에서는 불길이 흑인가에서 한국촌으로 이동하고 있다면서 건물 안에 있는 사람들은 모두 몸을 피하라는 경고방송을 했다. 얼마 후 떨리는 아나운서의 목소리가 들려왔다. 드디어 웨스턴가에 불길이 솟았다는 것이다. 그곳은 코리아타운의 심장부였다. 아아, 그렇게 한국타운이 무너지고 있었다. 스물네 시간도 모자랄 만큼 불철주야 땀 흘려 이루어놓은 우리들의 한국타운이 그렇게 불바다가 돼가고 있었다. 단골 옷가게가 타고, 단골식당이 타고, 정든 그 거리거리가 타고 있었다. 불은 차례차례 옆 건물로 옮겨붙는 양상을 보이고 있었다. 조바심이 난 주인들이 상점 안의 물건을 꺼내기 시작했다. 그런데 도와주는 척하던 히스패닉계 이웃들이 꺼낸 물건을 자기들 차에 싣기 시작했다. looting(약탈)이 시작된 것이다. 가계주인들은 떼거리 약탈자들 앞에서 발만 동동 구르며 안타까워할 뿐이었다. 어찌 된 일인지 경찰은 보이지 않았다. 멕시칸들이 아예 트럭까지 대놓고 물건을 싣고 있는 장면이 TV 화면에 잡히기도 했다. 그야말로 무법천지 같은 상황이 선진국이라는 미국에서 자행되고 있는 것이었다. 이름도 무색하게 천사들의 도시가 무법자들의 도시로 변하고 있었다.

마비된 치안. 나는 그렇게 무기력하고 방관자 같은 LA경찰을 이전에 본적이 없었다. 소수민족 간의 갈등이어서 그랬을까? 경찰의 대응은 의도적일 만큼 소극적이었고 언론은 보도에만 바빴다. 원인 제공은 백인이 하고 화풀이는 한국인들이 당한 꼴이 돼 버렸다. 그런데도 미국의 주류 언론들은 한인들보다 먼저 그 땅에 뿌리를 내렸다는 이유로 흑인들을 옹호하는 분위기였다. 처음으로 한국인들이 왕따를 당하는 기분이었다. 엎친 데 덮친 격으로 억울함을 호소하는 한인들이 거리에 나와 시위를 할 때 손에 잡고 흔들던 국기가 성조기가 아니라 대한민국의 태극기였다는 것도 한국인들이 미국 속의 아웃사이더라는 점을 다시 한번 부각시킨 셈이다.

경찰진압이 무력해지자 이제 '라디오 코리아'에서는 전쟁 상황을 중계하는 듯한 장면들이 전파 속으로 들려왔다.

"총알이 필요하다!"

"총알이 있으니 가져가라!"

전투장을 방불케 하는 목소리들이었다. 경찰이 오지 않으니 이제 우리들 스스로가 우리 재산을 지켜야 한다며 업소상인들은 서로서로 총을 나누어 방화자나 약탈자들을 향해 공격할 태세에 돌입하기 시작했다. 그 와중에 인명피해도 생겨났다. 아까운 교포 청년이 희생된 것이다.


폭동 이후 LA 한인들의 생각과 태도에 조금씩 변화가 생기기 시작했다. 한국이민자들의 힘을 기르기 위해 주류사회의 정계진출의 필요성과 '돈만 벌면 그만이다.' 라는 일부 그릇된 관념에서 벗어나 남과 더불어 사는 삶의 지혜도 재인식하게 되었다. 그런 면에서 LA 폭동은 잃은 것만큼 얻은 것도 있었다. 어쨌든 LA 폭동은 천연재해가 아닌 인재로서 미주 한인 이민사상 가장 값비싼 대가를 치른 인종갈등사건으로 미국역사 속에 기록될 것이다.

## 우디 앨런과 순이의 사랑

미국 매스컴에 우디 앨런과 한국처녀 순이의 스캔들로 떠들썩한 적이 있다. 나로서는 순이가 한국 입양아이기 때문에 더욱 관심이 갈 수밖에 없었다. 순이가 그냥 평범한 여성이었다 해도 우디 앨런이라는 미국 연예계 거물급과 관련된 파문이고 보면 누구나 시선이 쏠리지 않을 수 없는 일이었다. 헐리우드의 유명한 영화배우이자 감독인 우디 앨런의 아무도 예상치 못했던 한국 입양아와의 사랑. 그는 이제 자신이 메가폰을 잡은 영화 속의 사랑이 아니고 실제 현실에서 영화 같은 로맨스의 주인공이 된 것이다.

순이. 그녀는 한국의 고아원에서 자라던 아이였다. 부모가 누군지도 모르던 이 한국 고아가 미국의 유명 여배우 미아 패로우와 세계적인 지휘자 안드레 프레빈의 양녀로 입양되었다는 것도 뉴스거리였지만 그런 입양모를 배반하고 어머니의 남자, 그리고 자신에게는 아버지나 다름없는 우디 앨런을 어머니로부터 빼앗았다는(?) 사실은 더 큰 뉴스거리일 수밖에 없었다.

사건의 전말은 이렇다. 모성애가 유난한 미아 패로우는 이미 네 명의 친자식이 있었음에도 불구하고 일곱 명이나 되는 남의 나라 아이들을 입양하여 기른다. 입양한 아이들 중에는 한국에서 데려온 아이들도 있고 장애아들도 있다. 그녀는 안드레 프레빈과의 결혼 중에 한국의 어느 고아원에서 순이라는 여자아이를 데려와 입양을 한다. 하지만 프레빈과 헤어지고 미아 패로우는 우디 앨런과 실질적인 부부로서 함께 살게 된다. 물론 순이를 포함한 열한 명이나 되는 미아 패로우의 아이들도 그들과 함께였다. 우디 앨런은 순이의 아버지 노릇을 하고 순이는 우디 앨런의 딸 노릇을 하며 그들은 함께 살아간다. 어느덧 순이는 자라서 스므 살의 꽃다운 처녀가 되고 우디 앨런은 오십 대 중반의 남자가 된다. 한 방울의 피도 섞이지 않은 이들 부녀는 어느 날 아버지와 딸에서 연인 사이로 바뀌어 정사를 나누게 된다. 한 지붕 밑에서 일어난 예기치 않은 로맨스였다. 우디 앨런은 순이를 향한 자신의 사랑은 진실한 것이라며 한때의 불장난이 아님을 세상에 고백한다. 그리고 십이 년에 걸친 미아 패로우와의 관계에 종지부를 찍는다.

　　이 사건을 보면서 나는 딜레마에 빠졌다. 아무리 생리학적으로 피 한 방울 섞이지 않은 남녀라 해도 엄연히 양부 양딸의 사회적인 관계로 맺어진 이들의 사랑은 유교적 기치관 속에 뿌리박힌 내 사고방식으로는 부도덕하게 보일 수밖에 없었다. 물론 같은 한국인으로서 순이에 대한 동정과 연민이 전혀 없는 것이 아니다. 친부모에 대한 채워지지 않은 외로움과 그리움, 그리고 파더 콤플렉스(father complex)를 안고 성장했을 순이가 우디 앨런의 아버지 같은 넉넉한 사랑에 마음을 빼앗길 수밖에 없었으리라는 생각도 들었다. 하지만 현실적으로 순이는 십사 년간 길러준 양어머니 미아 패로우를 배신했다. 미아 패로우를 동정하는 미국인들의 여론 앞에 순이는 양어머니 미아 패로우가 겉보기와는 달리 자기에게 매우 거칠었다고 주장했다. 미아 패로우가 친어머니였다면 그렇게 말했을까? 친부모였다면 그보다 더 가혹했다 해도 순이는 불만으로 느끼지 않았을것이다. 어쩌면 순이는 그런 방식으로라도 길러준 어머니의 남자를 빼앗았다는 자신의 행위를 정당화시키려고 했는지도 모른다.

미국인들이 이들의 사랑을 부정적으로 보는 또 다른 이유는 우디 앨런이 선택한 여인이 하필이면 미천한 한국의 고아출신이라는 사실이다. 사랑에 귀천이 어디 있는가? 그리고 사랑이 어디 선택해서 되는 일이던가? 언제 어디로 튈지 모르는 예측 불허한 것이 사랑의 불꽃이 아닌가? 사랑은 옳고 그름도, 도덕도 이성도 없는 것이다. 아무리 세상사람들이 비난하고 손가락질해도 사랑은 사랑일 뿐. 누구도 어쩔 수 없는 당사자들만의 문제이다.

어찌됐던 패자는 미아 패로우이다. 그녀는 사랑하는 남자와 사랑하는 딸, 두 사람을 동시에 잃었다. 다만 '신이 준 최대의 선물'로 알고 세계의 고아들을 데려다 친자식 남의 자식 가리지 않고 길러온 미아 패로우. 그녀의 모성본능을 초월한 휴머니즘은 과연 어떻게 보상받을 것인가? 그리고 그녀의 눈물은 누가 닦아줄 것인가?

사랑이 뭐길래…….

56세의 우디 앨런은 21세 여대생이던 어린 순이와 그 후 결혼
해 오늘날까지 잘 살고 있다.

# 무모한 계획, 북한여행 

한중 수교가 되기 전인 1989년 가을 나는 미시민권자 신분으로 중국을 여행했었다. 그때까지도 사실 난 중국여행에는 별 관심이 없었다. 생김생김도 비슷하고 문화도 비슷한데다 정치적으로 다른 체제를 갖고 있어서인지 여행지로서 별 흥미를 느끼지 않던 곳이었다. 게다가 외교관계만 수립되면 중국은 한국에서도 손쉽게 갈 수 있는 가까운 나라였기에 굳이 먼 미국에서 갈 이유가 없는 것이었다. 그렇게 계획에도 없던 중국여행을 미국에서 감행하게 된 것은 북한을 가야 했기 때문이었다. 아니 가보고 싶었기 때문이었다.

내가 북한여행에 관심을 갖게 된 것은 미국에 와서부터였다. 미국인들은 내가 코리아에서 왔다고 하면 다짜고짜 South냐 North냐 부터 물어대곤 했는데 그때까지 나는 지구상에 Korea란 이름을 가진 나라가 둘이라는 사실을 깨닫지 못하고 있었다. 그 이후부터 나는 꼭 South란 말을 코리아 앞에 붙여 말하는 습관을 가지게 되었다. 미국인들은 만날 때마다 내게 북한에 관한 질문을 했다. 하지만 난 아는 것이 없었다.

UCLA의 응용언어학과에 입학하고 나서 북한여행의 필요성이 절박해진 계기가 생겼다. 논문을 구상 중이던 내게 한국학에 관심이 많던 학과의 교수 한 분이 남북의 언어정책과정을 연구해 보는 것이 어떻겠느냐고 제의해왔다. 분단 이후부터 현재까지의 한국어와 북한의 조선어 사이에 생긴 언어의 균열을 비교연구해보고 싶었던 내게 솔깃한 아이디어였다. 분단의 역사가 수십 년이 되었으니 남북 사이의 언어의 갭이 생겼을 것은 당연한 일이지만 그 갭이 얼마나 크고 또 그것이 통일 후에 어떤 영향을 미칠 것인가도 한번 연구해 볼 만하다고 생각했다. 나는 교수의 제의를 따르기로 했고, 그는 내 논문의 지도 교수가 되어주었다.

논문을 쓰는 과정에서 나는 북한에 관한 자료가 빈약하다는 사실을 깨달았다. 며칠을 곰곰이 고민하다가 나는 북한을 한번 방문해보고 싶다는 대담한 생각을 했다. 북한의 대학을 방문하여 자료도 얻고 북한주민들을 만나 그들이 사용하는 말을 직접 들어보고도 싶었다. 그리고 이 기회에 그 아름답다는 금강산 구경도 더불어 하고 싶었다. 내 생전에 통일이 되지 않는 한 기회는 미국여권을 쥐고 있는 지금일 것 같았다. 그 무렵 남북관계가 완화되면서 미국시민권을 가진 재미동포들이 줄지어 북한 나들이를 하던 참이어서 나의 북한방문도 그다지 어렵지 않을 것이라고 믿고 있었다.

LA의 한 한인여행사를 찾아갔다. 북한단체방문만을 전문으로 하는 여행사였다. 그런데 여행비가 터무니없이 비쌌다. 아직도 학생신분인 나로선 무리라는 생각이 들었다. 게다가 난 단체여행을 좋아하지도 않았고 배낭하나 달랑 메고 홀로 자유롭게 여행하기 좋아하는 솔로 배낭족의 체질이었다. 할 수 없이 중국에서 북한비자를 받기로 하고 중국여행을 알선하는 여행사를 찾았다. 공교롭게도 담당자는 북한을 여러 번 다녀온 조선족 출신이었다. 그는 베이징의 북한대사관에 가면 미시민권자는 어렵지 않게 북한비자를 받을 수 있다고 했다. 그의 말이 너무 자신있고 단호하여 나는 의심의 여지 없이 중국행을 결정했다.

말만 들어도 섬뜩하던 공산주의 땅 중화인민공화국. 약간의 두려움과 호기심을 반반씩 안고 나는 로스앤젤레스의 국제공항을 출발했다. 사회주의국가는 처음 가보는 것이어서 긴장이 되지 않을 수 없었다. 내가 궁극적으로 방문하고자 하는 북한도 공산주의이긴 마찬가지였지만 이상하게도 그곳은 무섭지 않았다. 같은 핏줄이어서였을까?

장장 열 시간 하고도 몇 시간을 더 날은 후 비행기가 북경에 도착했다. 미국에서 한국을 방문할 때와 거의 맞먹는 시간이 걸렸다. 중국이 한국의 접경국가라 생각하면 그리 놀랄 일도 아니건만 마치 아시아와는 동떨어진 어느 먼 오지의 나라로 찾아온 느낌이 들었다. 공항의 검색대를 지나며 처음 보는 중국 공산주의자들 앞에서 두근거리는 가슴을 쓸며 쓸데없는 긴장을 했다는 것을 안 것은 공항 밖을 나와서였다. 공산주의자들이라면 머리에 뿔이라도 난 것처럼 상상하고 살아온 내게 그들은 나와 똑같은 사람들이었다.

숙소로 향하는 버스에 앉아 창밖을 바라보니 러시아워를 이루고 있는 인민들의 자전거 행렬이 도심의 대로를 꽉 메우고 있었다. 이런 모습은 일찍이 본 일이 없어 매우 인상적이었다. 마치 자전거 대축제라도 열리고 있는 것 같았다. 모두들 회색이나 검은색의 어둡고 칙칙해 보이는 작업복을 입고 있는 것도 중국의 사회주의 분위기를 물씬 느끼게 했다. 더러는 모택동 모자를 쓴 사람도 있었다. 작업복차림으로 자전거를 타고 일터를 왕래하는 그들에게서 어딘지 근면함과 검소함이 느껴졌다. 울긋불긋한 색깔에 익숙하고 또 자동차 없이는 못 사는 나라 미국에서 온 내게 너무나 대조적인 이 거리 풍경들이 조금은 신선하기까지 했다.


나는 우선 북한비자를 신청하기 위해 대사관 거리로 갔다. 깨끗하고 조용한 거리에 북한대사관이 있었다. 미대사관에서 멀지 않은 곳이었다. 조선인민공화국이라 쓰인 팻말과 인공기가 펄럭이는 대사관 입구에서 나는 멈칫했다. 마치 죄지은 사람처럼 가슴이 두근거렸다. 철들면서부터 몸에 밴 반공의식이 이렇게 무서운 것인 줄 몰랐다. 깊은 숨을 몇 차례 몰아쉬고 가까스로 마음을 진정시킨 뒤, 나는 애써 태연한 표정을 지으며 입구초소 앞으로 걸어가 미국

여권을 내밀었다.

"비자 신청하러 왔습니다."

겁먹은 내 목소리는 떨리고 있었지만, 북한초소병은 크게 경계하는 눈빛 없이 선선히 통과시켜주었다.

대사관은 크고 넓었다. 초소에서 대사관 현관까지 한참을 걸어들어가는 동안 가슴은 계속 콩닥거렸다. 저 안에 들어가서 무슨 일이나 당하지는 않을까? 북한대사관을 방문했다는 이유 하나만으로 한국방문 시 불이익을 당하지 않을까? 온갖 방정맞은 생각이 다 들었다. 법적으로는 아무리 미국시민이라 해도 나는 엄연히 남한출신이다. 서로가 적이라고 배워온, 그들의 이론대로라면 나는 '성분이 아주 좋지 않은 불순분자'인 셈이니 적의 굴로 들어가는 기분이 드는 것은 어쩔 수 없었다.

되돌아갈까 하는 순간적인 충동이 일었지만 마음 한구석으론 '안돼!' 하고 소리치고 있었다. 얼마나 벼르고 벼르던 기회인데……. 다시 한번 심호흡을 하고 나는 성큼성큼 현관 안으로 들어갔다. 입구에서 안내자인 듯한 중년남자가 비자과를 손시늉으로 가리켜준다. 안내인치곤 표정도 없고 무뚝뚝한 인상이 마치 어릴 때 시골 동사무소에서 본 서기아저씨 같다. 비자과 창구에는 30대 중반쯤으로 보이는 야무지게 생긴 여자직원이 역시 무뚝뚝한 표정으로 앉아있다. 모두들 약속이나 한 듯 포커페이스이다. 용건을 말했더니 대기실에서 기다리라고 한다.

대기실에 막 들어서려는 순간이었다. 앗! 내 정면시야에 들어오는 커다란 김일성 초상화! 차마 못 볼 것을 본 것 같아 얼른 고개를 떨구었다. 그리곤 테이블 위에 놓인 한 권의 잡지책을 집어 든다. 그러다 또 한번 놀란다. 시뻘건 잡지표지는 얼마 전 남한 학생대표로 북한에 갔던 임수경의 사진으로 온통 도배가 되어있었기 때문이다. 그들이 임수경학생에게 이리도 열광하는 이유는 뭘까? 그녀는 영웅이 돼 있었다. 아무튼, 나는 그 책자마저 집어들 용기가 나지 않아 멀뚱멀뚱 허공만 응시하고 있었다.

잠시 후 화장실에 가려고 자리에서 일어나 복도로 나왔더니 화장실이 보이지 않는다. 안내인에게 물으니 "위생실 말입네까? 저쪽으로 내리가다 왼쪽으로 돌으시라요."라며 퉁명스럽게 대꾸한다. 위생실? 이건 병원에서 쓰는 용어가 아닌가? 나는 벌써 언어의 균열을 느끼고 있었다.


한참이 지나 비자 담당여직원이 나를 부른다. 창구에 다가가자 그녀는 나의 신상에 관한 질문부터 하기 시작한다.

"세대주는 어디 계십니까?" 세대주라? 집안의 책임자를 말하는 것 같은데, 남편도 없고 아버지도 안 계시니 나의 남동생이 호주인가 세대주인가 하는 말을 들은 적이 있지만…….  (부끄럽게도 사실 나는 정확히 세대주의 의미를 잘 몰랐다.)

"저의 아버님은 돌아가셨구요…….  " 내가 머뭇거리자 그녀가 따지듯이 쏘아댄다.

"아니, 남편이 어디 계시느냐 말입네다." 아, 북에선 남편을 세대주라 부르는 모양이었다. 그녀는 또 나의 직업을 물었다. 대학원의 학생이라고 했더니 중년의 나이에 아직 학생이라는 것이 이상하다는 표정이다. 북에서도 남한처럼 나이가 많은 학생은 별로 없는 모양이다. 세대주의 거주지와 나의 직업이 여행 비자신청과 무슨 상관이 있는지는 몰라도 그녀가 묻는 말에 나는 고분고분하게 대답을 했다.

간단한 신원조사가 끝나자 창구의 여직원은 일주일 후에 다시 오라고 한다. 아마도 그땐 비자를 받을 수 있을 것 같아 평양으로 가는 기차편에 관해서도 물었다. 평양행 기차표는 대사관에서 팔고 있다며 기차요금은 300불이라고 했다.

북한 여행이 임박한 것 같은 흥분에 들떠 나는 대사관을 나와 이리저리 거리를 배회했다. 세계에서 제일 가깝고도 먼 나라 조선 인민공화국. 아니 내 조국의 반쪽. 어둠과 베일 속에 가려진 채 반백 년을 궁금하게 했던 그 좁은 문이 이제 내 앞에 열린다고 생각하니 꿈만 같았다.

나는 우선 숙소부터 옮기기로 했다. 북한여행을 하려면 돈이 필요했다. 어느 정도의 여유자금을 갖고 오긴 했지만, 북한에서의 하루 체재비가 100불이고 예정보다 체류가 지연될 경우를 생각해서 예산은 넉넉할수록 좋을 것 같았다. 비자를 기다리는 일주일 동안의 호텔비를 최저로 아끼기 위해 북경 뒷골목을 헤매고 다니며 싸구려 숙소를 찾았다. 그러다 우연히 한국의 재래시장을 연상시키는 어느 시끌벅적한 시장통 한구석에서 한글 간판이 걸린 식당을 발견했다. 반가운 마음에 들어가 보니 조선족이 운영하는 식당이었다. 투박한 북한 억양의 조선족 여주인은 보기와는 달리 매우 친절했고 60년대 우리나라 시골에서나 만날 수 있는 때 묻지 않은 순박한 사람이었다. 이 지역을 잘 알고 있는 그녀의 소개로 나는 시장 한 모퉁이에 있는 싼 여관에 묵게 되었고 아침과 저녁 식사는 이 조선족 식당에서 하기로 했다.

시장은 이른 새벽부터 밤늦게까지 늘 북새통을 이루곤 했다. 나는 그 시장통에서 들려오는 소음으로 이른 새벽부터 잠을 깨야 했디. 세벽장터에서의 상인들익 고함수리는 우리나라 시골장터와 비슷했다. 그 시장통을 하루에도 몇 번씩 오가며 나는 중국인들의 질박한 삶을 엿보았고, 사람사는 곳은 결국 똑같은 거구나 하고 다시금 깨달았다. 이데올로기가 달라 서로 등을 지고 사는 운명을 타고났어도 결국 우린 같은 인간일 뿐이라는 생각이 들었다.

베이징대학을 방문하기 위해 인민버스를 탔는데 출근시간 때라 버스 안이 대만원이다. 콩나물시루라는 말이 이곳에서도 통할 듯싶다.

운전사에게 '베이징따이(북경대)'라고 했더니 무어라 중국어로 떠들어댄다. 못 알아들었나 싶어 재차 그의 얼굴을 바라보며 다시 한번 '베이징따이'라고 되풀이했다. 내 목소리가 컸던지 아니면 내 중국어 발음이 이상했던지 버스 안에 있던 인민들이 일제히 나를 향해 시선을 돌린다. 그러고 보니 외국인은 나 하나뿐인 것 같다. 사실 외양으로 봐선 나는 외국인도 아니다. 그들 중국인들과 똑같이 생겼기 때문이다.

북경대 간판이 보이는 곳에서 내렸다. 중국 최고의 지성의 전당이라는 이 대학은 캠퍼스가 무척 아름다운 곳이었다. 연꽃에 덮인 호수. 견우직녀가 만나는 오작교 같은 다리와 정자. 숲 속으로 난 오솔길. 캠퍼스가 이리도 낭만적이어서야 어찌 공부에 집중할 수 있을까 하는 의구심이 들었지만, 호숫가나 숲 속 벤치에 앉아 책을 보는 학생들도 많았다. 캠퍼스 숲 속의 호젓한 오솔길을 따라 한참을 걷다 보니 새소리와 바람소리가 깊은 사색과 명상의 세계로 데려가는 듯하다. 중국의 지성들이 이런 자연친화적 분위기에서 탄생했구나 생각하니 내가 걷고 있는 이 오솔길이 마치 심오한 철학이라도 간직한 듯 감개무량해지기까지 한다.

캠퍼스의 여기저기를 배회하다가 한 농구코트 앞에서 발길을 멈추었다. 농구게임에 열중이던 한 학생의 셔츠에 Korea란 로고가 쓰여있었기 때문이다. 세계 곳곳에 한국학생이 없는 곳이 없다고는 하지만 아직 외교관계가 없던 중국에까지 한국유학생이 와 있으리라곤 상상을 못했었다. 놀랍기도 하고 반갑기도해서 그에게 다가가 인사를 했다.

"안녕하세요?" 내가 인사를 건네자 그가 활짝 웃는 얼굴로 여행자이시냐며 코트장 안에서 손을 들어 답례를 해준다. 나는 그의 농구하는 모습을 한참 동안 지켜보았다. 훤칠한 키에 미남형의 이십 대 청년이다. 동안의 앳된 얼굴이 대학원생 같지는 않고 새내기 학부학생쯤으로 보인다.

게임이 끝나자 그는 멀리서 온 손님에게 차 대접을 하고 싶다며 자기 방으로 나를 데리고 갔다. 그는 외국인 학생전용 기숙사에 살고 있었는데 그의 기숙사 방문 앞에도 Korea라는 영문표기와 태권도 그림이 여러 장 붙어 있었다. "태권도를 좋아하시나 봐요?" 나의 물음에 그가 또다시 활짝 웃는다. 밝은 웃음이 아무리 봐도 인상이 아주 좋은 청년이다. 그런데 그의 방으로 막 들어선 순간 나는 벽에 걸려있는 사진을 보고 기겁을 할뻔했다. 커다란 김일성 초상화가 나를 바라보고 있었기 때문이다. 다리가 후들거렸다. 어릴 때부터 공포의 대상으로 철저하게 세뇌되어진 나의 의식은 김일성의 사진을 볼 때마다 신체의 이상증후를 느끼곤 한다. 그러고 보니 그의 말투가 북한억양이었다.

나는 그의 앞에서 당황한 모습을 보이지 않으려고 마음을 가다 듬고 애써 미소를 지어보지만 내 표정근육은 나의 의지대로 되어주지 않았다. 청진에서 왔다는 그는 북경대학 중어중문학과 3학년에 재학중인 김광호라는 북한유학생이었다. 그는 내가 남한출신의 미국교포라는 사실에 별로 놀라거나 경계하는 빛이 없어 보였다. 혹시 남한사람들을 만나본 적이 있느냐니까 그렇단다. 그동안 중국에 진출해있는 남한기업체 사람들이나 미국에서 여행 오는 교포들을 드문드문 만날 기회가 있었다고 한다.

아버지가 병원의사라기에 "돈을 많이 버시겠네요?" 하는 상투적인 질문을 했더니 사회주의 국가에선 그렇지 않단다. 그가 부잣집 아들이 아닐지는 몰라도 그의 매너는 아주 부티가 났다. 차 한 잔을 대접하면서도 나를 대하는 광호의 태도는 너무나 깍듯하고 공손했다. 가정교육을 잘 받았구나 하는 느낌을 떨칠 수 없었고, 그런 그가 나와 같은 핏줄을 이어받은 동족이라는 것이 자랑스러웠다.

청진의 부모님이 부쳐주었다는 북한산 인삼차를 마시며 마치 오랜만에 만난 오누이처럼 우리는 공부 얘기도 하고 가족이야기도 나누었다. 우연하게도 광호와 난 외국어를 전공하고 있다는 점에서 동질감을 느꼈다. 그는 중문학, 나는 영어교육학. 그는 김일성대학에서 중국어를 공부하다 일 년 전에 '위대한 수령님' 덕택으로 중국으로 유학을 왔다고 했다. 김일성대학이라면 수재들만 가는 곳이 아닌가? 얼굴도 잘생긴데다가 머리까지 좋은 학생이구나 하는 생각이 들었다. 김일성대학 얘기가 나오자 나는 북한으로 가기 위해 중국에 왔다는 사실을 말했다. 그리고 평양에 도착하면 제일 먼저 방문하고 싶은 곳이 김일성대학이라고 했다. 그곳에서 내가 쓸 논문의 자료도 얻고 학생들도 만나 대화해 보고 싶다고 했더니 그는 아주 반갑다는 표정이었다.

중국에서의 유학생활이 어떠냐고 묻자 그는 때때로 고향생각이 난다고 솔직하게 말한다. 하지만 '위대한 수령님'의 은혜에 보답하기 위해서 오로지 열심히 공부하고 있다며 갑자기 군인처럼 딱딱한 얼굴이 된다. 말끝마다 '위대한 수령님' 타령을 하니 또다시 가슴이 섬뜩해진다. 같은 민족이면서도 철천지원수가 되어버린 이 기구한 운명. 그런데도 광호와 난 이렇게 찻잔을 마주하고 웃으며 대화의 꽃을 피우고 있으니 아이러니가 아닐 수 없다. 결국, 우린 적이될 수 없는 것이다. 사상이 다르다고 남이 될 수는 없는 것이다. 죄없는 북한인민들과 남한동포들이 서로 증오할 이유가 어디 있는가? 우린 어쩌다 이념을 달리한 갈라진 영토에서 살아 갈뿐 그 이상도 그이하도 아닌 그저 평범한 조선인이고 한국인일 뿐이다.

광호는 남한의 경제부흥에 대해서도 알고 있었고 지난 88년 서울에서 열린 올림픽게임도 TV에서 보았다고 했다. 올림픽을 본 소감에 대해서는 약간의 가시 돋친 비평을 하기도 했지만 어떤 경우에도 이념이나 정치성을 띤 발언은 피하는 것 같았다.

　　연꽃이 아름다운 호숫가를 함께 걸으며 우리는 대화를 계속했다. 그는 장차 외교분야에서 일하고 싶다고 했다. 중문학을 전공하고 있으니 언젠가는 북중 외교관계 전문가가 되겠지. 하지만 조국을 위해서라면 무슨 일이든 마다하지 않을 거라는 말도 덧붙였다. 그는 말끝마다 북한을 지칭하는 말로 '조국'이란 단어를 썼다. 그럴 때마다 그의 얼굴엔 그가 얼마나 그의 조국 북한을 사랑하는지 알 수 있을 것 같은 감격스런 표정이 흘러넘쳤다. 그에게 조국은 마치 '사랑하는 님'과도 같아 보였다. 그런 그의 모습에서 나는 한줌의 흙을 간직한 채 조국 폴란드를 영원히 못 잊었던 음악가 쇼팽을 떠올렸다.

　　그에게 북한의 생활상에 관해 묻고 싶었지만, 왠지 조심스러웠다. 그가 아무리 격이 없이 편하게 대해준다 해도 그는 어디까지나 조선인민공화국의 인민이었고 나는 그 적대국가인 미국에서 온 남한출신의 국민이었다. 더구나 북한정부의 돈으로, 아니 그 '위대한 김일성 수령님' 덕으로 공부하고 있는 그의 유학생신분에 어떤 누가 될지도 몰라 북한에 관한 질문을 삼가하기로 했다. 그는 같은 기숙사에 살고 있는 미국학생들에 대한 언급도 했다. 그는 그들을 몹시 혐오하고 있었다. 당연할 것이다. 미국을 철천지원수로 교육받아온 그를 원망할 수만은 없었다. 나는 잠자코 미국인들에 대한 그의 쓰디쓴 비난을 듣고 있을 수밖에 없었다. 가슴속에 사무친 그들의 원한. '오늘의 한반도를 두 동강으로 갈라놓은 미국'을 증오하면서도 그의 손엔 필터 없는 미국담배 카멜이 타고 있었다.

교정을 나오니 어둑어둑해진 거리에 조금씩 비가 내리기 시작했다. 광호는 내게 저녁 식사를 대접하겠다며 가난한 유학생의 호주머니를 털어 대학가 앞의 한 식당으로 나를 안내했다. 미국의 중국식당에선 본 적도 없는 이름 모를 푸짐한 중국식 저녁 식사가 나왔다. 광호는 축배를 하자며 한 잔의 중국맥주까지 권했다. 만난 지 몇 시간도 되지 않았는데 마치 오랫동안 알고 지내온 동생 같은 친밀감이 느껴지면서 동족이란 이렇게 좋은 거구나 하는 생각이 들었다. 식사를 마치고 나오자 비 오는 밤길이 걱정된다며 광호가 함께 버스를 타 주었다. 근처의 버스정류장에 내려 내 숙소 앞까지 비를 맞으며 함께 걸어주던 그를 보며 나는 '지상의 양식'에서 읽은 문구를 생각했다. '나타니엘이여, 우리는 비를 받아들이자…….'

그는 어딜 보나 인정 많은 우리 한민족의 후예가 틀림없었다. 짧은 만남이었지만 무척 정이 가는 내 형제요 내 핏줄인데 어쩌다 우리는 이념을 달리한 분단국가가 되었을까 생각하니 슬퍼졌다. 두 개로 싹둑 잘라진 조국. 그와 나는 같은 민족이면서도 서로 다른 조국을 갖고 있으니 이 얼마나 야릇한 운명인가? '원수의 나라 미국'

에서 온 나에게 아무 적대감 없이 누님이라 불러주던 그 예의 바르
던 북한청년 광호의 마지막 말이 아직도 노래의 후렴처럼 내 귓전
을 맴돈다.

"누님. 통일이 되면 금강산구경 같이 가자요!"


비자신청일로부터 일주일이 흐른 화요일 다시 대사관에 갔다.
그 다음날인 수요일에 평양행 기차가 있다기에 대사관에서 기차표
도 살 생각이었다. 기차를 타고 평양으로 달리는 가슴 뛰는 상상을
하면서 비자과 창구 앞으로 갔다.

"조국방문이 어렵게 되었습네다."

창구의 여직원은 태연한 표정으로 딱 잘라 말했다. 평양에서
비자발급을 거부했다는 것이다. 이게 웬일인가? 비자허가를 평양
에서 하는 건 또 뭔가? 중국주재 북한대사관에서 관광객 한 사람의
비자발급조차 독자적으로 못한다는 말인가? 그렇다면 여기 있는 이
큰 북한대사관 건물은 허수아비가 아닌가? 어쨌든 비자거부의 이유
나 알고 싶었다. 하지만 그 여직원은 이유를 말하려 하지 않았다. 무
엇 때문이었을까. 나는 분명히 미국 국적이고 미국 국적자는 북한여
행이 어렵지 않다고 여행사에서 몇 번을 확인하고 오지 않았는가?
북한에 가고자 하는 이유가 순수한 논문자료 수집차일 뿐이라고 했
던 나의 목적이 잘못된 것이었을까? 혁명이라도 하러 간다고 했어

야 되는가? 나는 정치에도 관심 없고 그들의 밥도 축내지 않을 것이며 그들에게 해가 될 어떤 일도 할 의도가 없는데 비자 허용을 하지 않는 이유가 도대체 뭐란 말인가! 아무리 생각해도 이해가 되지 않았다. 어찌 됐건 나는 그대로 물러설 수가 없어 다시 담당직원에게 사정을 해보았다. 하지만 그녀는 자기 힘으로는 어쩔 수 없다며 미국에 돌아가서 북한 단체여행을 주선하는 K여행사를 통해 다시 시도해보라고 한다. 분노와 허탈감이 동시에 밀려와 잠시 휴게실 소파에 털썩 주저앉아 마음을 진정시키고 있었다. 얼마나 기대하고 기대했던 평양행이었는데…….

실망감에 휩싸인 채 떨어지지 않는 발길을 내딛으며 북한대사관을 나오려는데 대기실에서 아까부터 나를 바라보고 있던 한 서양 남자가 "아유 오케이?(괜찮아요?)" 하며 다가온다. 침통해 보이는 나의 얼굴이 심상치 않았나 보다. 그는 평양주재 불가리아 대사관에서 일하는 외교관이었다. 중국에 출장 왔다가 내일이면 다시 평양으로 돌아간나고 했나. 나는 영어로 자초지종을 설명했다. 그리고 북한은 대체 어떤 곳인지 듣고 싶다고 했다. 얼마나 대단한 곳이길래 이렇게 방문하기가 어려운지 알고 싶었다. 사실 미국 여권으로 지구상에 있는 나라 중 갈 수 없는 나라가 별로 없다고 생각하고 있던 터라 북한입국이 이렇게 까다로운 것에 대한 나의 실망은 이만저만이 아니었다. 그는 대사관사람들이 들을 것을 경계하는 듯 재빨리 주위를 둘러보더니 작은 목소리로 대뜸 "They are crazy."라며 주저 없이 한마디를 내뱉는다. 정상적인 나라가 아니라는 것이다. 같은 사회주의 국민으로서 좀 의외의 반응이었다. 그는 김일성을 미친 듯 신격화하는 북한사회에 대해서는 불가리아인들도 이해가 되지 않는다고 했다. 온 나라가 맹목적으로 한 인간을 신처럼 받들고 열광하는 북한을 보고 사회주의국가에서 온 자기네들도 놀란다는 것이다. 그의 말을 듣는 나도 놀라버리고 말았다.

북한사회에 대한 그의 솔직한 말을 듣다 보니 조금은 위로가 되었다. 그의 추측에 의하면 나의 비자가 거부된 이유는 아마도 내가 남한출신이기 때문이었을 것이라고 했다. 내가 앵글로색슨의 미국인이었다면 사정은 달랐을 것이란다. 역시 사람 차별하는 것은 대한민국뿐 아니라 사회주의 북한도 예외가 아니구나 하는 생각이 들었다.

대사관 밖으로 나오기 위해 우리는 주차장을 지나고 있었다. 그런데 주차장이 벤츠 승용차로 가득 차 있었다. 마치 외제 자동차 전시장 같았다. 아니 식량이 모자라 아이들이 굶어 죽고 있다면서 웬 벤츠차가 이렇게도 많을까 의아해서 그 불가리아 외교관에게 따지듯이 물었더니 북한의 계급사회 실상에 관해 또다시 열변을 토한다. 평양의 특권층들은 저렇게 외제물건만 쓰며 호화판으로 산다는 것이다. 주민들은 먹을 것이 없어 죽어가고 있는데도……. 독재의 전형을 보는 것 같아 기분이 아주 씁쓸했다.

대사관 밖을 나오자 그 불가리아 외교관은 내게 부탁이 있다며 어느 식당으로 나를 데리고 갔다. 테이블에 마주앉자 그는 다짜고짜 미국에 가는 방법을 알려달라고 한다. 평양에서의 임기를 끝으로 그의 외교관 생활이 끝난다며 그는 꼭 미국으로 가고 싶다고 했다. 그곳에 가면 아무 일이라도 하겠다며 그곳에서 돈 버는 방법까지도 가르쳐 달란다. 아까는 북한이야기로 나를 놀라게 하더니 이번엔 미국이야기로 나를 또 놀라게 하는 그 불가리아인은 여행도 아니고 한마디로 미국에 가서 왕창 돈을 벌고 싶다는 거였다. 한 나라의 외교관을 지내는 사람이 정치적 망명도 아니고 오직 돈 때문에 미국에 가고 싶다니! 하지만 그는 불가리아가 너무 가난하여 돌아가기 싫다는 것이다. 얼마나 가난하면 외교관인 그마저 자신의 모국으로 돌아가지 않겠다고 할까. 게다가 미국에 가서 아무 일이라도 하겠다니! 미국에 가면 일자리도 많고 돈도 많이 벌 수 있을 거라고 그는 알고 있었다. 미국이 세계 최부상 국가라는 사실은 인징하지만 나라가 부자인 것과 국민 개개인이 부자로 산다는 것은 다르다는 것을 그는 모르고 있었다. 일거리는 불가리아보다 많을지 몰라도 물가가 비싸고 생활비가 많이 들기 때문에 돈을 저축하기 매우 힘든 곳이 미국이라는 사실을 이 순진한(?) 불가리아 외교관은 전혀 모르고 있었다. 잘사는 나라 미국에도 가난한 사람들이 많다고 하면 그는 믿을까? 뼈 빠지게 일해보았자 간신히 의식주밖에 해결되지 않는 미국의 힘든 삶을 어떻게 그에게 설명해야 할지 난감했다. 생각다 못해 나는 그에게 이렇게 말해버렸다. "세상에서 제일 살기 좋은 곳은 자신의 모국이랍니다. 그러니까 평양에서 임기가 끝나면 곧장 당신의 조국 불가리아로 돌아가세요."라고.

세상엔 참 모를 일이 너무 많다.


때마침 단풍이 절정에 이르렀다는 북경근교의 향산을 보러 가기 위해 북경동물원 앞에서 미니버스를 탔다. 뒷자리 맨 구석에 앉아 창 밖으로 지나가는 풍경을 바라보고 있는데 옆자리에 앉아있던 부인이 무료한 듯 말을 건네온다. 중국어라곤 한마디도 모르기에 그냥 씩 웃어 주었다. 그녀는 내가 중국여자라고 생각했는지 무슨 이야기인지 장황하게 지껄이기 시작한다. 여자들의 수다는 중국인도 예외가 아닌 듯 그녀는 손으로 제스처까지 써가며 혼자 열심히 중얼거린다. 언어만 다를 뿐 그녀는 한국 아줌마와 똑같았다. 나는 중국인이 아니라고 말하려 해도 그녀는 조금의 틈도 주지 않고 계속 떠들었다. 얼마가 지났을까. 말소리가 뚝 끊어지더니 나의 위아래를 훑어보던 그녀가 뭐라고 묻는다. 아마도 "중국인 아니에요?"하고 묻는 것 같다. 나는 "I am not Chinese, I'm Korean." (전 중국인이 아니고 한국인입니다.) 하고 영어로 말했더니 그제야 머쓱한 표정이 되어 시선을 돌린다. 그리곤 코까지 골며 아주 깊은 잠에 빠져버린다. 그녀의 자는 얼굴을 보며 조금 전의 해프닝을 생각하니 실소하지 않을 수 없었다. 내 얼굴이 워낙 평범한 중국인 얼굴 같다 보니 이런 웃지 못할 에피소드가 발생한다. 아마도 중국어만 유창하다면 본토인 행세를 하며 인민화폐를 내도 누구 하나 의심하지 않을 거다. 외국인이기 때문에 나는 인민화폐보다 훨씬 비싼 외국인 전용화폐를 쓰며 중국을 여행하고 있다.

향산에 도착하니 산 입구에 주렁주렁 달린 감나무의 감들이 한국의 가을 모습과 너무나 닮아있어 깜짝 놀랐다. 중국을 아주 다르고 먼나라로만 알고 살아온 나의 무지를 또 한 번 깨닫는다.

케이블카가 있는 곳까지 한참을 걸어 올라가는 동안에 길가엔 내내 먹거리 집들뿐이다. 산에 와서 먹는 즐거움이 없다면 무슨 재미이랴 싶다는 듯 '먹자길' 노변엔 군고구마와 군밤을 파는 포장마차도 즐비하다. 숫제 강원도의 설악산이나 오대산에 온 게 아닌가 하는 착각이 들 정도로 우리나라와 아수 흡사한 풍성이다.


케이블카 앞에 이르자 차례를 기다리는 사람들이 긴 줄로 서 있다. 대부분 젊은 연인들인데 사회주의국가 여성들치고는 제법 대담하게 짧은 스커트의 복장을 하고 있다. 남녀가 몸을 맞대며 애정표

현도 서슴지 않는다. 중국이 여러모로 변하고 있다는 것을 다시금
실감한다.

　케이블카를 타고 산 정상에 이르니 온 산이 단풍바다. 산중턱
한가운데에 성냥갑 같이 콕콕 박혀있는 빨간 정자들을 바라보며 만
추의 낭만에 젖는다. 저 산 너머로 북녘땅이 보일 것만 같다. 그곳
에도 가을이 와 있을까? 금강산의 가을! 아, 말만 들어도 설레이는
저 아름다운 금강산의 가을을 보고 싶었는데. 기차로 두어 시간이
면 닿을 수 있다는 북녘땅이 바로 저 영 너머인데. 이렇게 코앞까지
와서 물거품이 되다니!. 아아, 잃어버린 내 반쪽 조국을 몇 발치 앞
에 두고도 발만 동동 굴러야 하는 이 안타까움. 이념이 무엇이고 사
상이 무엇이길래 같은 민족끼리도 서로 오가지 못하는가! 저기 저
산자락 아래 북녘의 초가지붕이 보일 것만 같은데, 눈 안에 잡힐 것
만 같은데…….

　하산길에서 나는 어디선가 읽은 '삼팔선'이란 시구를 한탄처럼
읊조리고 있었다.


산도 아니고 물도 아니요,

거미줄처럼 가는 것이 삼팔선이구나.

산에 비기랴 물에 비기랴 반도를 오십 년 분열시켰으니.

산은 움직일 수 있고 물은 메꿀 수도 있지만,

붓으로 그어놓은 저 가는 선하나 어쩌지 못한다니.

하늘을 원망하랴 땅을 원망하랴 반도에 위인이 없음을

원망할 수밖에…….


북경에서의 마지막 날은 마침 우리나라 추석이었고, 조선족들
의 추석행사가 있다기에 찾아가 보니 꽤 많은 조선족들이 모여있었
다. 대부분 북경에 거주하는 사람들이다. 그들은 한복을 곱게 차려
입고 널뛰기 그네뛰기 윷놀이 등을 하며 명절 분위기를 한껏 내고 있
었다. 중국에서 태어나 살면서도 뿌리를 잃지 않으려는 모습이 미국
의 한인교포 2세들과 비슷했다. 서툰 우리말이나마 열심히 구사하
고 있는 그들 조선족들을 보며 뿌리라는 것이 이렇게도 질기구나 생
각하니 같은 이민자로서 가슴이 뭉클해왔다.

## 이국의 하늘에서 다시 만난 첫사랑

내가 나의 첫사랑을 25년의 세월이 흐르고 난 후에 이국의 거리에서 다시 만날 수 있었던 것은 참으로 놀라운 일이었다. 나는 그때 해외생활 24년째를 접어들고 있었고 아무리 오래 살아도 물의 기름처럼 겉도는 미국생활에 꽤 진력이 나있었다. 백인들과 함께 교육을 받고 그들의 언어와 문화 속에서 20년을 넘게 살았건만 나의 몸에서는 늘 김치냄새가 났고 동전구멍처럼 찢어진 내 눈은 굵은 사탕 알 같은 그들처럼 커지고 동그랗게 되지도 않았다.

박사과정을 포기하고 그 해 봄 나는 한국으로 귀화할 생각을 굳히고 있었다. 오래 전부터 기다리고 있던 대학의 전임강사자리는 감감 무소식이었지만 그래도 나는 지겹도록 오래 살아온 이방의 거리를 떠나고 싶었다. 아니 가야만 했다. 돌아가서 지방대학의 떠돌이 강사 노릇을 하며 살더라도 한국은 궁극적으로 내가 돌아가야 할 땅이었다.

산타모니카의 반디 스트리트(Bundy Street).

그날도 나는 반디거리의 이 독신자 아파트 이층에서 늦은 일요일 아침을 시작하고 있었다. 습관처럼 커피메이커의 스위치를 올리고 거실의 창문을 있는 대로 열어 제쳤다. 창문 밖으로 전봇대처럼 우뚝우뚝 솟은 야자들이 일렬횡대로 나란히 늘어선 산타모니카 거리의 모습이 보였다.

거리는 조용해 보였다. 지나가는 자동차도 없었다. 해가 벌써 중천에 떴는데도 도시는 아직 잠에서 깨어나지 않고 있었다. 아파트도 조용했다. 이따금 복도 사이의 계단을 밟고 내려가는 사람들의 그 위안 같은 작은 발소리조차 들려오지 않았다. 사방이 쥐 죽은 듯 고요했다. 모두들 어디 갔을까? 주말여행을 떠난 것일까?

새삼스러운 일은 아니다. 평일에도 사람이 사는지 모를 만큼 조용하기만 한 이 백인주택가는 일요일이 되면 더구나 개미새끼 한 마리 보이지 않고 절간처럼 적막해지는 것이었다. 나는 이 정적을 늘 못 견디어 했다. 또다시 싸아한 외로움이 가슴밑바닥을 훑고 지나갔다. 수십 년을 혼자 살았으면 이제 외로움에 익숙해질 때도 되었건만 고질병처럼 늘 나를 괴롭히는 것이 그 놈의 외로움이었다. 나는 UCLA의 로고가 박힌 커다란 머그잔에 진한 커피를 가득 채워 햇살이 차오르는 베란다의 벽에 몸을 기대고 앉았다. 그리곤 엊그제 코리이디운 지판대에서 빼온 날짜가 이틀이나 지난 한국신문을 집어 들었다. 나의 시선은 신문 한 구석의 지역 소식란을 훑어 내리고 있었다. 그순간이었다.

앗! 갑자기 돌로 머리를 맞은 듯한 충격이 느껴진 것은 무심코 발견한 기사 하나 때문이었다. 한인의사회의 새 임원을 소개하는 글이었다. 더욱 충격적이었던 것은 함께 실린 사진이었다. 사진 속에서 웃고 있는 한 중년신사. 아! 그는 내가 25년전 목숨 바쳐 사랑했던 해군장교 k중위가 틀림없었다. 그가 같은 LA의 하늘 아래에 살고 있었다니! 그를 잊으려고 조국을 떠났고 라인강에서 대서양을 건너 여기까지 왔는데……. 갑자기 현기증이 느껴졌다. 나는 신문을 구겨 쥔 채 잠시 눈을 감고 정신을 가다듬어야 했다.

기사를 쓴 담당기자에게 다이얼을 돌린 것은 그로부터 나흘 뒤였다. 사실 그의 전화번호를 알아낸다고 해도 그와 통화를 할지 말지는 아직 미지수였다. 그래도 그냥 지나칠 수만은 없는 상황이었다. 적어도 그가 어떻게 살고 있는지 알고 싶었다. 상냥한 목소리의 그 여기자는 선선히 k중위의 전화번호를 알려주었다.

전화번호를 손에 쥐고 나니 다시 마음의 갈등이 왔다. 이제 와서 그에게 내가 무슨 말을 할 수 있을까? 아니 그보다도 그가 나의 이 뜻밖의 출현(?)에 당황하지는 않을까? 그는 한때 나를 처참하게 버리고 떠난 배신자가 아닌가? 하지만 세월이 흘렀다. 이제 또다시 그가 나를 거부한다 해도 후회는 없을 것이다. 나는 같은 LA 하늘 밑에서 건재하고 있는 나의 존재를 알리고 싶었다.

나는 천천히 수화기를 들었다. 그리고 떨리는 손으로 다이얼을 돌렸다. 누군가가 전화를 받았다.

'Dr. k's office.' 안내데스크의 리셉셔니스트인 듯했다.

"……."

나는 잠시 우물쭈물했다.

"Hello?"

"……."

"여보세요?" 응답이 없자 이번에는 한국어 목소리가 또다시 들려왔다.

그제서야 내 입이 떨어졌다.

"k선생님 좀 부탁합니다."

내 목소리가 떨리고 있었다.

"잠시 기다리세요."

리셉셔니스트의 목소리가 사라지고 전화기 사이로 잠시 침묵이 흘렀다.

수화기를 놓을까? 무슨 말을 해야 할까? 가슴이 쇠방망이질 치듯 쿵쿵거리고 호흡은 거칠어져 갔다. 나는 숨을 길게 들이마시며 마음을 진정시키기에 온 힘을 다하고 있었다. 이윽고 저쪽에서 남자의 음성이 들려왔다.

"Dr. k. speaking." 낮은 바리톤의 두 마디가 갑자기 전율처럼 고막을 때렸다.

"저어……."

나는 또 우물쭈물했고 심장 뛰는 소리만이 내 말을 이어가고 있
었다.

"여보세요. 전화 바꿨습니다."

그의 목소리. 아, 귀에 익은 그 호남 액센트.

"저어……. 혹시 해군병원에 복무하던 간호장교 최 소위를 기
억하시나요?"

땅속으로 기어들어가는 듯한 나의 낮은 목소리가 간신히 전화기
속으로 흘러가고 있었다.

"최 소위? 강릉아가씨?"

"네에……. 제가 그 최 소위예요."

"아……!"

저쪽에서 탄성하는 소리가 전파를 타고 선명하게 들려왔다.


그날 나는 어떻게 전화를 끊었는지 모른다. 기억나는 것이라곤
그도 몹시 놀라고 있었다는 사실과 언제 한번 만나고 싶다는 짧은 한
마디뿐이었다.


세상에 기적이 없는 한 무덤까지 가는 그날까지 그를 다시 볼
수 없으리라 생각했다. 더구나 이역만리 타국에서 그를 만나리라
는 상상은 꿈에도 해본 적이 없었다. 우연이라기엔 너무나 기적 같

은 일이었다.

그와 만나기로 한 수요일은 아침부터 하늘이 화창했다.

그는 과연 나타날까?

그때 월남에서 귀국한 그를 찾아 포항까지 갔다가 무참하게 바람만 맞고 돌아오지 않았던가? 그러나 이번에는 만나줄 것 같은 예감이 든다. 설사 또다시 바람을 맞힌다 해도 이젠 그다지 절망적이지 않다. 난 이제 스물둘의 그 순진하고 어린 처녀가 아니니까. 그래도 소녀처럼 가슴이 설레였다. 예전의 그 격정은 아니더라도 한때 내 삶을 송두리째 흔들어 놓았던 그 남자를 25년의 세월이 지난 후에 다시 만난다는 사실은 아직도 가슴 설레이는 일임에 틀림없었다.

그의 모습은 얼마나 변해 있을까? 신문기사에 실린 사진대로라면 그의 얼굴은 변한 것이 없었다. 여전히 잘생긴 얼굴에 눈웃음은 옛날 그대로였다. 나보다 5년 연상인 그는 오십이 넘었을 나이에도 세월이 비켜간 듯 아직 젊고 건강해 보였다.

욕실의 거울 앞에서 나는 범칫했나. 거울 속에 비친 나의 모습은 분명 볼품없는 낯선 한 중년여인이었다. 핼쑥한 두 뺨, 여기저기 패인 굵고 작은 주름들. 몹시 늙어 보인다. 언제 이렇게 늙었을까? 긴 생머리에 볼살이 통통했던 스물두 살 때 그와 만나고 헤어졌으니 그는 아직도 나의 앳된 모습을 상상하며 이곳으로 오고 있을

지도 모른다. 그런 생각이 들자 바싹 긴장이 되었다. 만남을 약속한 것이 후회도 되었다. 하지만 한 번은, 살아있는 동안 꼭 한 번은 만나고 싶었다. 그리고 이제 기적처럼 그가 내 앞에 나타날 것이었다. 나는 침착하기로 했다. 이젠 모든 것을 잊고 웃으며 만날 수 있는 나이가 아닌가?

드디어 약속시간이 다가오고 있었다. 그는 오후 세시에 내가 살고 있는 산타모니카 아파트 앞에 도착한다고 했다. 시계는 세시 오분 전을 가리키고 있었다. 운명의 순간이라도 맞이하는 것처럼 가슴이 또다시 두근거리기 시작했다. 나는 심호흡을 크게 하고 천천히 아파트의 이 층 계단을 내려갔다. 그리고 현관문을 힘주어 밀었다.

아! 거기 바로 그곳에 과연 그가 있었다. 첫사랑의 그 남자가 바로 내 눈앞에 있었다. 하얀 벤츠에 앉아 뚫어지게 나를 바라보고 있던 그 중년의 신사. 그는 k중위가 틀림없었다. 목숨 바쳐 사랑해도 모자랄 것 같았던 그. 그 사람이 차 안에 옛 모습 그대로 앉아 있었던 것이다. 변한 것이라곤 희끗희끗한 머리뿐이었다. 아아, 나는 마치 꿈을 꾸고 있는 것 같았다.

그가 멋쩍은 미소를 감추며 먼저 말문을 열었다.

"이거 얼마만이오. 최 소위!"

그는 아직 '최 소위'라는 호칭을 쓰고 있었다.

여전히 활달한 호남아 인상에 씩씩한 목소리였다.

"미국에 살고 있을 줄은 몰랐소."

그의 얼굴에 어색한 미소가 흘러가는 것을 얼핏 보았다.

"오늘은 와 주셨군요. 안 올지도 모른다는 생각이 들었는데……."

"아…… 그땐……. 미안했어요. 월남에서 막 돌아와 정신이 없었소. 전쟁터라는 곳이 사람을 아주 몹쓸 인간으로 만드는 곳이라서……."

그는 포항의 다방에서 애타게 기다리던 나를 바람 맞힌 그 밤의 일을 기억하고 있는 듯했다. 그는 자동차 안에 앉은 채 머쓱한 표정으로 운전대만 쓸어내리고 있었다. 그리고 잠시 생각에 잠기는 듯했다. 한동안 침묵이 흘렀다. 무슨 말부터 꺼내야 할지 아무것도 생각나지 않았다. 그도 꽤나 긴장해 있는 듯했다. 만감이 교차하는 듯한 상기된 표정 속에서 무슨 말인가 할 듯 말 듯 망설이고 있음이 역력했다.

햇빛 쏟아지는 산타모니카 해변으로 그는 천천히 차를 몰았다. 그리고 파도 부서지는 태평양의 바다를 바라보며 우리는 말없이 달렸다. 그도 나도 벙어리가 되어 있었다. 차창 밖으로 야자수들이 줄지어 지나가고 있었고 늦은 오후의 태양은 아직도 뜨거웠다. 천천히 달리던 자동차는 얼마 후 말리부 해변에 이르렀다.

우리는 말리부 해변을 잠시 걸었다. 바다는 그대로였다. 선탠을 즐기는 사람들이 모래 위 여기저기에 누워 있었고 갈매기들이 꺼억거리며 날고 있었다. 변한 건 아무것도 없었다.


"독일에 갔다는 소식은 m중위한테서 들었소.

그가 침묵을 깼다.

"몹시 힘들어했다는 말도 들었소."

그의 시선이 초점을 잃고 있었다.


"결혼생활은 행복하세요?"

의례적인 질문이었다. 무슨 대답을 나는 원한 걸까.

"뭐 그럭저럭……. 집사람이 독실한 크리스챤이오. 나도 지금은 교회의 집사가 되었고……."

좀 의외였다. 플레이보이 같은 눈웃음으로 나를 홀리던 그 짓궂던 남자가 교회당의 집사가 되었다니… 또다시 침묵이 흘렀고, 침묵 속에서 우린 그렇게 백사 위를 걸어가고 있었다. 모래 위에 우리의 발자국이 깊고 선명하게 찍히고 있었다. 걸으며 우린 이따금 바다를 바라보기도 했다. 흰 거품을 뿜으며 달려오는 파도가 아무 일 없노라는 듯 태연하게 부서지고 있었다. 아무 일 없노라는 듯……. 이상한 일이었다. 아무것도, 그 아무것도 생각나지 않았다. 몽유병자처럼 동해안을 휘젓고 다니며 소주잔을 들이키던 일도, 작달

비처럼 통곡하며 울부짖던 일도 지금 이 순간엔 전혀 기억나지 않았다. 오직 그와 함께한 행복했던 시간들만이 부서지는 파도 위로 영상처럼 떠오를 뿐이었다.

한 시간쯤 지나서 우린 왔던 길로 다시 돌아가 차에 올랐다. 차가 움직이기 시작하자 그가 문득 테이프 하나를 카세트 데크로 밀어 넣었다.

에델바이스였다.


*Edelweiss Edelweiss*

*Every morning you greet me*

*……*.

(중략)


고산(高山)의 바위틈새로 피어나는 하얀 잎새의 한 떨기 외로운 에델바이스!

"아직도 이 노래를 좋아하니요?"

그는 여전히 존댓말을 쓰고 있었다.

나는 고개를 끄덕였다. 그는 기억하고 있었다. 내가 좋아하던 노래, 아니 우리가 좋아하던 노래를 그는 잊지 않고 기억하고 있었다. 25년의 세월이 흐른 후 포항의 그 찻집이 아닌, 태평양의 이 바

닷가에서 우리는 함께 에델바이스를 듣고 있었다. 하지만 낯설었
다. 그렇게 즐겨듣던 우리들의 노래는 25년이라는 세월의 무게 앞
에서 낯설기만 했다.


　“아이들은 몇이나……."
흐르고 있는 음악 속에서 그의 목소리가 들려왔다.
　“…….”
대답이 없자 그가 고개를 돌려 나를 뚫어지게 쳐다보았다.
　“저어……."
내가 계속 머뭇거리자 그가 재촉하듯 다시 입을 열었다.
　“결혼은 물론 했겠지?” 그의 말투가 어느새 반말로 바뀌어 있
었다.
　“아직……."
그의 얼굴이 갑자기 일그러졌다.
　그 순간이었다. 갑자기 끼익 하는 자동차 브레이크 소리와 함께
그가 도로 한 켠으로 차를 세웠다. 그의 얼굴이 전기에 감전된 사람
처럼 파랗게 질려 있었다.
　“나 때문인가?”
그는 심문이라도 하듯 나를 노려보며 물었다.
나는 대답대신 고개를 옆으로 가로저었다.

　나는 거짓말을 하고 있는지도 몰랐다. 그래도 아니라고 말하고 싶었다. 아니 그래야 할 것 같았다.


　돌이켜보면 나는 사랑이라는 포탄에 맞아 치명상을 입은 불구자였는지도 모른다. 나의 가슴속엔 어떤 형태로든 치유될 수 없던 무서운 상처의 흔적이 남아 있었고, 그런 환부를 안고 나는 아무도 가슴으로 사랑할 수 없었다. 사랑이 다가오면 뒷걸음질을 쳐야 했다. 두려웠다. 사랑이 두려웠고 다쳐서 허우적거릴 내가 두려웠다. 그래도 내겐 몇 번의 사랑이 찾아왔다. 하지만 나는 결코 어느 누구도 내가 그를 사랑했던 것만큼 열정을 바쳐 온전히 사랑할 수 없었다. 아니, 그를 향했던 사랑은 어느 누구와도 가능할 수 없는 처음이자 마지막 사랑이었다.

　그의 표정이 점점 침통해져 갔다. 내가 아직 독신이라는 사실이 그토록 놀랄 일이었을까? 그는 분명 괴로워하고 있었다.

　"날 용서할 수 있겠어?" 그가 독백처럼 중얼거렸다.

　'용서?' 그 낯선 단어 앞에 나는 잠시 멈칫했다. 그가 무슨 죄를 지었는가. 갑자기 나는 어느 누구도 사랑의 가해자도 피해자도 될 수 없다는 생각이 들었다. 아니, 사랑에 무슨 죄가 있고 용서가 있단 말인가?

　그를 사랑했다면 어떤 조건도, 어떤 대가도 기대하지 말아야 할 것이었다. 사랑할 수 있었다는 것만으로도, 세상에 태어나 그토록 가슴 사무치는 그리움으로 한 사람을 온전히 사랑할 수 있었다는 것만으로도 나는 더 바랄 것이 없어야 할 것이었다. 더구나 우리의 사랑은 순결한 플라토닉으로 끝나지 않았던가? 사랑했기에, 진정 사랑했기에 나는 행복했다. 그것만으로도 충분했다.

낙조가 어디론가 지고 있었다. 떠나야 할 시간이었다. 각자의 일상 속으로 다시 돌아가야 할 시간이었다. 나는 산타모니카의 내 독신 아파트로, 그는 부인과 아이들이 기다리고 있는 그의 집으로 그렇게 서로 다른 방향으로 돌아가야 할 시간이었다. 우리의 해후는 그렇게 막을 내리고 있었다.

"미안해. 숙." 돌아오는 차 안에서 그는 자꾸 미안하다는 말을 되풀이했다.

"미안해하지 말아요. Love means not ever having to say you are sorry.(사랑은 결코 미안하다는 말을 하지 않는 거예요.)"

나는 러브스토리에 나오는 문구를 인용하며 그에게 오른손을 내밀어 악수를 청했다.

그리고,
텅 빈 내 아파트의 방문을 열면서 나는 비로소 깨닫는다.

한번 흘러간 것은 다시 오지 않으리.

사랑의 기쁨도, 사랑의 슬픔도.

내가 그토록 못 잊어 그리워했던 것은

다만 내 가슴 속에 살아있는 추억 그 자체일 뿐이었다.


영원히 돌아갈 수 없는 그곳.

그랬다.

그것은 내가 죽는 날까지 그리워할 수밖에 없는 추억의 땅일 뿐
이었다.

# 에필로그
## '사랑하였으므로 나는 행복하였네라'

스물셋에 한국을 떠나 라인강으로…….

그리고 라인강에서 다시 태평양으로…….

돌이켜보면 참으로 긴 여정이었다.

그리고 그것은 모두 사랑에서 비롯되었다.


1977년 독일을 떠나면서 나는 언젠가 내 청춘이 묻혀있는 유럽을 다시 방문하리라 결심했다. 그리고 35년이 흘렀다. 이 글을 마치면서 나는 이제야 그 결심을 굳히게 되었다.

내년 봄에 나는 몇 개월 예정으로 유럽을 방문하기로 한 것이다. 이번엔 내가 살던 독일뿐 아니라 당시 국교가 수립되지 않아 방문하기 어려웠던 동유럽, 특히 체코와 헝가리를 자세히 볼 예정이다. 북유럽도 둘러보고 나의 친구 진이 살고 있는 노르웨이에도 들릴 예정이다. 35년 전 독일 땅에 불사른 나의 청춘을 향해 다시 한 번 도약하는 기분으로 떠나고 싶다.


첫사랑과의 재회 그 후.

그와의 해후는 조용했다.

뜨거운 격정도 없었고, 가슴 시린 아픔도 없었다.

그렇다면 평생토록 내가 못 잊어 하던 그 그리움의 정체는 무엇이었을까?

이십여 년의 세월이 강물처럼 흘러간 뒤에야 나는 비로소 그것을 깨달았다.


청마 유치환의 '행복'이란 시가 떠오른다.


사랑하는 것은

사랑을 받느니보다 행복하나니라.

오늘도 나는

에메랄드 빛 하늘이 훤히 내다 뵈는

우체국 창문 앞에 와서 너에게 편지를 쓴다.

행길을 향한 문으로 숱한 사람들이

제각기 한가지씩 생각에 족한 얼굴로 와선

총총히 우표를 사고 전보지를 받고

먼 고향으로 또는 그리운 사람께로

슬프고 즐겁고 다정한 사연들을 보내나니.

세상의 고달픈 바람결에 시달리고 나부끼던

더욱더 의지 삼고 피어 헝클어진

인정의 꽃밭에서

너와 나의 애틋한 연분도

한 방울 연연한 진홍빛 양귀비꽃인지도 모른다.

사랑하는 것은

사랑을 받느니보다 행복하나니라.

오늘도 나는 너에게 편지를 쓰나니

그리운 이여, 그러면 안녕!


설령 이것이 이 세상 마지막 인사가 될지라도

사랑하였으므로

진정 사랑하였으므로

나는 행복하였네라.


그랬다. '사랑하였으므로, 진정 사랑하였으므로 나는 행복하였노라'고 이제는 말할 수 있다.

첫사랑과의 재회가 있은 후 몇 년이 더 흘러 나는 한국으로 영구 귀국했다. 영원히 돌아오지 않을 것을 맹세하며 떠나온 조국으로 거의 삼십 여년 만에 다시 돌아온 것이다.

떠날 때와는 달리 내가 한국으로 돌아온 이유는 그와는 무관하다. 나는 이제 그를 애써 잊을 일도, 그로 인해 아파해야 할 일도 없기 때문이다. 하지만 나는 그와의 아름다웠던 사랑이 내가 이 세상을 떠나는 날 나와 함께 흙 속에 묻혀지기를 원하지 않는다. 사랑은 갔지만 그 추억은 영원히 지상에 남겨두고 싶다.


나는 최초의 모든 것들을 잘 잊지 못한다.

최초로 만난 사랑. 최초로 여행했던 곳. 그리고 최초로 경험한 모든 일들을 두고두고 못 잊어 그리워하곤 한다.


그 그리움의 끝에서 이 책이 완성되었다.

# 라인강 나이팅게일

지은이 | 최 다니엘 숙
펴낸이 | 고봉석
펴낸곳 | 이서원

초판 1쇄 인쇄일 | 2012년 08월 20일
초판 1쇄 발행일 | 2012년 08월 27일

교정교열 | 윤희경
디자인자문 | 최동신
디자인 | 어거스트브랜드

등록 | 제22-2935호 (2006-06-01)
주소 | 137-906 서울시 서초구 신반포로 43길 23-10 서광빌딩 3층
전화 | 02-3444-9522
팩스 | 02-516-9879
이메일 | books2030@naver.com / iseowon@iseowon.com
ISBN | 978-89-97714-03-2 03040

정가 | 12,000원

29, 81, 96, 111, 132, 135, 147, 157페이지의 사진은 당시 판매용 기념사진임을 밝혀둡니다.